Tu Ruta hacia la Libertad Financiera

"Transforma tu Mente y tus Hábitos"

Por: Victor Hugo Valdez
Primer Edición: 2024
Ciudad de México
Obra protegida por Derechos de Autor
Prohibida la reproducción total o parcial de su contenido

"Transformar la mentalidad es el primer paso hacia la libertad financiera: El dinero no solo se gestiona con acciones, sino con pensamientos. Cambiar la forma en que percibimos el dinero, verlo como una herramienta en lugar de una fuente de estrés, es fundamental para alcanzar una verdadera estabilidad financiera. Este libro te invita a revisar tus creencias sobre el dinero y transformarlas en una mentalidad ganadora."

"Los pequeños hábitos generan grandes cambios: La mejora de nuestra situación financiera no depende de cambios drásticos, sino de pequeños hábitos aplicados de manera constante. Desde llevar un control de gastos hasta ahorrar pequeñas cantidades, cada acción cuenta. Este libro te enseñará cómo mejorar tus hábitos financieros, paso a paso, para lograr un impacto positivo a largo plazo."

"El control financiero no es una meta, es un estilo de vida: La estabilidad financiera no se alcanza con una sola acción o meta cumplida, sino a través de una disciplina constante y la implementación de principios básicos. Este libro te guiará en cómo convertir la gestión financiera en un estilo de vida consciente, donde el control de tus finanzas te dé la libertad de vivir con tranquilidad y sin preocupaciones económicas."

INDICE

Prólogo 7
Introducción 9
La importancia de tener una estabilidad financiera 11
Identificar Malos Hábitos Financieros 16
Mejorar Hábitos Financieros 39
Cambiar la Mentalidad por una Mentalidad de Ganador 63
Metas y Objetivos para Mejorar la Mentalidad Financiera..88
Desarrollar una Disciplina Financiera....................113
Principios Financieros Básicos para Personas Comunes...137
Tipos de Gastos y Cómo Diferenciarlos................162
Cómo Dejar de Malgastar el Dinero 187
Cómo Desarrollar un Plan de Ahorro con Poco Dinero 212
La Importancia de Diversificar los Ingresos 239
Cómo Obtener Ingresos Secundarios para Mejorar la Salud Financiera 266
Problemas de Salud Relacionados con la Inestabilidad Financiera..281
Beneficios de la Estabilidad Financiera..................301
Cómo Desarrollar e Implementar un Plan Financiero 325
Cómo Crear un Control de Ingresos y Egresos 349
Cómo Crear un Control de Gastos........................367
Conclusión..386

Prólogo

¿Alguna vez te has preguntado por qué parece que el dinero nunca es suficiente? ¿Por qué, a pesar de trabajar duro, a veces sientes que estás atrapado en un ciclo interminable de deudas y estrés financiero? No estás solo. Millones de personas alrededor del mundo comparten esa sensación de frustración y ansiedad cuando se trata de sus finanzas personales.

La vida financiera de cada persona es única, pero hay un patrón común que he observado en la mayoría de nosotros: no estamos realmente educados sobre el dinero. La educación financiera no suele ser parte de nuestro aprendizaje formal, y muchas veces lo poco que aprendemos proviene de errores personales, experiencias familiares o consejos mal informados. Nos encontramos navegando en la vida económica sin un mapa claro, cometiendo los mismos errores una y otra vez.

Este libro nace de esa necesidad de romper con ese ciclo. No pretendo ofrecerte una fórmula mágica para hacerte rico de la noche a la mañana, porque, francamente, eso no existe. Lo que sí puedo ofrecerte son principios probados, estrategias prácticas y una nueva forma de pensar sobre el dinero. Este libro es una invitación a cambiar tu enfoque, a ver tus finanzas como algo que puedes controlar y moldear, en lugar de algo que te controla a ti.

En mi propia vida, pasé por momentos de incertidumbre económica, de sentir que no había salida. Pero todo cambió cuando comencé a aplicar los principios que encontrarás en estas páginas. Aprendí que la libertad financiera no es solo un destino; es un proceso continuo de transformación mental y práctica. Comprendí que la verdadera riqueza comienza en la mente y se construye con disciplina, planificación y una mentalidad ganadora.

Este libro no es para expertos financieros o gurús del dinero. Es para personas como tú, que quizás se sientan perdidas o abrumadas cuando se trata de manejar su dinero. Es para quienes quieren dejar de sobrevivir económicamente y empezar a vivir con más tranquilidad y propósito. Aquí no importa cuál sea tu nivel de ingresos, ni cuántas deudas tengas. Lo que importa es tu disposición a aprender, cambiar y aplicar lo que aquí aprenderás.

Cada capítulo de este libro está diseñado para guiarte paso a paso, desde la identificación de tus malos hábitos financieros hasta la implementación de un plan sólido que te permita mejorar tu situación. Exploraremos cómo cambiar tu mentalidad hacia una visión más positiva y estratégica del dinero, cómo establecer metas claras, cómo mejorar tus hábitos financieros y cómo planificar para el futuro.

Al final de este recorrido, tendrás una nueva perspectiva sobre tus finanzas y, lo más importante, tendrás las herramientas para tomar control de ellas. Recuerda: la libertad financiera no es un lujo reservado para unos pocos. Es un derecho que todos podemos reclamar si tenemos la información correcta y el compromiso necesario.

Introducción

En un mundo donde las preocupaciones económicas parecen estar siempre a la orden del día, la estabilidad financiera puede parecer un objetivo lejano, incluso inalcanzable. Para muchos, las finanzas personales son una fuente constante de estrés, ansiedad y frustración. Tal vez te encuentres en esa situación en este momento, sintiendo que por más que lo intentas, no logras mejorar tu situación económica. Pero permíteme decirte algo importante: no importa cuál sea tu punto de partida, la libertad financiera está al alcance de todos, incluyendo tú.

Este libro no es solo una guía para administrar mejor tu dinero; es un mapa para transformar tu relación con él. La verdadera libertad financiera no comienza en la cuenta bancaria, comienza en tu mente. Tu manera de pensar, tus hábitos y tus creencias sobre el dinero son los pilares sobre los cuales se construye una vida económica estable y próspera. Por eso, el propósito de este libro es ayudarte a cambiar tu mentalidad, mejorar tus hábitos y establecer metas claras que te permitirán tomar control de tu vida financiera.

La libertad financiera no es un privilegio reservado para los ricos o para aquellos con ingresos elevados. Es algo que cualquier persona, con el conocimiento y la disciplina adecuada, puede lograr. En estas páginas, encontrarás herramientas prácticas para mejorar tu situación actual, sin importar tus ingresos o el nivel de deudas que puedas tener. Aprenderás a identificar los malos hábitos financieros que te han mantenido atrapado en ciclos de estrés, y descubrirás cómo reemplazarlos por hábitos que te llevarán hacia la estabilidad y, eventualmente, la prosperidad.

Aquí aprenderás los principios básicos de las finanzas personales: cómo planificar un presupuesto, cómo identificar y controlar tus gastos, cómo desarrollar un plan de ahorro, incluso con poco dinero, y cómo diversificar tus ingresos. Pero este libro va más allá de las herramientas prácticas. Mi deseo es ayudarte a cambiar tu mentalidad para que puedas visualizarte no como una víctima de tus circunstancias económicas, sino como el protagonista de tu propia historia de éxito financiero.

A lo largo de este libro, encontrarás pasos claros y sencillos que te llevarán a crear una relación más saludable y positiva con el dinero. También descubrirás cómo el manejo consciente de tus finanzas puede tener un impacto directo en tu bienestar general, mejorando no solo tu vida económica, sino también tu salud emocional y mental. Al final de este recorrido, estarás equipado con los conocimientos y las habilidades necesarias para no solo mejorar tu situación financiera, sino para vivir una vida más plena y libre de la carga constante del estrés económico.

La verdadera magia del cambio financiero radica en la consistencia. No se trata de hacer un cambio drástico de un día para otro, sino de aplicar pequeñas acciones diarias que, con el tiempo, generarán un impacto significativo. Si estás listo para tomar el control de tu vida financiera, este libro es para ti.

La importancia de tener una estabilidad financiera

En el vertiginoso mundo en el que vivimos, la estabilidad financiera no es solo un deseo, sino una necesidad fundamental. Cuando nuestras finanzas están bajo control, se abre un espacio de tranquilidad que impacta positivamente en todas las áreas de nuestra vida. Tener estabilidad financiera no significa necesariamente ser millonario; se trata de tener la capacidad de manejar el dinero de manera consciente, eficiente y, sobre todo, sin estrés constante.

La mayoría de las personas han experimentado momentos de ansiedad financiera: preocupaciones sobre cómo pagar las facturas, incertidumbre sobre el futuro o la sensación de que el dinero nunca alcanza. Este tipo de tensiones no solo afectan nuestra salud mental y emocional, sino que también pueden dañar nuestras relaciones, nuestro rendimiento laboral e incluso nuestra salud física.

Al lograr una estabilidad financiera, nos permitimos vivir con más paz, tomar mejores decisiones y enfocarnos en lo que realmente importa en la vida. No se trata únicamente de tener dinero en el banco, sino de tener el control de nuestros recursos, metas y hábitos, de manera que podamos disfrutar de la vida sin la constante sombra del estrés financiero.

Este libro está diseñado para proporcionarte herramientas, principios y un plan claro que te guiará hacia esa tranquilidad económica. Sin importar dónde te encuentres ahora, si implementas las estrategias que aquí aprenderás, podrás transformar tu situación financiera y, lo más importante, tu relación con el dinero.

Explicación de los objetivos del libro

El objetivo principal de este libro es guiarte paso a paso hacia una vida financiera más saludable y libre de estrés, proporcionándote los conocimientos, herramientas y hábitos necesarios para lograrlo. No importa cuál sea tu situación económica actual, el propósito es que comprendas cómo puedes mejorarla a través de pequeños cambios que, con el tiempo, se traducirán en grandes resultados.

A lo largo de estas páginas, aprenderás a identificar los malos hábitos financieros que han limitado tu progreso, cómo reemplazarlos por prácticas saludables y cómo desarrollar una mentalidad ganadora frente al dinero. Uno de los pilares fundamentales es entender que la verdadera riqueza se construye primero en la mente, con la manera en que percibes y manejas el dinero, y luego en la realidad, a través de decisiones bien informadas y acciones consistentes.

Este libro te ofrecerá principios claros para que puedas establecer metas financieras que se alineen con tus deseos y aspiraciones, además de dotarte de una disciplina financiera que te permitirá mantener el curso a largo plazo. Veremos conceptos básicos, pero esenciales, que te ayudarán a entender y mejorar tu situación financiera, desde cómo crear un presupuesto eficaz hasta cómo desarrollar un plan de ahorro, incluso si cuentas con pocos recursos.

Al finalizar este recorrido, no solo tendrás un control más firme sobre tus finanzas, sino que habrás transformado tu relación con el dinero. El libro también busca liberarte de la sensación de urgencia constante que muchas veces nos lleva a decisiones impulsivas o erróneas en cuanto al manejo de nuestro dinero. Los principios aquí expuestos están pensados para proporcionarte estabilidad a lo largo del tiempo, y para que vivas una vida más tranquila y plena, sin las preocupaciones financieras que tanto pueden agobiarnos.

Finalmente, te proporcionaremos ejemplos reales de personas que han logrado estabilidad y éxito financiero aplicando estos mismos principios. Mi deseo es que sus historias te inspiren y te den la confianza de que, sin importar el punto de partida, es posible alcanzar la libertad financiera.

Este libro no promete soluciones mágicas ni instantáneas. Se trata de un proceso que requiere compromiso, paciencia y acción. Pero si estás dispuesto a aprender y aplicar lo que aquí se te presenta, estarás dando un paso significativo hacia una vida con más control, menos preocupaciones y una mayor paz interior.

Cómo este libro puede ayudar a mejorar la situación financiera de cualquier persona

A lo largo de nuestra vida, hemos aprendido lecciones sobre el dinero, ya sea de manera consciente o inconsciente. Muchos de estos aprendizajes provienen de nuestras familias, la sociedad, o experiencias personales, y no siempre son los más adecuados para alcanzar una estabilidad financiera. Este libro ha sido creado para romper esos patrones y ofrecerte un enfoque claro, práctico y accesible para mejorar tu situación económica, sin importar en qué punto te encuentres ahora.

Este libro está diseñado para que cualquier persona, independientemente de sus ingresos, deudas o nivel de conocimiento financiero, pueda encontrar herramientas útiles y accionables. No es necesario tener grandes sumas de dinero para empezar a aplicar los principios que aquí aprenderás. De hecho, se enfoca en cómo con pequeñas acciones y ajustes en tus hábitos, puedes comenzar a transformar tu realidad financiera de manera gradual pero efectiva.

La base de este enfoque es la mentalidad. Cambiar cómo percibimos el dinero y su rol en nuestra vida es el primer paso hacia una mejor situación financiera. Al leer este libro, descubrirás que el dinero no es algo de lo que debas temer o escapar, sino una herramienta que puedes controlar y usar a tu favor.

Cada capítulo te ofrecerá pasos prácticos para mejorar áreas clave como el ahorro, la disciplina financiera, la diversificación de ingresos, y el control de gastos. También encontrarás ejercicios y ejemplos que te ayudarán a llevar estos principios a tu vida diaria, de manera que puedas ver resultados tangibles en poco tiempo.

Si alguna vez te has sentido abrumado por tus deudas, ansioso por no tener suficiente dinero para cumplir tus metas, o simplemente confundido sobre cómo manejar tus finanzas, este libro está hecho para ti. Aquí no solo aprenderás a identificar los errores comunes que cometemos con el dinero, sino también cómo evitarlos y reemplazarlos por hábitos que te acercarán a la libertad financiera.

La verdadera magia de este proceso radica en su simplicidad. A veces, creemos que mejorar nuestras finanzas es complicado o solo posible para quienes tienen grandes ingresos. Este libro desmitifica esa creencia y te demuestra que cualquier persona, con el conocimiento adecuado y la determinación necesaria, puede mejorar su situación financiera y alcanzar un estado de bienestar económico.

Al aplicar los principios y técnicas que se presentan en este libro, comenzarás a notar cambios significativos en cómo gestionas tu dinero, cómo tomas decisiones financieras, y cómo planificas tu futuro. Al final, el objetivo es que te sientas empoderado y en control de tus finanzas, sabiendo que tienes las herramientas y conocimientos para construir una vida económica estable y próspera.

Identificar Malos Hábitos Financieros

El primer paso para lograr una transformación financiera es reconocer los malos hábitos que han estado limitando tu progreso. Así como un médico no puede recetar un tratamiento sin antes hacer un diagnóstico, no podemos mejorar nuestra situación financiera sin primero identificar las conductas que están frenando nuestro crecimiento. Muchos de estos hábitos son sutiles y están tan arraigados en nuestro comportamiento diario que ni siquiera nos damos cuenta de su impacto negativo.

Los malos hábitos financieros no solo afectan la cantidad de dinero que tienes al final del mes, sino también tu paz mental, tus relaciones personales y, en general, la calidad de tu vida. A menudo, estos hábitos están impulsados por creencias erróneas sobre el dinero, influencias sociales o incluso por la falta de educación financiera. A continuación, exploraremos algunos de los malos hábitos más comunes, y cómo puedes comenzar a identificarlos en tu propia vida.

1. Gastar más de lo que ganas

Uno de los errores más comunes, y posiblemente el más perjudicial, es gastar más dinero del que se genera. Este hábito conduce inevitablemente al endeudamiento y crea un ciclo interminable de estrés financiero. En muchas ocasiones, gastamos sin realmente saber cuánto dinero tenemos disponible, lo que nos lleva a usar tarjetas de crédito o préstamos para cubrir la diferencia. Vivir por encima de nuestras posibilidades no solo afecta nuestras finanzas a corto plazo, sino que también puede tener consecuencias graves a largo plazo.

¿Cómo identificar este hábito en tu vida?

- Revisa tus estados de cuenta bancarios y de tarjetas de crédito. ¿Notas que constantemente terminas el mes en números rojos?
- ¿Te has encontrado usando la tarjeta de crédito para cubrir gastos básicos, como la comida o el transporte?
- ¿Te resulta difícil ahorrar porque todo tu ingreso se va en pagar deudas o gastos recurrentes?

2. El uso excesivo de las tarjetas de crédito

Las tarjetas de crédito, cuando se usan de manera inteligente, pueden ser una herramienta financiera útil. Sin embargo, muchas personas caen en la trampa de depender de ellas para gastos cotidianos o compras que realmente no pueden permitirse. Este hábito puede ser peligroso, ya que las deudas de tarjetas de crédito suelen tener tasas de interés elevadas, lo que agrava aún más la situación financiera. Usarlas como una "solución rápida" a corto plazo, solo genera más problemas a largo plazo.

¿Cómo identificar este hábito en tu vida?

- ¿Tienes varias tarjetas de crédito con saldos que nunca parecen reducirse?
- ¿Usas tu tarjeta para hacer compras impulsivas que luego te arrepientes de haber hecho?

- ¿Te cuesta pagar más del pago mínimo mensual en tus tarjetas de crédito?

3. Falta de planificación y presupuesto

Vivir sin un presupuesto es como navegar sin un mapa. No saber a dónde va tu dinero cada mes puede hacer que gastes en cosas innecesarias y que, al final, no te quede suficiente para cubrir los gastos importantes. La falta de planificación financiera también significa que no tienes una estrategia para ahorrar, invertir o saldar deudas. Sin un plan claro, es fácil perder el control de las finanzas.

¿Cómo identificar este hábito en tu vida?

- ¿Sientes que tu dinero "desaparece" cada mes sin saber en qué lo gastaste?
- ¿No tienes un registro de tus gastos mensuales o no sigues un presupuesto claro?
- ¿Te resulta difícil planificar para gastos futuros o emergencias?

4. Compras impulsivas

Las compras impulsivas son otro enemigo común de las finanzas personales. La sociedad moderna, con su constante bombardeo de publicidad y ofertas, nos incita a comprar cosas que realmente no necesitamos. Las redes sociales, las tiendas en línea y las ofertas de descuento fomentan este hábito, haciéndonos sentir que estamos perdiendo oportunidades si no compramos en el momento. Sin embargo, estas compras impulsivas pueden llevarnos rápidamente a acumular deudas y tener poco dinero disponible para cosas realmente importantes.

¿Cómo identificar este hábito en tu vida?

- ¿Compras productos que realmente no necesitas solo porque están en oferta o parecen atractivos en el momento?
- ¿Te arrepientes de tus compras poco después de haberlas hecho?
- ¿Te encuentras gastando dinero en cosas pequeñas y aparentemente inofensivas que, con el tiempo, suman grandes cantidades?

5. No tener un fondo de emergencias

Uno de los errores más grandes que las personas cometen es no tener un fondo de emergencia. Este fondo es vital para protegerte de imprevistos como una reparación del coche, una emergencia médica o incluso la pérdida de empleo. No tener un colchón financiero para estos eventos inesperados te lleva a endeudarte aún más, lo que dificulta salir del ciclo de estrés financiero.

¿Cómo identificar este hábito en tu vida?

- ¿Dependes de préstamos o tarjetas de crédito cuando te enfrentas a una emergencia financiera?
- ¿No tienes ahorros reservados específicamente para emergencias inesperadas?
- ¿Te encuentras constantemente en situaciones donde una emergencia financiera te deja en una posición vulnerable?

6. Postergar decisiones financieras importantes

Muchas personas evitan tomar decisiones financieras difíciles, como revisar sus deudas, establecer un plan de ahorro o invertir. La procrastinación financiera es peligrosa porque permite que los problemas se acumulen, haciendo que sean más difíciles de resolver en el futuro. No tomar decisiones financieras en el momento adecuado te mantiene atrapado en la misma situación una y otra vez.

¿Cómo identificar este hábito en tu vida?

- ¿Evitas hacer un plan para saldar tus deudas porque te resulta abrumador?
- ¿No has empezado a ahorrar para la jubilación o para futuros proyectos importantes?
- ¿Sientes que pospones decisiones financieras porque crees que no tienes suficiente dinero o tiempo?

Identificar tus malos hábitos financieros es el primer paso hacia el cambio. Reconocer cuáles son los patrones que te mantienen en el mismo lugar te permitirá tomar las riendas de tu vida financiera y empezar a hacer ajustes. En los próximos capítulos, aprenderás a reemplazar estos hábitos por prácticas saludables que te permitirán no solo mejorar tu situación económica, sino también tener una relación más positiva y controlada con el dinero.

Definir qué son los malos hábitos financieros

Los malos hábitos financieros son comportamientos repetitivos y automáticos que afectan negativamente nuestra salud económica. Son acciones, o la falta de ellas, que nos llevan a un ciclo de deudas, malgasto o pérdida de control sobre nuestro dinero. Al igual que en otras áreas de nuestra vida, los hábitos financieros se desarrollan con el tiempo, a menudo sin que nos demos cuenta de su impacto a largo plazo.

Estos hábitos suelen estar profundamente arraigados en nuestra rutina diaria, y muchos de ellos nacen de la falta de educación financiera o de creencias erróneas sobre el dinero. A lo largo de nuestra vida, absorbemos ideas sobre las finanzas de nuestro entorno: lo que vemos en nuestras familias, amigos o medios de comunicación, y rara vez nos detenemos a evaluar si esos patrones son los correctos.

Los malos hábitos financieros pueden manifestarse de muchas formas. Pueden ser comportamientos tan simples como gastar en cosas que no necesitamos, acumular deudas de tarjetas de crédito, o no llevar un control adecuado de nuestros ingresos y gastos. También pueden ser más profundos, como postergar decisiones importantes sobre nuestra vida financiera, vivir sin un plan o gastar más dinero del que ganamos de forma constante.

Lo preocupante de los malos hábitos financieros es que, a primera vista, pueden no parecer tan dañinos. Gastar unos pocos dólares de más, retrasar la creación de un fondo de emergencias o ignorar una pequeña deuda puede parecer inofensivo en el momento. Sin embargo, cuando estos hábitos se repiten una y otra vez, comienzan a acumularse, generando un efecto dominó que puede terminar en situaciones financieras muy difíciles de gestionar.

Una de las características clave de los malos hábitos financieros es que son comportamientos automáticos. Los repetimos sin pensarlo dos veces. Por eso es tan difícil romper con ellos. Nos acostumbramos a un estilo de vida, a gastar sin planificar, a endeudarnos para mantener una imagen o a evitar pensar en el futuro financiero. Al no ser conscientes de estos hábitos, caemos en patrones que limitan nuestro crecimiento económico.

Ejemplos comunes de malos hábitos financieros:

- Gastar sin un presupuesto definido.
- Vivir de un sueldo a otro sin capacidad de ahorro.
- Usar tarjetas de crédito para cubrir necesidades básicas.
- Ignorar la importancia de un fondo de emergencia.
- Evitar tomar decisiones sobre inversiones o ahorro a largo plazo.

Lo más importante es reconocer que los malos hábitos financieros no determinan quién eres ni dónde debes quedarte. La buena noticia es que, al igual que cualquier otro hábito, los malos hábitos financieros pueden cambiarse. Pero para lograrlo, primero debemos identificarlos y ser conscientes de ellos.

Este libro te ayudará a hacer precisamente eso: a identificar esos patrones automáticos que te están deteniendo y te enseñará a reemplazarlos por hábitos financieros saludables que te permitirán tomar control de tu vida económica.

Ejemplos más comunes de malos hábitos financieros

Los malos hábitos financieros pueden manifestarse de muchas maneras en nuestra vida diaria. Estos hábitos, aunque a menudo parecen inofensivos o insignificantes en el momento, tienen un impacto profundo en nuestra capacidad para ahorrar, salir de deudas y, en última instancia, alcanzar la libertad financiera. En esta sección, exploraremos tres de los ejemplos más comunes de malos hábitos financieros: gastar más de lo que se gana, el uso excesivo de las tarjetas de crédito, y la falta de planificación.

1. Gastar más de lo que se gana

Este es quizás el mal hábito financiero más común y destructivo. Gastar más dinero del que se ingresa mes a mes no solo te lleva a un ciclo constante de deudas, sino que también genera una sensación de angustia y estrés financiero. Muchas veces, las personas no se dan cuenta de que están viviendo por encima de sus posibilidades hasta que el problema se vuelve insostenible.

Gastar más de lo que se gana es fácil de hacer en una sociedad donde el consumo es tan incentivado. Compramos cosas que no necesitamos, nos dejamos llevar por ofertas y descuentos, o caemos en el deseo de mantener un estilo de vida que no podemos permitirnos. Esta forma de gasto puede parecer manejable en el corto plazo, pero con el tiempo, nos coloca en una posición de dependencia del crédito y las deudas.

¿Cómo se manifiesta este hábito?

- Uso de tarjetas de crédito para cubrir gastos básicos como alimentos, servicios o renta.
- Falta de ahorros al final del mes porque todo el dinero se destina a cubrir deudas o gastos excesivos.
- Sensación constante de que el dinero no alcanza, a pesar de que los ingresos pueden ser suficientes si se manejan correctamente.

Consecuencias de este hábito:

- Acumulación de deudas a lo largo del tiempo.
- Estrés financiero continuo debido a la incapacidad de cumplir con las obligaciones económicas.
- Falta de capacidad para ahorrar o invertir, lo que perpetúa la inestabilidad financiera.

2. Uso excesivo de tarjetas de crédito

Las tarjetas de crédito pueden ser una herramienta financiera útil cuando se usan correctamente, pero también son una de las principales fuentes de problemas financieros para muchas personas. El uso excesivo de las tarjetas de crédito, especialmente para cubrir gastos diarios o compras impulsivas, puede acumular deudas rápidamente debido a los altos intereses.

El problema principal con las tarjetas de crédito es que nos dan una sensación de poder adquisitivo falso. Al diferir pagos o realizar compras a meses sin intereses, sentimos que podemos permitirnos cosas que, en realidad, no podemos pagar en ese momento. Esto crea una falsa sensación de seguridad que puede desembocar en una trampa de deudas difícil de escapar.

¿Cómo se manifiesta este hábito?

- Realización de compras impulsivas con tarjeta de crédito, muchas veces sin necesidad real de los productos o servicios.
- Acumulación de saldos pendientes mes a mes, pagando solo el mínimo requerido y aumentando la deuda debido a los intereses.
- Dependencia de las tarjetas para cubrir necesidades cotidianas como alimentos, servicios o gastos médicos.

Consecuencias de este hábito:

- Deudas crecientes por las tasas de interés, especialmente si solo se paga el mínimo mensual.
- Limitación de la capacidad para ahorrar, ya que gran parte de los ingresos se destinan al pago de deudas.
- Estrés financiero a medida que la deuda crece y se vuelve más difícil de manejar.

3. Falta de planificación y presupuesto

La falta de planificación es otro mal hábito financiero muy común que afecta tanto a personas con ingresos bajos como altos. Vivir sin un plan financiero claro es como navegar sin rumbo. Sin un presupuesto o una estrategia para manejar el dinero, es fácil perder de vista adónde va cada peso que ganamos y cómo podemos maximizar nuestros ingresos para cumplir metas financieras a largo plazo.

La planificación financiera no solo implica ahorrar o gastar menos, sino también establecer metas claras, definir prioridades y tener un control sobre el flujo de dinero. Muchas personas piensan que un presupuesto es restrictivo, pero en realidad es todo lo contrario: es una herramienta que te da control sobre tu dinero y te permite tomar decisiones conscientes sobre en qué gastar y en qué no.

¿Cómo se manifiesta este hábito?

- Desconocimiento de cuánto dinero realmente se gasta en categorías clave como alimentación, vivienda, entretenimiento, etc.
- Falta de metas financieras claras, lo que lleva a gastar el dinero en cosas de menor importancia.
- Falta de previsión para emergencias o gastos inesperados, lo que obliga a recurrir al crédito o a préstamos.

Consecuencias de este hábito:

- Incapacidad para ahorrar, ya que el dinero se gasta sin un propósito claro.

- Falta de preparación para emergencias financieras, lo que crea dependencia del crédito o la deuda.
- Pérdida de oportunidades de inversión o crecimiento económico debido a la falta de planificación a largo plazo.

Estos tres ejemplos son solo algunos de los malos hábitos financieros más comunes que, sin darnos cuenta, limitan nuestra capacidad para alcanzar la libertad financiera. Lo importante es que, al identificarlos, podemos comenzar a trabajar en su solución. Cambiar estos comportamientos no es fácil ni rápido, pero con la conciencia y las herramientas adecuadas, es completamente posible. En los siguientes capítulos, aprenderás cómo sustituir estos malos hábitos por prácticas financieras saludables que te permitirán mejorar tu situación económica y, en última instancia, transformar tu vida.

Cómo reconocer estos hábitos en la vida diaria

Reconocer los malos hábitos financieros es el primer paso hacia una verdadera transformación económica. Muchas veces, estos hábitos están tan arraigados en nuestra vida diaria que pasan desapercibidos. Nos acostumbramos a ciertos patrones de gasto, deuda o falta de planificación, creyendo que son normales o inevitables. Sin embargo, cuando tomamos un momento para observar de manera consciente cómo manejamos el dinero en nuestro día a día, podemos empezar a identificar esos comportamientos que nos impiden avanzar hacia la estabilidad financiera.

Aquí te ofrezco algunas maneras prácticas de reconocer los malos hábitos financieros en tu vida diaria:

1. Mantienes un ciclo constante de deuda

Uno de los signos más evidentes de un mal hábito financiero es estar atrapado en un ciclo de deuda. Si al final de cada mes te encuentras utilizando tarjetas de crédito o préstamos para cubrir gastos esenciales, es probable que estés viviendo por encima de tus posibilidades. La deuda, cuando se utiliza para compras innecesarias o para cubrir gastos recurrentes, se convierte en un lastre que impide que logres estabilidad financiera.

Señales a observar:

- Usas la tarjeta de crédito para pagar gastos diarios como alimentos, transporte o servicios.
- Pagas solo el mínimo en tus tarjetas de crédito y las deudas nunca parecen disminuir.
- Solicitas nuevos préstamos o líneas de crédito constantemente para cubrir otras deudas.

Pregúntate:

- ¿Estoy dependiendo de las tarjetas de crédito para sobrevivir?
- ¿Mi deuda está creciendo o disminuyendo con el tiempo?
- ¿Me siento estresado por la cantidad de pagos de deuda que debo hacer cada mes?

2. No sabes exactamente adónde va tu dinero

Si al final del mes te preguntas "¿en qué gasté todo mi dinero?" es una clara señal de que no tienes control sobre tus finanzas. Gastar sin un plan o sin un registro claro de tus ingresos y egresos lleva a un descontrol financiero. Esto no solo afecta tu capacidad de ahorrar, sino que también puede llevarte a gastar en cosas que no necesitas, mientras descuidas prioridades importantes como el ahorro o la inversión.

Señales a observar:

- No llevas un registro de tus gastos diarios o mensuales.
- Llegas al final del mes sin saber cómo se agotó tu ingreso.
- No tienes un presupuesto claro ni metas financieras establecidas.

Pregúntate:

- ¿Sé cuánto gasto exactamente en cada categoría (comida, entretenimiento, transporte)?
- ¿Tengo un plan para mi dinero o simplemente lo gasto a medida que llega?
- ¿Siento que mi dinero "desaparece" sin darme cuenta?

3. Haces compras impulsivas regularmente

Las compras impulsivas son otro signo de un mal hábito financiero. Comprar algo sin planificar, solo porque está en oferta o porque parece una buena idea en ese momento, puede llevarte a gastar de más. Con el tiempo, estas compras impulsivas se suman y afectan tu capacidad de ahorrar o de destinar dinero a cosas realmente importantes.

Señales a observar:

- Haces compras no planificadas, especialmente cuando estás estresado, aburrido o motivado por una oferta.
- Tienes artículos que compraste y nunca utilizaste, o te arrepientes de haber comprado.
- Gastas dinero en cosas que realmente no necesitas ni habías planeado adquirir.

Pregúntate:

- ¿Compro cosas solo porque están en oferta o porque las veo en el momento?
- ¿Cuántas de mis compras recientes realmente eran necesarias?
- ¿Me arrepiento de mis compras poco después de hacerlas?

4. No tienes un fondo de emergencia

Si no tienes dinero guardado para emergencias, es una señal de que tu planificación financiera es deficiente. Un fondo de emergencia es esencial para cubrir gastos imprevistos, como una reparación del coche, una emergencia médica o la pérdida temporal de ingresos. La falta de un fondo de emergencia te deja vulnerable y dependiente de préstamos o tarjetas de crédito cuando surge un imprevisto.

Señales a observar:

- No tienes dinero ahorrado específicamente para emergencias.
- Dependiste de un préstamo o tarjeta de crédito la última vez que surgió un gasto imprevisto.
- No tienes idea de cuánto dinero deberías tener guardado para emergencias.

Pregúntate:

- ¿Cómo respondería si mañana tuviera un gasto inesperado?
- ¿Cuánto dinero tengo ahorrado para emergencias?
- ¿Dependo del crédito para cubrir cualquier imprevisto?

5. Pospones decisiones importantes sobre tu dinero

La procrastinación financiera es otro mal hábito que puede ser difícil de detectar porque no involucra directamente gastar o endeudarse. Si constantemente pospones decisiones importantes sobre tu dinero, como hacer un presupuesto, pagar deudas o planificar para el futuro, estás saboteando tu bienestar financiero. Ignorar la situación financiera solo empeora los problemas y los hace más difíciles de resolver en el futuro.

Señales a observar:

- Sabes que necesitas hacer un presupuesto, pero nunca lo haces.

- Evitas revisar tus deudas o hablar sobre tu situación financiera.
- No has comenzado a ahorrar para metas importantes, como la jubilación o una gran compra.

Pregúntate:

- ¿Qué decisiones financieras importantes estoy postergando?
- ¿Por qué me resulta incómodo enfrentar mi situación financiera?
- ¿Cómo me sentiría si tuviera un plan financiero claro y definido?

6. No tienes metas financieras claras

Vivir sin metas financieras es un mal hábito porque te deja sin dirección. Si no tienes una visión clara de lo que quieres lograr con tu dinero, es probable que gastes de manera desordenada y sin propósito. Tener metas financieras te ayuda a enfocar tus esfuerzos y a hacer sacrificios conscientes para lograr un bienestar económico a largo plazo.

Señales a observar:

- No tienes metas específicas para ahorrar, invertir o saldar deudas.
- No tienes un plan de cuánto dinero necesitas para el futuro (por ejemplo, para una casa, un viaje o la jubilación).
- No revisas ni ajustas regularmente tus objetivos financieros.

Pregúntate:

- ¿Qué quiero lograr financieramente en los próximos 5 o 10 años?
- ¿Estoy tomando decisiones financieras que me acerquen a mis metas?
- ¿Tengo un plan claro para alcanzar lo que deseo?

Reconocer estos malos hábitos financieros en tu vida diaria es un paso esencial para tomar control de tus finanzas. Una vez que identifiques estos comportamientos, puedes comenzar a trabajar en su modificación. Recuerda que el cambio no sucede de la noche a la mañana, pero con el tiempo y la consistencia, puedes reemplazar estos malos hábitos por comportamientos que te ayuden a construir una vida financiera más estable y próspera. En los siguientes capítulos, veremos cómo puedes transformar estos malos hábitos en prácticas financieras saludables que te lleven hacia la libertad económica.

Ejercicios prácticos: Haz una auditoría de tus hábitos financieros actuales

Una vez que has identificado algunos de los malos hábitos financieros comunes y cómo pueden estar presentes en tu vida diaria, es momento de tomar acción. Una auditoría de tus hábitos financieros actuales es un ejercicio práctico que te ayudará a comprender mejor tu relación con el dinero. Al hacer este análisis, podrás ver con claridad cuáles son los patrones de comportamiento que te están frenando y qué áreas requieren un cambio inmediato.

Este ejercicio te guiará paso a paso para que puedas evaluar tus ingresos, gastos y comportamientos relacionados con el dinero. La clave es ser completamente honesto contigo mismo y registrar toda la información necesaria para tener una visión clara de tu situación financiera actual.

Paso 1: Revisa tus ingresos y egresos mensuales

El primer paso para auditar tus hábitos financieros es tener un panorama claro de cuánto dinero estás ganando y cuánto estás gastando cada mes. Este análisis te ayudará a detectar si estás viviendo por encima de tus posibilidades o si puedes hacer ajustes para ahorrar más.

- **Toma nota de todos tus ingresos mensuales:** Esto incluye tu salario, ingresos secundarios, bonificaciones, trabajos freelance, o cualquier otra fuente de dinero que recibas de manera regular. Si tus ingresos varían, haz una media mensual.
- **Haz una lista detallada de todos tus gastos:** Revisa tus extractos bancarios y de tarjetas de crédito de los últimos tres meses. Anota cada gasto, incluso las pequeñas compras diarias que a menudo pasan desapercibidas (como un café, una comida rápida, o una suscripción mensual). Divide tus gastos en las siguientes categorías:
    - Gastos fijos: Renta/hipoteca, servicios (luz, agua, gas, internet), seguros, préstamos.

- Gastos variables: Alimentación, transporte, entretenimiento, ropa.
- Gastos superfluos o no esenciales: Compras impulsivas, entretenimiento excesivo, suscripciones que no usas.

Reflexión: Al final de este paso, pregúntate:

- ¿Estoy gastando más de lo que gano?
- ¿Cuánto dinero destino a gastos no esenciales?
- ¿Hay áreas en las que podría reducir gastos?

Paso 2: Evalúa tu deuda y ahorro

El siguiente paso es examinar tus deudas y tus hábitos de ahorro. Esto te ayudará a ver si estás cayendo en la trampa de la deuda o si estás en una posición vulnerable debido a la falta de ahorro.

- **Lista de deudas:** Haz una lista de todas tus deudas, incluyendo préstamos, tarjetas de crédito, hipotecas, o cualquier tipo de deuda pendiente. Anota los montos totales, los intereses que pagas y el monto mensual que destinas a saldar estas deudas.
- **Revisa tus ahorros:** Anota cuánto tienes actualmente en cuentas de ahorro, inversiones o fondos de emergencia. Si no tienes un fondo de emergencia, es un claro indicador de que necesitas establecer uno cuanto antes.

Reflexión: Pregúntate:

- ¿Estoy pagando más de lo necesario en intereses porque no puedo liquidar mis deudas?
- ¿Cuánto tiempo me tomaría cubrir un gasto inesperado sin tener que recurrir a la deuda?
- ¿Estoy ahorrando lo suficiente para mis metas a corto, mediano y largo plazo?

Paso 3: Identifica tus hábitos de gasto

Este es uno de los pasos más importantes de la auditoría. Se trata de examinar detalladamente en qué gastas tu dinero y por qué lo haces. Este análisis te permitirá identificar patrones de comportamiento que están afectando negativamente tu situación financiera.

- **Haz una lista de tus compras impulsivas o innecesarias:** Revisa tus extractos bancarios y anota cada vez que compraste algo de manera impulsiva o que realmente no necesitabas. Esto podría incluir compras de ropa, gadgets, artículos de entretenimiento o comidas fuera de casa.
- **Evalúa cómo tomas decisiones de compra:** ¿Sueles comprar cuando estás estresado, aburrido o buscando gratificación instantánea? ¿Qué desencadena estas compras? También puedes analizar si tiendes a gastar más durante ciertas épocas del año, como vacaciones, rebajas o cuando recibes un ingreso extra.

Reflexión: Pregúntate:

- ¿Cuánto de mi dinero se destina a compras innecesarias?
- ¿Qué desencadena mis compras impulsivas?
- ¿Me siento mejor o peor después de hacer estas compras?

Paso 4: Analiza tu planificación financiera (o la falta de ella)

En este paso, te enfocarás en analizar si tienes un plan financiero sólido y si estás cumpliendo con tus metas a largo plazo.

- **Presupuesto:** ¿Tienes un presupuesto mensual claro? Si no lo tienes, este es un mal hábito que deberás corregir inmediatamente. Si tienes un presupuesto, revisa si lo estás cumpliendo o si hay áreas en las que tiendes a desviarte.
- **Metas financieras:** ¿Tienes metas claras, como ahorrar para la jubilación, comprar una casa o saldar deudas? Si no es así, este es un momento perfecto para comenzar a establecer objetivos financieros.
- **Previsión para el futuro:** ¿Tienes un plan para emergencias o para grandes gastos futuros? Esto puede incluir ahorros para estudios, vacaciones o cualquier gasto importante que anticipes a largo plazo.

Reflexión: Pregúntate:

- ¿Estoy siguiendo un presupuesto o simplemente gasto a medida que tengo dinero?

- ¿Qué tan preparado estoy para imprevistos o metas a largo plazo?
- ¿Tengo metas financieras claras y alcanzables?

Paso 5: Reflexiona y toma decisiones

Una vez que hayas reunido toda la información sobre tus ingresos, gastos, deudas, ahorros y patrones de gasto, es momento de reflexionar. ¿Qué hábitos están limitando tu progreso? ¿En qué áreas puedes mejorar?

- **Escribe tres malos hábitos financieros que hayas identificado:** Anota los tres comportamientos que están afectando negativamente tus finanzas. Estos pueden incluir gastar de más, depender de la deuda, no ahorrar lo suficiente, hacer compras impulsivas, o no planificar para el futuro.
- **Define tres acciones correctivas:** Por cada mal hábito, anota una acción correctiva que podrías tomar. Por ejemplo, si reconociste que no tienes un fondo de emergencia, una acción correctiva sería comenzar a apartar un porcentaje de tu salario cada mes para construir ese fondo.

Reflexión: Pregúntate:

- ¿Cuáles son los tres hábitos financieros más dañinos que he identificado?
- ¿Qué cambios puedo hacer a partir de hoy para mejorar mi situación financiera?

Al completar esta auditoría de tus hábitos financieros actuales, habrás dado un gran paso hacia la transformación financiera. Este ejercicio no solo te permitirá ver con claridad cómo estás manejando tu dinero, sino también identificar las áreas en las que necesitas trabajar. No se trata de juzgarte a ti mismo por los errores del pasado, sino de usar esta información para tomar mejores decisiones financieras en el futuro.

Recuerda que mejorar tus finanzas es un proceso gradual, y el primer paso es siempre el más difícil. Con esta auditoría, tendrás una base sólida para comenzar a cambiar tus hábitos y trabajar hacia una vida financiera más saludable y exitosa.

Mejorar Hábitos Financieros

Ahora que has identificado los malos hábitos financieros que han estado frenando tu progreso, es momento de trabajar en su corrección. Cambiar los hábitos negativos por positivos no es fácil ni inmediato, pero es completamente posible si se toman los pasos adecuados y se mantiene la constancia. Mejorar tus hábitos financieros no solo transformará la forma en que manejas el dinero, sino también cómo te relacionas emocional y mentalmente con él.

Los buenos hábitos financieros son la base de una vida económica estable y próspera. Al igual que en otras áreas de la vida, como la salud física o las relaciones personales, los hábitos financieros saludables requieren dedicación, planificación y esfuerzo consciente. Pequeños cambios consistentes pueden generar grandes resultados a largo plazo.

En este capítulo, exploraremos cómo reemplazar los malos hábitos financieros por comportamientos que te permitirán mejorar tu situación económica. Hablaremos de herramientas prácticas como la creación de un presupuesto, el control de gastos y la importancia del ahorro. También veremos cómo desarrollar una disciplina financiera que te permita mantenerte enfocado en tus metas, incluso cuando enfrentes tentaciones o desafíos.

No se trata de cambiarlo todo de la noche a la mañana, sino de empezar por pequeñas acciones que, al repetirse día tras día, se convierten en hábitos positivos. Si aplicas las estrategias que te enseñaré en este capítulo, estarás más cerca de alcanzar la libertad financiera y vivir con mayor tranquilidad y control sobre tu dinero.

Cómo cambiar los hábitos financieros negativos por positivos

Cambiar los hábitos financieros negativos por positivos es un proceso que requiere tiempo, paciencia y esfuerzo consciente. Al igual que cualquier otro tipo de hábito, los patrones financieros que has seguido a lo largo de tu vida están profundamente arraigados en tus rutinas diarias. Sin embargo, la buena noticia es que, con el enfoque correcto y una estrategia clara, es completamente posible transformarlos y desarrollar hábitos que te lleven hacia una vida financiera más saludable y exitosa.

En este punto del libro, vamos a desglosar el proceso de cambio de hábitos financieros en pasos simples y prácticos que podrás aplicar a tu vida diaria. La clave para el éxito es la consistencia, ya que los pequeños cambios, repetidos día tras día, pueden generar un gran impacto a largo plazo.

Paso 1: Toma conciencia del hábito negativo

El primer paso para cambiar un hábito financiero negativo es ser plenamente consciente de su existencia y de su impacto en tu vida. No puedes cambiar lo que no reconoces. Es importante que revises los malos hábitos financieros que identificaste en el capítulo anterior y te detengas a reflexionar sobre cómo esos hábitos han influido en tu situación económica actual.

Por ejemplo:

- **Hábito negativo**: Gastar más de lo que ganas mes tras mes.
- **Impacto**: Deudas crecientes, estrés financiero constante, incapacidad para ahorrar.

Acción: Escribe una lista de tus hábitos financieros negativos y anota cómo estos están afectando tu capacidad para alcanzar tus metas financieras. Esto te ayudará a visualizar claramente los cambios que necesitas hacer.

Paso 2: Define el hábito positivo que reemplazará al negativo

Una vez que has identificado los hábitos negativos, el siguiente paso es definir qué comportamiento positivo lo reemplazará. Es importante no solo eliminar un mal hábito, sino sustituirlo por uno saludable. De lo contrario, el comportamiento negativo podría reaparecer más adelante.

Por ejemplo:

- **Hábito negativo**: Comprar cosas de manera impulsiva sin un plan.
- **Hábito positivo**: Crear un presupuesto mensual detallado y hacer compras únicamente cuando están previstas en ese presupuesto.

Al definir el hábito positivo, asegúrate de que sea realista y alcanzable. No intentes hacer cambios radicales de inmediato. En su lugar, comienza con pequeños ajustes que puedas mantener a largo plazo.

Acción: Por cada hábito negativo que identifiques, anota un hábito positivo que lo reemplazará. Asegúrate de que el hábito positivo sea concreto y accionable. Por ejemplo, si el problema es el gasto excesivo en entretenimiento, el nuevo hábito podría ser destinar un monto específico en el presupuesto para ese propósito.

Paso 3: Crea un plan de acción para cambiar el hábito

El siguiente paso es crear un plan de acción claro y detallado. Cambiar un hábito financiero requiere más que solo una buena intención; necesitas un plan concreto para lograrlo. El plan de acción debe incluir pasos pequeños que puedas seguir a diario o semanalmente. Recuerda que los hábitos se forman a lo largo del tiempo, por lo que es importante tener un enfoque gradual.

Por ejemplo:

- **Hábito positivo**: Crear un fondo de emergencia.
- **Plan de acción**:
    - Paso 1: Abrir una cuenta de ahorros específica para emergencias.
    - Paso 2: Destinar un porcentaje de tus ingresos cada mes a esa cuenta.
    - Paso 3: Reducir gastos superfluos para aumentar la cantidad que ahorras.

El objetivo es que cada pequeño paso te acerque más a tu meta final.

Acción: Para cada hábito positivo que hayas definido, elabora un plan de acción. Incluye pasos pequeños y alcanzables que puedas seguir con regularidad. De esta forma, el cambio se volverá más manejable y menos abrumador.

Paso 4: Monitorea tu progreso

Cambiar un hábito no sucede de la noche a la mañana, por lo que es esencial monitorear tu progreso de manera constante. Al igual que cuando quieres mejorar tu salud física, necesitas hacer un seguimiento de los avances que estás logrando con tus hábitos financieros. Esto te permitirá ver qué tan efectivo ha sido el cambio y si necesitas hacer ajustes en el camino.

Por ejemplo:

- **Hábito positivo**: Llevar un control estricto de tus gastos mensuales.
- **Monitoreo**: Revisa tus estados financieros cada semana y compara lo que has gastado con el presupuesto que creaste.

Monitorear tu progreso también te ayudará a mantenerte motivado. Cada vez que veas un avance, por pequeño que sea, estarás más motivado para seguir con el cambio.

Acción: Establece momentos específicos para revisar tu progreso. Puedes hacer esto semanalmente o mensualmente, dependiendo del hábito que estés tratando de cambiar. Anota cualquier avance que veas, y si es necesario, ajusta tu plan de acción para mantener el rumbo.

Paso 5: Celebra tus logros

Uno de los errores más comunes cuando se trata de cambiar hábitos es enfocarse únicamente en lo que falta por hacer y no en los logros que ya se han alcanzado. Es crucial celebrar cada paso que avances, por pequeño que sea. El cambio de hábitos requiere tiempo y esfuerzo, por lo que debes reconocer tus victorias a lo largo del camino.

Por ejemplo:

- **Hábito positivo**: Ahorrar una pequeña cantidad cada mes.
- **Celebración**: Al completar tres meses consecutivos de ahorro, permítete una pequeña recompensa que no afecte tu presupuesto (por ejemplo, una salida o una comida especial).

Celebrar tus logros no solo te motivará a seguir adelante, sino que también reforzará el nuevo hábito, haciéndolo parte de tu rutina diaria.

Acción: Define hitos en tu plan de acción y establece una pequeña recompensa para cada uno. Estos hitos pueden ser mensuales, trimestrales o anuales, dependiendo del hábito que estés trabajando.

Paso 6: Mantén la constancia y sé paciente

Cambiar hábitos financieros es un proceso que requiere constancia y paciencia. No debes desanimarte si al principio te resulta difícil o si en algún momento tienes un revés. Lo importante es volver al camino y seguir esforzándote. Los hábitos financieros positivos se construyen con el tiempo, y cada día que practicas un nuevo comportamiento, estás más cerca de lograr la transformación financiera que deseas.

Recuerda que el objetivo no es la perfección, sino el progreso constante. La constancia es clave para que los nuevos hábitos se arraiguen y formen parte de tu vida diaria.

Acción: Si en algún momento sientes que has retrocedido o que el cambio es difícil, recuerda por qué empezaste. Mantén la visión de tus metas financieras a largo plazo y sigue adelante, paso a paso.

Cambiar los hábitos financieros negativos por positivos no es un proceso inmediato, pero con conciencia, planificación y consistencia, es completamente alcanzable. Cada pequeño cambio que realices hoy te acercará más a la estabilidad financiera que deseas en el futuro. En los siguientes apartados, profundizaremos en herramientas prácticas que te ayudarán a implementar estos cambios de manera efectiva y duradera.

La importancia de un presupuesto

Uno de los pilares fundamentales para mejorar tus hábitos financieros es la creación y seguimiento de un presupuesto. Un presupuesto no es simplemente una lista de gastos y entradas de dinero; es una herramienta clave que te ayuda a tomar el control de tus finanzas, planificar el futuro y asegurarte de que tu dinero se destine a las cosas que realmente importan.

Mucha gente tiene la idea errónea de que un presupuesto es restrictivo, que limita sus opciones y les impide disfrutar de la vida. Sin embargo, la realidad es que un presupuesto bien hecho es lo contrario: te da libertad. Cuando sabes exactamente a dónde va tu dinero y qué puedes permitirte, tomas decisiones con mayor seguridad, evitas deudas innecesarias y reduces el estrés financiero.

1. Un presupuesto te da claridad sobre tu situación financiera

La primera y quizás la más importante razón para tener un presupuesto es que te da una visión clara y completa de tu situación financiera. Sin un presupuesto, es fácil perder la noción de en qué se gasta el dinero cada mes. Puede que pienses que tienes una idea general de tus ingresos y egresos, pero al ponerlo todo en papel o en una hoja de cálculo, te sorprenderá cuánto puedes estar gastando en áreas que no habías considerado.

Con un presupuesto, puedes visualizar claramente:

- **Cuánto ganas**: Es fácil subestimar o sobreestimar tus ingresos mensuales, especialmente si tienes varias fuentes de ingreso. Un presupuesto te ayuda a tener una idea precisa de cuánto dinero entra.
- **Cuánto gastas**: Sin un presupuesto, los gastos diarios o mensuales pequeños pueden pasar desapercibidos. Un café diario, una comida fuera de casa o una suscripción que no utilizas pueden sumar mucho al final del mes.
- **Dónde puedes ajustar**: Una vez que ves tus gastos categorizados, puedes identificar

fácilmente áreas donde puedes recortar y ahorrar más.

2. Un presupuesto te permite alcanzar tus metas financieras

Tener metas financieras es esencial, pero sin un plan claro, esas metas pueden parecer inalcanzables. El presupuesto es la herramienta que te ayuda a transformar tus deseos financieros en realidades alcanzables. Al asignar un propósito a cada peso que ganas, puedes empezar a trabajar de manera proactiva hacia tus metas.

Por ejemplo:

- Si tu meta es ahorrar para un fondo de emergencia o para un viaje, un presupuesto te permite destinar una cantidad fija de dinero cada mes para ese fin, sin que te desvíes o gastes en cosas innecesarias.
- Si tu objetivo es pagar deudas, un presupuesto te ayuda a priorizar el pago de esas deudas, permitiéndote destinarlas como prioridad en tu lista de egresos.
- Si quieres invertir, el presupuesto te mostrará exactamente cuánto dinero puedes destinar a inversiones sin comprometer tus necesidades básicas.

3. Un presupuesto te protege contra gastos innecesarios e impulsivos

Sin un presupuesto claro, es fácil caer en la trampa de los gastos impulsivos. Ya sea que te dejes llevar por una oferta tentadora, una compra no planificada o simplemente porque tienes dinero en el bolsillo, sin una planificación adecuada, los pequeños gastos impulsivos se acumulan rápidamente.

Un presupuesto, en cambio, te ayuda a tomar decisiones más conscientes. Al saber exactamente cuánto puedes gastar en cada categoría (alimentación, entretenimiento, vestimenta, etc.), puedes frenar los impulsos y enfocarte en lo que realmente necesitas. Además, cuando ya has planificado tus gastos, te sientes más en control y menos propenso a tomar decisiones financieras precipitadas.

4. Un presupuesto reduce el estrés financiero

La incertidumbre es una de las principales causas de estrés financiero. Cuando no sabes exactamente cuánto dinero tienes disponible para tus gastos, o si podrás cubrir una emergencia, es fácil sentirse abrumado. Este tipo de ansiedad afecta no solo tu bienestar emocional, sino también tu salud física y tus relaciones personales.

Con un presupuesto, eliminas gran parte de esa incertidumbre. Sabes cuánto dinero tienes disponible para gastar, cuánto puedes ahorrar y cómo manejar imprevistos. La tranquilidad que proviene de tener un plan financiero sólido es invaluable, y te permite vivir con menos preocupaciones y más enfoque en tus prioridades y metas personales.

5. Un presupuesto fomenta la disciplina financiera

Un presupuesto es una de las mejores herramientas para desarrollar y mantener la disciplina financiera. Saber exactamente cuánto dinero puedes gastar y a qué destinas tus recursos financieros te obliga a tomar decisiones más conscientes. Con el tiempo, esa disciplina se convierte en un hábito, lo que te permite manejar mejor tu dinero y evitar problemas financieros.

Por ejemplo, si te has propuesto ahorrar un 20% de tus ingresos mensuales, el presupuesto te ayuda a mantener ese compromiso. La disciplina que obtienes al seguir un presupuesto se traduce en un mejor manejo del dinero a largo plazo, y te permite estar mejor preparado para enfrentar retos financieros futuros.

6. Un presupuesto te ayuda a evitar el endeudamiento innecesario

Una de las mayores ventajas de tener un presupuesto es que te ayuda a evitar el endeudamiento innecesario. Cuando no llevas un control de tus gastos, es fácil recurrir a tarjetas de crédito o préstamos para cubrir gastos imprevistos o innecesarios. Este ciclo de deuda puede convertirse en una trampa difícil de romper.

Un buen presupuesto, en cambio, te permite planificar para gastos mayores, como reparaciones del coche, viajes o gastos médicos. Si tienes un fondo de emergencia incorporado en tu presupuesto, puedes enfrentar esos gastos sin tener que recurrir al crédito. Además, cuando te apegas a un presupuesto, es más probable que vivas dentro de tus posibilidades, lo que reduce la necesidad de endeudarte.

7. Un presupuesto te prepara para el futuro

El presupuesto no solo es una herramienta para controlar los gastos actuales, sino que también es una forma de prepararte para el futuro. Ya sea que estés ahorrando para la jubilación, para la educación de tus hijos o para grandes compras, como una casa o un coche, un presupuesto te permite planificar a largo plazo.

Por ejemplo:

- Puedes destinar un porcentaje de tus ingresos mensuales a una cuenta de ahorros o inversiones para la jubilación.
- Si tienes una meta de compra grande, como una casa, puedes planificar los pagos iniciales y otros gastos asociados, asegurándote de que el proceso no te deje financieramente vulnerable.
- También puedes prever gastos futuros como educación, viajes o incluso planes de emergencia, y estar preparado financieramente cuando lleguen.

Conclusión de la sección

El presupuesto no es un simple control de gastos; es una herramienta clave que te ayuda a tomar el control de tu vida financiera. Con un presupuesto, puedes visualizar claramente tus ingresos y gastos, planificar para el futuro, evitar gastos innecesarios y reducir el estrés financiero. Más importante aún, un buen presupuesto te ayuda a desarrollar la disciplina financiera necesaria para alcanzar tus metas a largo plazo. Si todavía no tienes un presupuesto claro, ahora es el momento perfecto para crear uno y comenzar a mejorar tu relación con el dinero.

Ejemplos prácticos para mejorar la relación con el dinero

Mejorar la relación con el dinero es un paso fundamental para alcanzar la estabilidad financiera. Muchas personas ven el dinero como una fuente de estrés o ansiedad, lo que influye en su comportamiento financiero y dificulta la toma de decisiones saludables. Sin embargo, al cambiar la forma en que te relacionas con el dinero, puedes empezar a verlo como una herramienta poderosa para alcanzar tus metas y vivir con más tranquilidad.

A continuación, te ofrezco una serie de ejemplos prácticos que puedes aplicar en tu vida diaria para mejorar tu relación con el dinero y desarrollar una mentalidad financiera más positiva.

1. Haz un seguimiento de tus gastos diarios

Un paso sencillo pero muy efectivo para mejorar tu relación con el dinero es llevar un control detallado de tus gastos diarios. Muchas veces, los pequeños gastos cotidianos pasan desapercibidos y pueden acumularse rápidamente, afectando tu presupuesto. Al realizar un seguimiento de cada gasto, incluso de los más pequeños, ganarás una mayor conciencia de cómo usas tu dinero y podrás tomar decisiones más informadas sobre en qué gastar y en qué no.

Ejemplo práctico:

- Durante un mes, anota todos tus gastos, desde el café que compras por la mañana hasta las grandes compras. Puedes hacerlo en una libreta o en una aplicación de finanzas. Al final del mes, revisa en qué áreas podrías reducir gastos o hacer ajustes para que tu dinero se use de manera más consciente y alineada con tus metas financieras.

2. Practica la gratitud por lo que tienes

La gratitud es una poderosa herramienta para cambiar tu relación con el dinero. En lugar de enfocarte en lo que no tienes o en lo que te falta, practicar la gratitud te ayuda a reconocer y valorar lo que ya has logrado y posees. Esto reduce la necesidad de gastar dinero en cosas innecesarias o buscar la satisfacción inmediata a través de compras impulsivas.

Ejemplo práctico:

- Cada semana, dedica unos minutos a reflexionar sobre tres cosas relacionadas con tus finanzas por las cuales te sientas agradecido. Pueden ser cosas simples, como haber pagado una deuda, tener dinero para tus necesidades básicas o haber logrado ahorrar un poco. Al reconocer estas cosas, desarrollarás una mentalidad más positiva y te sentirás más en control de tu dinero.

3. Establece metas financieras claras

Tener metas financieras claras y alcanzables es clave para mejorar tu relación con el dinero. Las metas te proporcionan un propósito, una razón por la cual manejar tu dinero de manera responsable. Estas metas pueden ser a corto, mediano o largo plazo, pero lo importante es que sean específicas, medibles y alcanzables.

Ejemplo práctico:

- Define tres metas financieras para el próximo año: una a corto plazo (como ahorrar para unas vacaciones), una a mediano plazo (como pagar una parte de tu deuda), y una a largo plazo (como ahorrar para la jubilación o la compra de una vivienda). Escribe estas metas y establece un plan detallado para alcanzarlas, destinando una parte de tus ingresos cada mes para cumplirlas.

4. Desarrolla una rutina de revisión financiera semanal

Tener un control regular sobre tus finanzas es una excelente manera de mejorar tu relación con el dinero. Desarrollar una rutina de revisión financiera te permitirá monitorear tu progreso, ajustar tu presupuesto y mantener el rumbo hacia tus metas. Dedicar un tiempo semanal a revisar tus finanzas te ayudará a evitar sorpresas desagradables y a sentirte más tranquilo con tus decisiones financieras.

Ejemplo práctico:

- Cada semana, destina entre 30 y 60 minutos para revisar tu presupuesto, tus ingresos y tus gastos. Analiza si estás cumpliendo con tus metas de ahorro, si hay gastos innecesarios que puedes reducir o si necesitas hacer algún ajuste en tus prioridades financieras. Esta práctica te permitirá estar más conectado con tu dinero y desarrollar un sentido de control sobre tus finanzas.

5. Evita las compras impulsivas con una regla de 24 horas

Una de las formas más efectivas de mejorar tu relación con el dinero es reducir las compras impulsivas. Estas decisiones de gasto muchas veces no están alineadas con tus metas financieras y pueden generar arrepentimiento después. Una estrategia práctica para evitar este comportamiento es la "regla de las 24 horas", que consiste en esperar al menos un día antes de hacer una compra no planificada.

Ejemplo práctico:

- Cuando sientas el impulso de comprar algo que no habías previsto, aplaza la decisión por 24 horas. Durante ese tiempo, reflexiona sobre si realmente necesitas ese artículo o si es solo una compra impulsiva. Si después de 24 horas sigues creyendo que es una buena compra y puedes permitirlo dentro de tu presupuesto, adelante. De lo contrario, sabrás que has evitado un gasto innecesario.

6. Asigna un porcentaje de tus ingresos al ahorro automático

El ahorro es un hábito fundamental para mejorar tu relación con el dinero y asegurar tu bienestar financiero a largo plazo. Para muchas personas, ahorrar se vuelve difícil porque no lo priorizan y esperan a "ver qué queda" al final del mes. Una solución práctica es automatizar el ahorro, de modo que una parte de tus ingresos se destine directamente a una cuenta de ahorro antes de que tengas la oportunidad de gastarlo.

Ejemplo práctico:

- Si aún no lo has hecho, configura una transferencia automática del 10-20% de tus ingresos mensuales a una cuenta de ahorro o inversión. Al hacer esto, te asegurarás de que siempre estés ahorrando de manera constante, sin tener que pensarlo o depender de tu fuerza de voluntad para apartar el dinero.

7. Asocia el gasto a tus valores personales

Una excelente manera de mejorar tu relación con el dinero es asociar tus decisiones de gasto con tus valores personales. Cuando te das cuenta de lo que realmente es importante para ti, puedes priorizar el gasto en esas áreas y reducir o eliminar el gasto en cosas que no se alinean con tus valores.

Ejemplo práctico:

- Haz una lista de tus valores personales más importantes, como la familia, la educación, la salud o el bienestar. Luego, compara esos valores con tus decisiones de gasto. Por ejemplo, si valoras la salud, puede que decidas gastar más en alimentos saludables y menos en entretenimiento o comidas rápidas. Este ejercicio te ayudará a gastar de manera más consciente y en cosas que realmente importan.

Mejorar tu relación con el dinero no es un proceso que ocurre de la noche a la mañana, pero con pequeñas acciones y cambios en tu comportamiento diario, puedes hacer grandes avances. Aplicando estos ejemplos prácticos en tu vida, comenzarás a desarrollar una relación más saludable, consciente y positiva con el dinero. Esto no solo te permitirá manejar tus finanzas de manera más efectiva, sino que también reducirá el estrés financiero y te acercará a una vida de mayor libertad económica.

Implementación de hábitos simples: rastrear gastos, usar dinero en efectivo, etc.

A menudo, el camino hacia la libertad financiera comienza con la implementación de pequeños hábitos que pueden parecer simples pero que, al ser practicados consistentemente, tienen un impacto profundo en la forma en que manejas tu dinero. Estos hábitos te ayudan a tener más control sobre tus finanzas, tomar decisiones más conscientes y evitar errores financieros comunes. En esta sección, veremos cómo implementar hábitos simples que pueden mejorar significativamente tu situación financiera a lo largo del tiempo.

Estos hábitos no requieren cambios drásticos ni sacrificios inmediatos. Se trata de pequeñas acciones que puedes incorporar a tu rutina diaria y que, con el tiempo, te ayudarán a manejar tu dinero de manera más efectiva. A continuación, exploraremos algunos de los hábitos más sencillos pero efectivos que puedes empezar a implementar hoy mismo.

1. Rastrea tus gastos diariamente

Rastrear tus gastos es uno de los hábitos más importantes que puedes adoptar para tener un mayor control de tu dinero. Este hábito te ayuda a ser consciente de cómo y en qué estás gastando, permitiéndote identificar áreas donde puedes reducir o ajustar tus gastos. Al rastrear todos tus gastos, incluso los más pequeños, obtendrás una visión clara de tu situación financiera y podrás evitar gastos innecesarios.

Cómo implementarlo:

- Elige una herramienta que te resulte cómoda: puedes usar una libreta, una hoja de cálculo, o aplicaciones móviles como Mint o PocketGuard para registrar tus gastos.
- Al final de cada día, anota todos los gastos que hiciste, ya sea en efectivo o con tarjeta. Incluye desde grandes compras hasta pequeños gastos como un café o una comida rápida.
- Revisa tus gastos semanalmente para identificar patrones, ajustar tu presupuesto y evaluar si estás gastando de manera alineada con tus metas financieras.

Beneficios:

- Mayor conciencia sobre tus hábitos de gasto.
- Evitas las compras impulsivas al ser más consciente de tus egresos.
- Puedes identificar y eliminar pequeños gastos innecesarios que se acumulan a lo largo del tiempo.

2. Usa dinero en efectivo para controlar mejor tus gastos

El uso del dinero en efectivo es una estrategia simple pero efectiva para controlar tus gastos. Al pagar en efectivo, tienes una conexión más directa con el dinero que estás gastando, lo que te permite ser más consciente de tus decisiones de compra. Las tarjetas de crédito o débito, en cambio, hacen que el gasto sea más abstracto, lo que facilita gastar de más sin darte cuenta.

Cómo implementarlo:

- Establece un presupuesto semanal para gastos variables, como comida, entretenimiento o transporte.
- Retira ese monto en efectivo al comienzo de la semana y usa solo ese dinero para cubrir esos gastos. Una vez que se acabe el efectivo, sabrás que has alcanzado tu límite de gasto.
- Evita usar tarjetas para estos gastos variables. Si prefieres usarlas, lleva un control estricto y haz un pago inmediato al terminar la semana para no acumular deudas.

Beneficios:

- El dinero en efectivo te da un control visual y táctil de cuánto estás gastando, ayudándote a evitar gastos excesivos.
- Te obliga a ser más consciente y reflexivo sobre tus decisiones de compra.
- Evitas caer en la trampa de las compras impulsivas y el endeudamiento con tarjetas de crédito.

3. Aplica la regla de las 24 horas para las compras impulsivas

Las compras impulsivas pueden hacer que tu presupuesto se descontrole rápidamente. Para evitar este comportamiento, puedes aplicar la "regla de las 24 horas", que consiste en esperar al menos un día antes de realizar cualquier compra que no esté planificada. Esto te da tiempo para reflexionar sobre si realmente necesitas el artículo y si está alineado con tus prioridades financieras.

Cómo implementarlo:

- Si ves algo que te gustaría comprar, ya sea en una tienda física o en línea, espera 24 horas antes de tomar la decisión de comprarlo.
- Durante ese tiempo, pregúntate: ¿Realmente necesito esto? ¿Puedo permitírmelo? ¿Es un gasto que se ajusta a mi presupuesto?
- Si después de 24 horas sigues considerando que es una compra necesaria y que no afectará tu situación financiera, entonces puedes proceder a hacerla. Si no, habrás evitado un gasto innecesario.

Beneficios:

- Reduces las compras por impulso y gastas de manera más consciente.
- Te permite evaluar mejor si un gasto es realmente necesario.
- Mantienes tu presupuesto bajo control y te centras en tus metas financieras.

4. Automatiza tus ahorros

Ahorrar puede ser complicado cuando se deja para "el final del mes". Sin embargo, al automatizar tus ahorros, te aseguras de que siempre estés guardando una parte de tu dinero sin tener que pensarlo. Este hábito es una de las maneras más simples y efectivas de asegurarte de que estás ahorrando de manera consistente, incluso si tienes ingresos variables.

Cómo implementarlo:

- Configura una transferencia automática desde tu cuenta corriente a tu cuenta de ahorros cada mes, justo después de que recibas tu salario.
- Elige un porcentaje de tus ingresos (por ejemplo, el 10% o 15%) que puedas ahorrar sin comprometer tus gastos básicos.
- Si puedes, abre una cuenta de ahorro separada que no uses regularmente para que sea más difícil retirar el dinero.

Beneficios:

- Aseguras que siempre estés ahorrando de manera constante, sin depender de tu fuerza de voluntad.
- El ahorro se convierte en una prioridad, no en algo que haces solo cuando "sobra" dinero al final del mes.
- Te ayuda a construir un fondo de emergencia o a ahorrar para metas a largo plazo sin esfuerzo.

5. Establece presupuestos específicos para cada categoría de gasto

En lugar de simplemente controlar tus gastos de manera general, un hábito muy útil es asignar un presupuesto específico para cada categoría de gasto, como alimentación, transporte, entretenimiento, etc. Al establecer límites claros para cada área, tienes más control sobre a dónde va tu dinero y puedes evitar gastar de más en categorías que no son prioritarias.

Cómo implementarlo:

- Revisa tus gastos anteriores y calcula un presupuesto realista para cada categoría: por ejemplo, asigna $200 para entretenimiento, $400 para alimentos, $100 para transporte, etc.
- Usa aplicaciones o una hoja de cálculo para registrar cada gasto y asegurarte de que no te estás excediendo en ninguna categoría.
- Ajusta tus presupuestos mensualmente según tus necesidades o ingresos, pero siempre mantén un control sobre tus límites.

Beneficios:

- Te ayuda a gastar de manera más organizada y consciente.
- Evitas gastar demasiado en áreas no esenciales, lo que te permite ahorrar más o destinar dinero a otras prioridades.
- Te da claridad sobre en qué áreas podrías reducir gastos si es necesario.

6. Establece días sin gasto

Un hábito simple y efectivo para controlar tus finanzas es establecer "días sin gasto". En estos días, te comprometes a no gastar dinero en nada, lo que te ayuda a evitar compras impulsivas y a reducir gastos innecesarios. Este hábito no solo te ayuda a ahorrar, sino que también te permite ser más consciente de tu consumo diario.

Cómo implementarlo:

- Elige uno o dos días a la semana en los que no gastes dinero en nada, ni siquiera en pequeños gastos como un café o una comida fuera.
- Planifica tus comidas y actividades con antelación para que no tengas que gastar en esos días.
- Usa estos días como una oportunidad para reflexionar sobre tus hábitos de consumo y cómo puedes reducirlos.

Beneficios:

- Te ayuda a ser más consciente de tu consumo y a reducir gastos innecesarios.
- Es una forma sencilla de ahorrar dinero cada semana sin grandes esfuerzos.
- Te permite desarrollar una mayor disciplina financiera y tomar control sobre tus decisiones de gasto.

Implementar hábitos simples en tu rutina diaria es una de las formas más efectivas de mejorar tu relación con el dinero y empezar a tomar el control de tus finanzas. Estos pequeños cambios, como rastrear tus gastos, usar dinero en efectivo o automatizar tus ahorros, pueden parecer insignificantes al principio, pero cuando se practican de manera consistente, tienen un impacto enorme en tu bienestar financiero a largo plazo. Recuerda que la clave está en la constancia y en hacer que estos hábitos se conviertan en parte de tu vida cotidiana.

Cambiar la Mentalidad por una Mentalidad de Ganador

Uno de los mayores obstáculos para alcanzar la libertad financiera no está en nuestras cuentas bancarias, sino en nuestras mentes. La forma en que pensamos sobre el dinero, nuestras creencias, actitudes y emociones hacia él, juega un papel fundamental en cómo lo manejamos. Si tenemos una mentalidad limitada, llena de miedos, dudas y creencias erróneas, nos será difícil progresar financieramente, sin importar cuánto trabajemos o cuánto ganemos.

Por el contrario, una **mentalidad de ganador** te permite ver el dinero como una herramienta, no como una fuente de ansiedad o escasez. Las personas con una mentalidad ganadora no ven el dinero como algo inalcanzable o difícil de manejar, sino como una parte esencial de la vida que puede ser controlada y maximizada para lograr sus metas. Estas personas ven las oportunidades en lugar de los obstáculos, buscan soluciones en lugar de enfocarse en los problemas, y no temen tomar decisiones financieras audaces cuando es necesario.

Cambiar tu mentalidad es el primer paso hacia una transformación financiera real y duradera. No importa cuántos consejos prácticos sigas o cuántos presupuestos crees, si no cambias la forma en que piensas sobre el dinero, será difícil lograr un cambio significativo. En este capítulo, aprenderás a identificar las creencias limitantes que te han mantenido estancado y a desarrollar una mentalidad que te impulse hacia el éxito financiero. Veremos cómo la mentalidad correcta puede ayudarte a superar los miedos y barreras que te impiden alcanzar la libertad económica.

Cambiar la mentalidad financiera no es algo que suceda de la noche a la mañana, pero es completamente posible. Con las herramientas adecuadas y una nueva perspectiva, puedes pasar de una mentalidad de escasez, en la que siempre sientes que el dinero nunca es suficiente, a una mentalidad de abundancia, donde te sientas capacitado para tomar decisiones financieras inteligentes y productivas. Este capítulo te proporcionará el marco necesario para hacer ese cambio mental y comenzar a ver el dinero y tus finanzas con ojos diferentes, desde la perspectiva de un ganador.

La mentalidad como base del éxito financiero

El éxito financiero no depende únicamente de cuánto dinero ganes o cuántas inversiones hagas, sino de cómo piensas y te relacionas con el dinero. La mentalidad que adoptes es la base sobre la cual se construye tu bienestar económico. Al igual que en otras áreas de la vida, una mentalidad adecuada es lo que te permite tomar decisiones acertadas, enfrentar retos financieros con confianza y aprovechar al máximo las oportunidades.

Las personas que logran la estabilidad y el éxito financiero no necesariamente comienzan con grandes ingresos o una situación económica favorable. En muchos casos, lo que las distingue es su **mentalidad de ganador**: un conjunto de creencias, actitudes y comportamientos que las impulsan a buscar soluciones en lugar de enfocarse en los problemas, y a ver el dinero como una herramienta que puede mejorar sus vidas.

En este sentido, el éxito financiero empieza en la mente. Si tienes una mentalidad de escasez —es decir, si ves el dinero como algo limitado y difícil de obtener—, es probable que tomes decisiones financieras desde el miedo y la ansiedad, lo que puede llevarte a comportamientos contraproducentes como gastar impulsivamente, evitar inversiones o tener miedo a asumir riesgos. Por el contrario, si adoptas una **mentalidad de abundancia**, verás el dinero como una herramienta para alcanzar tus metas, y tomarás decisiones con más claridad, confianza y enfoque.

1. Creencias limitantes sobre el dinero

Una de las principales razones por las que muchas personas luchan financieramente es por las creencias limitantes que han adoptado sobre el dinero. Estas creencias se forman a lo largo de nuestra vida, influenciadas por nuestra familia, la sociedad y nuestras experiencias personales. Sin embargo, muchas de estas creencias no son necesariamente ciertas, y al mantenerlas, estamos saboteando nuestro propio éxito financiero.

Algunas creencias limitantes comunes son:

- **"El dinero es la raíz de todos los males"**: Esta es una creencia profundamente arraigada en muchas personas, que asocia el dinero con algo negativo o inmoral. Como resultado, es probable que inconscientemente rechaces el éxito financiero porque crees que tener dinero te convertirá en una persona menos ética.
- **"No soy bueno con el dinero"**: Creer que no tienes las habilidades para manejar tus finanzas puede llevarte a evitar la educación

financiera o a tomar decisiones que te mantienen estancado.
- **"El dinero es difícil de ganar"**: Si crees que el dinero solo llega a través del sacrificio extremo o la suerte, podrías estar evitando oportunidades para generar ingresos de manera más estratégica o creativa.

Cómo cambiar esta mentalidad:

- Identifica las creencias limitantes que tienes sobre el dinero. Anótalas y pregúntate si realmente son ciertas o si solo las has adoptado a lo largo del tiempo sin cuestionarlas.
- Reemplaza cada creencia limitante con una creencia empoderadora. Por ejemplo, en lugar de pensar "el dinero es difícil de ganar", puedes adoptar la creencia "el dinero es una herramienta que puedo aprender a manejar y generar de manera inteligente".

2. La mentalidad de abundancia frente a la mentalidad de escasez

La diferencia entre una mentalidad de escasez y una mentalidad de abundancia es uno de los mayores factores que separan a quienes logran el éxito financiero de quienes luchan constantemente por mejorar su situación económica.

- **Mentalidad de escasez**: Las personas con esta mentalidad tienden a ver el dinero como algo limitado, y viven con el miedo de que nunca es suficiente. Este miedo las lleva a tomar decisiones desde la preocupación constante por perder lo que tienen, lo que puede frenar su capacidad de arriesgarse a invertir, emprender o tomar decisiones financieras audaces. También puede llevarlas a gastar impulsivamente, porque sienten que deben disfrutar del dinero mientras lo tienen, ya que creen que no volverán a tener más.

- **Mentalidad de abundancia**: Las personas con esta mentalidad ven el dinero como un recurso que puede crecer y multiplicarse. Saben que siempre existen oportunidades para generar más ingresos y que, con las decisiones correctas, su situación financiera puede mejorar continuamente. Esta mentalidad las impulsa a buscar soluciones, a educarse sobre cómo invertir y a asumir riesgos calculados que las llevan a mejorar su situación económica. También les permite disfrutar de lo que tienen sin sentir la necesidad de malgastar o acaparar.

Cómo adoptar una mentalidad de abundancia:

- Cambia el enfoque de "no tengo suficiente" a "¿cómo puedo generar más?".
- Concéntrate en las oportunidades en lugar de los obstáculos. La mentalidad de abundancia te impulsa a buscar nuevas formas de generar ingresos, mejorar tus inversiones o gastar de manera más consciente.
- Rodéate de personas que tengan una mentalidad de abundancia. La influencia del entorno es clave para moldear tu forma de pensar sobre el dinero.

3. La toma de riesgos inteligentes

Una mentalidad de ganador también implica la capacidad de asumir riesgos inteligentes. Muchas veces, el miedo a perder dinero o a cometer errores financieros nos paraliza y nos impide tomar decisiones que podrían mejorar nuestra situación económica. Sin embargo, las personas exitosas saben que el riesgo es parte del crecimiento. En lugar de evitar el riesgo por completo, lo manejan de manera estratégica.

- **El miedo al riesgo**: Si tienes una mentalidad de escasez, es probable que te enfoques en lo que podrías perder en lugar de lo que podrías ganar. Esto puede llevarte a rechazar oportunidades de inversión, emprender o incluso negociar un mejor salario por miedo a que algo salga mal.
- **El riesgo calculado**: Las personas con una mentalidad ganadora no evitan el riesgo, sino que lo evalúan de manera inteligente. Se educan, investigan y toman decisiones informadas, asumiendo solo aquellos riesgos que están alineados con sus metas financieras y que tienen un alto potencial de recompensa.

Cómo empezar a asumir riesgos inteligentes:

- Infórmate antes de tomar decisiones importantes. Investiga, consulta a expertos y evalúa los pros y contras antes de invertir, emprender o cambiar tu estrategia financiera.
- Enfócate en el crecimiento a largo plazo. Los riesgos inteligentes suelen dar frutos a largo plazo, por lo que es importante tener una visión a futuro y no enfocarse solo en los beneficios inmediatos.

4. El poder de la educación financiera

Las personas con una mentalidad ganadora nunca dejan de aprender. Entienden que el éxito financiero no es un destino estático, sino un proceso continuo de mejora y educación. Una de las mejores maneras de desarrollar una mentalidad ganadora es invirtiendo tiempo en tu educación financiera. Mientras más aprendas sobre cómo manejar, invertir y generar dinero, más confianza tendrás para tomar decisiones inteligentes y alcanzar tus metas.

- **El aprendizaje constante**: Las finanzas personales no son un tema que se domina de una sola vez. Es importante estar siempre actualizado y abierto a nuevas ideas, estrategias y herramientas que puedan mejorar tu situación económica.
- **La autoconfianza a través del conocimiento**: Cuando tienes el conocimiento adecuado, puedes tomar decisiones con mayor seguridad, ya sea en términos de inversiones, ahorros o cómo manejar tu deuda. La educación financiera te da el control de tus finanzas y elimina la incertidumbre.

Cómo mejorar tu educación financiera:

- Lee libros, toma cursos o sigue blogs y podcasts sobre finanzas personales, inversiones y ahorro.
- Busca mentores o modelos a seguir que puedan ofrecerte orientación financiera basada en su experiencia.
- No temas hacer preguntas o buscar asesoramiento profesional cuando sea necesario.

Tu mentalidad es la base de tu éxito financiero. Cambiar la forma en que piensas sobre el dinero, adoptar una mentalidad de abundancia y aprender a asumir riesgos inteligentes son pasos cruciales para mejorar tu relación con el dinero y alcanzar tus metas económicas. No se trata solo de cuánto dinero tienes, sino de cómo piensas y actúas en relación con él. Al desarrollar una mentalidad ganadora, estarás mejor preparado para tomar decisiones que te lleven a una vida financiera más estable, próspera y satisfactoria.

Cómo los pensamientos negativos limitan el crecimiento financiero

Los pensamientos negativos no solo afectan tu bienestar emocional y mental, sino que también tienen un impacto directo y profundo en tu situación financiera. La forma en que piensas sobre el dinero influye en las decisiones que tomas, en cómo manejas tus recursos y en cómo aprovechas las oportunidades. Los pensamientos limitantes, especialmente cuando se relacionan con el dinero, actúan como barreras que impiden el crecimiento financiero y perpetúan un ciclo de dificultades económicas.

Muchas veces, estos pensamientos negativos están profundamente arraigados en nuestra mente debido a nuestras experiencias, creencias heredadas o influencias sociales. Sin embargo, es fundamental identificarlos y transformarlos si queremos mejorar nuestra situación financiera. En esta sección, veremos cómo estos pensamientos limitantes afectan tu crecimiento económico y, lo más importante, cómo puedes superarlos.

1. El miedo al fracaso financiero

Uno de los pensamientos negativos más comunes que limita el crecimiento financiero es el **miedo al fracaso**. Muchas personas temen cometer errores financieros, lo que las lleva a evitar tomar decisiones importantes o asumir riesgos que podrían mejorar su situación económica. Este miedo al fracaso a menudo se manifiesta en la forma de inacción: postergar inversiones, no buscar oportunidades de crecimiento, o incluso no negociar un salario más alto.

Cómo te limita:

- **Parálisis por análisis**: El miedo a equivocarte puede llevarte a sobreanalizar cada decisión financiera hasta el punto de no tomar ninguna acción. Esto te impide aprovechar oportunidades que podrían beneficiarte a largo plazo.
- **Evitar inversiones**: El miedo a perder dinero hace que muchas personas no inviertan en oportunidades que podrían generar crecimiento, prefiriendo dejar su dinero estancado en cuentas sin rendimiento.

Cómo superarlo:

- Entiende que los errores son parte del aprendizaje. En lugar de temer al fracaso, velo como una oportunidad para aprender y mejorar. La mayoría de las personas exitosas han cometido errores financieros en algún momento, pero lo que las distingue es que aprendieron de ellos y no dejaron que el miedo las detuviera.
- Toma decisiones informadas. En lugar de evitar riesgos por completo, educarte te ayudará a minimizar los errores. Investiga, consulta con expertos y toma decisiones estratégicas.

2. La creencia de que "el dinero es malo"

Otro pensamiento negativo profundamente arraigado es la creencia de que **el dinero es malo** o que desear tener más dinero es algo egoísta o poco ético. Esta mentalidad proviene de un malentendido sobre lo que el dinero realmente representa. El dinero, en sí mismo, es una herramienta que puede utilizarse para crear libertad, bienestar y oportunidades. Sin embargo, muchas personas ven el dinero con desconfianza, lo que afecta su capacidad para buscarlo o manejarlo de manera efectiva.

Cómo te limita:

- **Sabotaje financiero**: Si crees que tener dinero es algo negativo, es probable que sabotees tus propios esfuerzos por ganar más o ahorrar. Incluso podrías gastar en exceso como una forma inconsciente de "deshacerte" del dinero.
- **Falta de ambición**: Al ver el dinero como algo malo, podrías evitar buscar oportunidades para ganar más, como emprender o invertir, porque temes lo que otros pensarán o cómo cambiarás si tienes éxito.

Cómo superarlo:

- Cambia tu perspectiva sobre el dinero. En lugar de verlo como algo malo, míralo como una herramienta neutral que puedes usar para mejorar tu vida y la de los demás. El dinero, bien gestionado, puede brindarte libertad, seguridad y la capacidad de ayudar a los demás.
- Piensa en el impacto positivo que el dinero puede tener. Si tienes más recursos, puedes apoyar a causas importantes, brindar estabilidad a tu familia y tener más control sobre tu tiempo.

3. "No soy bueno con el dinero"

Muchas personas crecen con la creencia de que **no son buenas manejando el dinero**. Esta creencia es extremadamente limitante, ya que te impide adquirir los conocimientos y habilidades necesarias para mejorar tu situación financiera. Si crees que no tienes la capacidad de entender el dinero o las finanzas, es probable que evites educarte al respecto, lo que perpetúa el ciclo de dificultades económicas.

Cómo te limita:

- **Falta de educación financiera**: Creer que no eres bueno con el dinero te desmotiva a aprender sobre finanzas personales, inversiones o ahorro. Esto te deja en una posición vulnerable, donde no tienes el conocimiento necesario para tomar decisiones financieras informadas.
- **Dependencia de otros**: Al pensar que no puedes manejar tus finanzas, puedes depender de otras personas para tomar decisiones importantes por ti, lo que te priva de autonomía y control sobre tu dinero.

Cómo superarlo:

- Reconoce que la habilidad para manejar el dinero se puede aprender. Nadie nace sabiendo sobre finanzas, pero todos pueden educarse al respecto. Dedica tiempo a leer libros, tomar cursos o seguir blogs y podcasts sobre finanzas personales.
- Empieza con pequeños cambios. No necesitas convertirte en un experto de la noche a la mañana. Comienza por aprender lo básico, como cómo crear un presupuesto o cómo ahorrar de manera eficiente. A medida que

ganes confianza, podrás avanzar a temas más complejos como inversiones.

4. "El dinero es difícil de conseguir"

Este pensamiento negativo es otro obstáculo importante para el crecimiento financiero. Creer que **el dinero es extremadamente difícil de ganar** crea una mentalidad de escasez, en la que ves las oportunidades como limitadas y el éxito financiero como algo inalcanzable. Esta mentalidad te lleva a conformarte con menos, evitar riesgos o simplemente aceptar que no puedes mejorar tu situación.

Cómo te limita:

- **Conformismo**: Si crees que ganar más dinero es difícil o imposible, es probable que te conformes con trabajos mal pagados o que no busques oportunidades para aumentar tus ingresos.
- **Falta de ambición**: Este pensamiento también puede limitar tu ambición, haciéndote creer que no vale la pena esforzarte por mejorar porque el éxito financiero está fuera de tu alcance.

Cómo superarlo:

- Adopta una mentalidad de abundancia. En lugar de enfocarte en las dificultades, concéntrate en las oportunidades. Hay múltiples formas de generar ingresos hoy en día, desde el emprendimiento hasta la inversión y la diversificación de ingresos.
- Rodéate de ejemplos positivos. Si crees que el dinero es difícil de conseguir, busca historias de personas que, con esfuerzo y estrategias inteligentes, han mejorado su situación

financiera. Esto te motivará a creer que también es posible para ti.

5. El pensamiento de corto plazo

Uno de los errores más comunes es pensar en el dinero solo en el presente inmediato, sin considerar el futuro. Este pensamiento negativo está vinculado a la incapacidad de planificar a largo plazo y de visualizar cómo las decisiones que tomas hoy afectan tu estabilidad financiera en el futuro. Gastar sin un plan, no ahorrar o no invertir son comportamientos típicos de quienes tienen una mentalidad de corto plazo.

Cómo te limita:

- **Falta de ahorro e inversión**: Si te concentras solo en el presente, es probable que gastes todo lo que ganas sin pensar en el ahorro o la inversión a largo plazo, lo que te dejará vulnerable en el futuro.
- **No tener un fondo de emergencia**: Las personas que piensan solo en el presente suelen evitar la creación de un fondo de emergencia, lo que puede llevar a problemas financieros graves cuando surgen imprevistos.

Cómo superarlo:

- Enfócate en las metas a largo plazo. Reflexiona sobre cómo te gustaría que fuera tu vida financiera dentro de 5, 10 o 20 años. Luego, toma decisiones financieras hoy que te acerquen a esa visión.
- Prioriza el ahorro y la inversión. Dedica una parte de tus ingresos cada mes al ahorro o la inversión, incluso si es una cantidad pequeña.

El crecimiento financiero sostenible requiere visión a largo plazo.

Los pensamientos negativos pueden ser una de las mayores barreras para el crecimiento financiero. El miedo al fracaso, las creencias limitantes sobre el dinero y una visión de corto plazo son solo algunos de los pensamientos que te impiden alcanzar el éxito económico. Sin embargo, al identificar y reemplazar estos pensamientos con creencias empoderadoras, puedes desbloquear tu potencial financiero y comenzar a tomar decisiones que te acerquen a tus metas. El cambio de mentalidad es clave: al pensar de manera positiva y proactiva sobre el dinero, te abrirás a nuevas oportunidades y, en última instancia, alcanzarás el éxito financiero.

Transformar creencias limitantes sobre el dinero: "el dinero es malo" vs. "el dinero es una herramienta"

Uno de los mayores obstáculos para alcanzar la libertad financiera son las creencias limitantes que arrastramos acerca del dinero. Estas creencias, muchas veces adquiridas a través de la cultura, la familia o las experiencias pasadas, pueden distorsionar nuestra relación con el dinero y sabotear nuestros esfuerzos por mejorar nuestra situación económica. Entre las creencias más comunes y dañinas está la idea de que **"el dinero es malo"**. Este pensamiento, aunque parezca inofensivo, afecta profundamente la forma en que vemos el dinero, cómo lo manejamos y cuánto éxito financiero estamos dispuestos a permitirnos tener.

Cambiar esta creencia limitante es esencial para desarrollar una mentalidad de ganador. Para lograrlo, debemos transformar la idea de que **"el dinero es malo"** en una verdad mucho más poderosa: **"el dinero es una herramienta"**. Al adoptar esta nueva perspectiva, podemos empezar a ver el dinero como un recurso que puede mejorar nuestras vidas, brindarnos libertad y ayudarnos a alcanzar nuestras metas.

1. De dónde viene la creencia de que "el dinero es malo"

La creencia de que "el dinero es malo" está profundamente arraigada en muchas culturas y se transmite de generación en generación. A menudo, se asocia el dinero con comportamientos negativos, como la avaricia, la corrupción o el egoísmo. Frases como "el dinero no compra la felicidad" o "el dinero es la raíz de todos los males" han permeado nuestra forma de pensar, creando una relación ambivalente con el dinero.

Para algunas personas, esta creencia surge de experiencias personales, como haber visto cómo el dinero causaba conflictos familiares o relaciones rotas. Otros han crecido en entornos donde el dinero escaseaba, lo que reforzó la idea de que el dinero es algo difícil de obtener y, por lo tanto, no es algo que se debe buscar activamente.

Cómo te limita esta creencia:

- **Sabotaje inconsciente**: Si crees que el dinero es algo negativo, es probable que inconscientemente te sabotees. Por ejemplo, podrías evitar oportunidades de ganar más dinero o gastar de manera irresponsable como una forma de "deshacerte" del dinero.
- **Falta de ambición**: Creer que el dinero es malo puede hacer que sientas que no es

correcto desear prosperidad financiera. Esto limita tu ambición y te hace conformarte con menos de lo que podrías lograr.

- **Conflictos emocionales**: Esta creencia genera un conflicto interno. Por un lado, sabemos que necesitamos dinero para vivir y cumplir nuestras metas, pero, por otro lado, sentimos que desear más dinero es algo moralmente incorrecto. Esto crea una relación tensa con el dinero.

2. Cómo transformar la creencia: El dinero es una herramienta

El primer paso para cambiar esta creencia limitante es reconocer que **el dinero no es inherentemente bueno ni malo**, sino simplemente una herramienta. El dinero en sí mismo es neutral; lo que importa es cómo lo utilizamos. Al igual que cualquier otra herramienta, el dinero puede ser usado de manera constructiva o destructiva, dependiendo de las intenciones y valores de quien lo maneje.

El dinero como herramienta para el bienestar:

El dinero no solo nos ayuda a cubrir nuestras necesidades básicas, como alimentación, vivienda y atención médica, sino que también nos brinda libertad y opciones. Nos permite educarnos, viajar, invertir en nuestras pasiones y proyectos, y mejorar nuestra calidad de vida. Al verlo como una herramienta que puede crear bienestar, tanto para nosotros como para los demás, cambiamos nuestra perspectiva hacia una más positiva y productiva.

El dinero como herramienta para ayudar a otros:

Una de las mejores formas de transformar la creencia de que el dinero es malo es reflexionar sobre cómo el dinero puede ser usado para ayudar a los demás. Con más recursos financieros, puedes hacer contribuciones significativas a causas sociales, apoyar a tu familia o comunidad, o crear empleos si decides emprender. Cuando comprendes que tener más dinero te permite ser más generoso y ayudar a otros, la creencia de que el dinero es malo se desmorona.

El dinero como herramienta para la libertad:

El dinero te brinda la libertad de tomar decisiones que están alineadas con tus valores y metas. Cuando tienes control sobre tus finanzas, no tienes que tomar decisiones basadas en la urgencia o la necesidad, sino desde un lugar de claridad y propósito. Por ejemplo, puedes optar por trabajar en algo que te apasione en lugar de un empleo solo por el cheque mensual, o puedes invertir en experiencias que te enriquezcan a nivel personal y profesional.

3. Reemplazar pensamientos negativos por afirmaciones empoderadoras

Un paso fundamental para transformar la creencia limitante de que "el dinero es malo" es reemplazar esos pensamientos negativos con afirmaciones empoderadoras. Estas afirmaciones te ayudan a cambiar el diálogo interno que tienes sobre el dinero y a desarrollar una relación más positiva con él.

Ejemplos de afirmaciones empoderadoras:

- "El dinero es una herramienta que me ayuda a vivir la vida que quiero."
- "Manejo el dinero de manera responsable y lo uso para mejorar mi vida y la de los demás."

- "Tener más dinero me permite ayudar a mi familia y contribuir a mi comunidad."
- "El dinero es un recurso que puedo aprender a manejar con sabiduría."

Repite estas afirmaciones cada día, especialmente cuando sientas que estás cayendo en patrones de pensamiento limitantes. A lo largo del tiempo, estas nuevas creencias empezarán a reemplazar las antiguas y a moldear tu mentalidad de una manera más productiva y saludable.

4. Cambiar la narrativa personal sobre el dinero

Para transformar por completo tu relación con el dinero, es importante revisar la narrativa personal que te cuentas a ti mismo. Esto significa observar cómo hablas del dinero, tanto en tus pensamientos internos como en las conversaciones con los demás. Si constantemente te refieres al dinero como algo escaso o peligroso, es más probable que perpetúes esa creencia limitante.

Cómo cambiar tu narrativa personal:

- **Sé consciente de tu lenguaje**: Observa las palabras que usas cuando hablas sobre el dinero. Evita frases como "nunca tengo suficiente" o "el dinero no dura". En su lugar, usa un lenguaje que refleje abundancia, como "tengo el control de mis finanzas" o "puedo generar ingresos de manera constante".
- **Rodéate de conversaciones positivas**: Las personas con las que te relacionas también influyen en tu mentalidad sobre el dinero. Rodéate de personas que tengan una actitud positiva y constructiva hacia las finanzas. Hablar sobre oportunidades, inversiones y

crecimiento financiero en lugar de quejarse de la escasez puede ayudarte a cambiar tu propia perspectiva.

5. Tomar decisiones financieras desde un lugar de confianza, no de miedo

Cuando ves el dinero como una herramienta y no como algo malo o escaso, puedes empezar a tomar decisiones financieras desde un lugar de confianza y abundancia. Esto te permitirá manejar tu dinero de manera más eficaz y alineada con tus metas. En lugar de tomar decisiones desde el miedo a no tener suficiente o a perder lo que tienes, podrás actuar con la certeza de que el dinero es un recurso que puedes aprender a gestionar de manera inteligente.

Cómo aplicar esto en la práctica:

- **Invierte en tu educación financiera**: El conocimiento te dará confianza para manejar tu dinero de manera más efectiva. Cuanto más sepas sobre inversiones, ahorro, y manejo de deudas, más fácil será tomar decisiones desde un lugar de confianza.
- **Planifica para el futuro**: Tener un plan financiero claro y metas definidas te ayudará a tomar decisiones basadas en tus prioridades, no en el miedo a lo que pueda pasar.
- **Asume riesgos calculados**: Con una mentalidad de que el dinero es una herramienta, puedes empezar a asumir riesgos intoligentes, como invertir o emprender, sin estar paralizado por el miedo al fracaso.

Transformar la creencia limitante de que "el dinero es malo" por la idea de que "el dinero es una herramienta" es un cambio de mentalidad crucial para alcanzar el éxito financiero. Al ver el dinero como un recurso que puedes usar de manera inteligente para mejorar tu vida y la de los demás, puedes empezar a tomar decisiones financieras desde un lugar de confianza, claridad y propósito. Con esta nueva perspectiva, estarás mejor preparado para manejar el dinero de manera consciente, productiva y alineada con tus valores.

Ejercicios para mejorar la mentalidad: afirmaciones, visualización de éxito

Mejorar tu mentalidad financiera es clave para transformar tu relación con el dinero y lograr una estabilidad económica duradera. Para cambiar las creencias limitantes que te impiden alcanzar tus metas financieras, es necesario reprogramar tu mente con pensamientos positivos y constructivos que te impulsen hacia el éxito. Dos herramientas poderosas que puedes usar para mejorar tu mentalidad son las **afirmaciones** y la **visualización de éxito**. Estas técnicas, aunque simples, son altamente efectivas para cambiar patrones de pensamiento negativos y fomentar una mentalidad de abundancia y confianza en tus capacidades financieras.

A continuación, te presento ejercicios prácticos que puedes incorporar en tu vida diaria para transformar tu mentalidad y acercarte a una vida financiera más próspera y alineada con tus objetivos.

1. Afirmaciones positivas para una mentalidad de ganador

Las afirmaciones son declaraciones positivas y poderosas que, cuando se repiten con consistencia, reprograman tu mente para pensar de manera más optimista y productiva. Las afirmaciones te ayudan a superar creencias limitantes, a generar confianza en ti mismo y a atraer abundancia financiera. Al repetir afirmaciones regularmente, estás creando un nuevo diálogo interno que refuerza tu capacidad de alcanzar el éxito financiero.

Ejercicio de afirmaciones diarias:

1. **Identifica las creencias limitantes que deseas cambiar**: Antes de comenzar, reflexiona sobre los pensamientos negativos que suelen invadir tu mente respecto al dinero. Por ejemplo, "nunca tengo suficiente", "no soy bueno manejando dinero", o "el dinero es difícil de conseguir".
2. **Escribe afirmaciones que reemplacen esas creencias limitantes**: Por cada pensamiento negativo, crea una afirmación positiva que lo contrarreste. Asegúrate de que sean afirmaciones en tiempo presente y formuladas de manera positiva. Algunas afirmaciones poderosas pueden ser:
   - "El dinero fluye hacia mí de manera constante y abundante."
   - "Soy capaz de manejar mis finanzas con sabiduría y seguridad."
   - "Atraigo oportunidades financieras que me permiten crecer y prosperar."
   - "Merezco vivir en abundancia y tengo el control de mis finanzas."
3. **Repite tus afirmaciones cada mañana**: Dedica unos minutos cada mañana a repetir tus afirmaciones en voz alta o en silencio. Hazlo frente a un espejo para aumentar el impacto. El mejor momento es justo al despertarte, cuando tu mente está más receptiva, o antes de dormir, para programar tu subconsciente.

4. **Escríbelas y colócalas en lugares visibles**: Coloca tus afirmaciones en lugares donde las veas frecuentemente, como en tu escritorio, en el espejo del baño, o en tu teléfono móvil. De esta forma, estarás recordando constantemente la mentalidad positiva que quieres desarrollar.
5. **Sé consistente**: La clave para que las afirmaciones funcionen es la consistencia. Repite las afirmaciones todos los días durante al menos 30 días y notarás cómo tu perspectiva hacia el dinero y el éxito empieza a cambiar.

Beneficios de este ejercicio:

- Reprograma tus pensamientos limitantes con creencias positivas.
- Refuerza tu confianza en tu capacidad para gestionar el dinero.
- Te ayuda a mantener una mentalidad de abundancia y optimismo financiero.

2. Visualización del éxito financiero

La visualización es otra técnica poderosa que consiste en imaginarte alcanzando tus metas financieras con todos los detalles posibles. Este ejercicio mental te ayuda a programar tu cerebro para creer en la posibilidad de tus logros y, al hacerlo, motivarte a tomar las acciones necesarias para hacerlos realidad. Cuanto más claro puedas visualizar tu éxito financiero, más probable será que lo manifiestes en tu vida.

Ejercicio de visualización del éxito financiero:

1. **Encuentra un lugar tranquilo**: Busca un lugar cómodo y libre de distracciones. Puedes

hacerlo en casa, en un parque o incluso en tu oficina durante una pausa. Si lo prefieres, pon música suave o sonidos relajantes para crear un ambiente propicio para la visualización.
2. **Cierra los ojos y relájate**: Respira profundamente varias veces para relajar tu cuerpo y tu mente. Deja que las tensiones desaparezcan y concéntrate solo en tu respiración.
3. **Imagina tu vida financiera ideal**: Comienza a visualizar con detalle cómo te gustaría que fuera tu situación financiera. Imagina que ya has alcanzado todas tus metas financieras:
   - **Visualiza tus logros**: ¿Cómo te sientes al tener control total sobre tus finanzas? ¿Qué se siente tener una cuenta de ahorros sólida o haber pagado todas tus deudas? ¿Cómo te sientes al recibir ingresos adicionales o al haber hecho inversiones exitosas?
   - **Imagínate viviendo en abundancia**: Visualízate tomando decisiones financieras inteligentes, disfrutando de la libertad económica y usando el dinero para alcanzar tus sueños. Imagina las experiencias que puedes tener gracias a tu estabilidad financiera: viajes, tiempo libre, proyectos que siempre has querido realizar.
   - **Incluye todos los detalles**: Visualiza dónde estás, quiénes están a tu lado, cómo se siente la satisfacción de haber logrado tus objetivos. Cuanto más detalle incluyas, más poderosa será la visualización.
4. **Asocia emociones positivas a tu visualización**: Mientras te visualizas, conecta con las emociones positivas que experimentas

al alcanzar tus metas. Siente la alegría, la confianza, el orgullo y la satisfacción de haber transformado tu situación financiera. Las emociones positivas son clave para que tu cerebro registre la experiencia como algo real y alcanzable.
5. **Repite este ejercicio diariamente**: Haz de la visualización parte de tu rutina diaria. Puedes hacerlo por las mañanas para empezar el día con una mentalidad positiva o por las noches antes de dormir para programar tu mente para el éxito mientras descansas.

Beneficios de este ejercicio:

- Refuerza tu creencia en la posibilidad de alcanzar tus metas financieras.
- Te ayuda a mantener la motivación y el enfoque en tus objetivos.
- Activa tu creatividad para encontrar formas de alcanzar el éxito financiero que visualizas.

3. Combinación de afirmaciones y visualización

Combinar afirmaciones y visualización puede potenciar aún más los efectos positivos en tu mentalidad. Esta práctica refuerza tus nuevas creencias con imágenes mentales claras y emocionales sobre el éxito financiero que quieres lograr.

Ejercicio combinado:

- Dedica 10 minutos al día a combinar afirmaciones y visualización. Primero, repite tus afirmaciones en voz alta o en silencio, mientras mantienes la imagen mental de tu vida financiera ideal.

- Mientras repites tus afirmaciones, visualiza el resultado final: la seguridad financiera, la estabilidad económica, el éxito en tus inversiones, o cualquier meta que tengas.
- Al asociar afirmaciones positivas con imágenes mentales claras, tu mente estará más receptiva para crear nuevas creencias que apoyen tu éxito financiero.

Beneficios de este ejercicio:

- Acelera el cambio de creencias limitantes por creencias de éxito.
- Fortalece tu confianza en el logro de tus metas financieras.
- Crea una mentalidad proactiva y orientada a la acción.

Los ejercicios de **afirmaciones** y **visualización de éxito** son herramientas poderosas para transformar tu mentalidad financiera. Con consistencia, estas técnicas pueden ayudarte a reemplazar pensamientos negativos por creencias empoderadoras, y a visualizar el éxito que quieres alcanzar con claridad y emoción. Al practicar estos ejercicios diariamente, te abrirás a nuevas oportunidades y tendrás la confianza necesaria para tomar decisiones financieras que te acerquen a la libertad económica que deseas.

c

Metas y Objetivos para Mejorar la Mentalidad Financiera

Uno de los pasos más importantes para transformar tu situación financiera y desarrollar una mentalidad de ganador es establecer **metas y objetivos claros**. Las metas financieras te proporcionan una dirección, una razón de peso para cambiar tus hábitos y mentalidad. Sin una visión clara de a dónde quieres llegar, es fácil perder el rumbo, gastar de manera impulsiva o quedarte atrapado en los mismos patrones que te impiden crecer.

Las metas y objetivos financieros no solo te ayudan a mejorar la gestión de tu dinero, sino que también son fundamentales para cambiar la forma en que piensas sobre el dinero. Cuando tienes un propósito claro para cada peso que ganas, es más probable que tomes decisiones inteligentes, que te alejes de la procrastinación financiera y que desarrolles una disciplina sólida que te acerque a la estabilidad económica.

En este capítulo, aprenderás a establecer metas financieras claras, alcanzables y alineadas con tus prioridades personales. También exploraremos cómo estas metas no solo impactan tu situación económica, sino que también son una poderosa herramienta para mejorar tu mentalidad financiera. Verás que, al fijar objetivos realistas y ambiciosos, estarás reprogramando tu mente para enfocarse en el éxito y adoptar una actitud proactiva hacia tus finanzas.

Este capítulo te mostrará que el simple acto de definir metas puede cambiar por completo tu relación con el dinero. Con un plan claro, cada paso que des estará alineado con tus sueños y aspiraciones. Ya no se trata solo de ahorrar por ahorrar o de pagar deudas por obligación; se trata de construir el futuro financiero que deseas. Tener metas te empodera, te da claridad y propósito, y te permite desarrollar la confianza necesaria para lograr una verdadera transformación financiera.

La importancia de establecer metas financieras claras y alcanzables

Establecer metas financieras claras y alcanzables es fundamental para lograr una transformación financiera sostenible. Las metas no solo te proporcionan dirección y enfoque, sino que también te motivan a cambiar tus hábitos y a desarrollar una mentalidad que impulse tu éxito económico. Sin metas definidas, es fácil perder el rumbo, sentir que tus esfuerzos no tienen un propósito claro y caer en comportamientos financieros contraproducentes como gastar impulsivamente o no planificar para el futuro.

Las metas financieras son, en esencia, el plan estratégico que te guía en el camino hacia la libertad financiera. Cada meta bien definida es un paso más hacia la estabilidad y el control económico, pero no basta con tener metas vagas o abstractas, como "quiero ser rico" o "quiero ahorrar más". Para que las metas realmente tengan un impacto positivo, deben ser claras, específicas y alcanzables.

Veamos por qué es crucial definir metas financieras claras y cómo puedes hacerlo de manera efectiva para mejorar tu situación financiera y tu mentalidad hacia el dinero.

1. Las metas te proporcionan un sentido de dirección y propósito

Uno de los mayores beneficios de establecer metas financieras claras es que te proporcionan un sentido de dirección. Sin metas, es fácil gastar de manera desorganizada, sin pensar en cómo cada decisión afecta tu situación económica a largo plazo. Las metas actúan como un faro que te guía, recordándote constantemente por qué es importante ahorrar, invertir y ser disciplinado con tus finanzas.

Cuando tienes metas claras, cada decisión financiera tiene un propósito específico. Por ejemplo, si tienes una meta de ahorrar para un fondo de emergencia o para comprar una casa, estarás más dispuesto a sacrificar gastos innecesarios porque sabes que ese dinero tiene un objetivo más grande y significativo. En lugar de sentir que estás "privándote", verás tus elecciones como pasos hacia la consecución de un sueño.

Ejemplo práctico: Si tu meta es ahorrar $10,000 en un fondo de emergencia en los próximos 18 meses, cada mes en el que logres apartar una parte de ese monto te motivará a continuar porque tendrás claro el propósito final. Esta claridad es clave para mantenerte en el camino.

2. Las metas te ayudan a desarrollar disciplina financiera

La disciplina es uno de los pilares más importantes del éxito financiero, y las metas son esenciales para cultivarla. Tener metas claras te ayuda a mantener el enfoque y a desarrollar la disciplina necesaria para cumplir con tus objetivos a largo plazo, incluso cuando enfrentas desafíos o tentaciones financieras.

Cuando tienes una meta específica y medible, es más probable que te adhieras a tu plan financiero. La disciplina se refuerza cada vez que logras un pequeño objetivo, como cumplir con tu presupuesto mensual o alcanzar una meta de ahorro intermedia. Además, tener metas claras evita que te desvíes del camino, ya que siempre tendrás una referencia que te recordará qué estás intentando lograr y por qué es importante.

Ejemplo práctico: Si tienes la meta de pagar todas tus deudas en 2 años, cada pago mensual que realices hacia esa meta será una pequeña victoria que te motivará a seguir adelante. La disciplina financiera no se siente como un sacrificio cuando sabes que estás avanzando hacia algo importante.

3. Las metas claras transforman tu mentalidad hacia el dinero

Las metas financieras no solo afectan cómo manejas tu dinero, sino que también tienen un impacto directo en tu mentalidad financiera. Al establecer metas claras, empiezas a ver el dinero como una herramienta para lograr lo que realmente deseas en la vida. Esto transforma la forma en que piensas y actúas en relación con el dinero, alejándote de una mentalidad de escasez o desorganización, y acercándote a una mentalidad de abundancia y control.

Cuando tus metas financieras son claras, empiezas a tomar decisiones más conscientes y alineadas con esos objetivos. Tu mentalidad pasa de ser reactiva, en la que solo respondes a necesidades inmediatas o compras impulsivas, a ser proactiva, donde cada decisión financiera está guiada por tus metas a largo plazo. Este cambio de mentalidad te empodera y te da una sensación de control sobre tu futuro financiero.

Ejemplo práctico: Si tu meta es ahorrar para tu jubilación, estarás más motivado a invertir en lugar de gastar en bienes de consumo innecesarios. Este cambio de mentalidad hacia una visión a largo plazo te ayudará a tomar decisiones más informadas y estratégicas.

4. Las metas medibles te permiten monitorear tu progreso

Uno de los mayores beneficios de tener metas financieras claras es que te permiten monitorear tu progreso de manera efectiva. Cuando tus metas son específicas y medibles, puedes evaluar fácilmente si estás avanzando en la dirección correcta o si necesitas hacer ajustes en tu plan financiero.

Por ejemplo, si tu meta es ahorrar $5,000 en los próximos 12 meses, puedes dividir esa meta en metas mensuales más pequeñas de $417 al mes. Al final de cada mes, puedes evaluar si has alcanzado tu objetivo mensual y, si no lo has hecho, ajustar tus gastos o esfuerzos para compensar el déficit. Esta capacidad de medir el progreso te proporciona una retroalimentación constante que te motiva a seguir adelante.

Ejemplo práctico: Si tu meta es reducir tu deuda de tarjeta de crédito en un 50% en un año, puedes revisar tu progreso cada tres meses y ajustar tus pagos mensuales si es necesario. Tener una meta medible te proporciona un sistema claro para evaluar tu éxito.

5. Las metas alcanzables te mantienen motivado

Una de las razones por las que las metas financieras a menudo fallan es porque no son realistas. Si estableces metas demasiado ambiciosas o vagas, es probable que te sientas abrumado y pierdas la motivación para seguir adelante. Por eso es esencial que tus metas sean **alcanzables**, es decir, metas que puedas lograr dentro de un marco de tiempo razonable y con los recursos que tienes disponibles.

Al establecer metas alcanzables, te das la oportunidad de celebrar pequeños logros en el camino. Estos logros generan una sensación de avance y éxito que te motiva a continuar esforzándote. Las metas alcanzables no significan que te estés conformando con menos; más bien, te ayudan a construir una base sólida sobre la cual puedes seguir creciendo.

Ejemplo práctico: Si tu objetivo es ahorrar $20,000, dividir esa meta en objetivos más pequeños, como ahorrar $1,000 en los próximos tres meses, hará que el proceso sea más manejable. Al alcanzar cada objetivo más pequeño, sentirás un impulso de motivación que te ayudará a continuar hacia el objetivo mayor.

Cómo establecer metas financieras claras y alcanzables

Para que las metas financieras sean verdaderamente efectivas, es importante seguir el marco **SMART**: Específicas, Medibles, Alcanzables, Relevantes y con un Tiempo definido.

1. **Específicas**: Define exactamente lo que quieres lograr. En lugar de decir "quiero ahorrar dinero", di "quiero ahorrar $5,000 para un fondo de emergencia en los próximos 12 meses".
2. **Medibles**: Asegúrate de que puedas medir tu progreso. Por ejemplo, si tu meta es ahorrar $5,000 en 12 meses, eso equivale a $417 al mes. Así, cada mes puedes monitorear si estás alcanzando esa cantidad.

3. **Alcanzables**: Establece metas que sean realistas según tus ingresos y tu situación actual. Si estás endeudado, tu primera meta podría ser eliminar la deuda antes de ahorrar grandes sumas.
4. **Relevantes**: Asegúrate de que tus metas estén alineadas con tus prioridades y valores personales. ¿Por qué es importante para ti lograr esta meta? ¿Cómo mejorará tu calidad de vida o la de tu familia?
5. **Tiempo definido**: Establece un marco de tiempo para cada meta. Ya sea ahorrar $10,000 en 2 años o pagar tu deuda en 18 meses, tener un límite de tiempo te ayudará a mantenerte enfocado y comprometido.

Establecer metas financieras claras y alcanzables es esencial para el éxito financiero y el cambio de mentalidad. Las metas te proporcionan dirección, desarrollan tu disciplina y transforman tu relación con el dinero, permitiéndote ver cada decisión financiera como un paso hacia el logro de tus sueños. Al definir tus metas de manera específica y medible, puedes monitorear tu progreso y mantenerte motivado en el camino hacia la libertad financiera. Recuerda, no se trata solo de tener metas, sino de hacer que cada una de ellas te acerque un paso más a la vida financiera que deseas.

Cómo dividir las metas a corto, mediano y largo plazo

El éxito financiero no se logra de la noche a la mañana; es un proceso que requiere planificación, paciencia y acción constante. Una de las formas más efectivas de organizar tus objetivos financieros y mantener el enfoque es dividir tus metas en plazos: corto, mediano y largo plazo. Este enfoque no solo te ayuda a gestionar tus finanzas de manera más estructurada, sino que también te permite mantener la motivación a medida que alcanzas pequeños logros a lo largo del camino.

Dividir tus metas en diferentes plazos es esencial para equilibrar tus necesidades actuales con tus aspiraciones futuras. Las metas a corto plazo te proporcionan un sentido de logro inmediato y te preparan para abordar metas más ambiciosas a mediano y largo plazo. De esta manera, construyes un sistema progresivo que te permitirá mejorar tu situación financiera de forma continua.

En esta sección, exploraremos cómo definir y dividir tus metas financieras en tres categorías: **corto plazo** (de 1 a 12 meses), **mediano plazo** (de 1 a 5 años) y **largo plazo** (más de 5 años), y cómo cada una de ellas juega un papel crucial en tu estabilidad financiera.

1. Metas a corto plazo: 1 a 12 meses

Las metas a corto plazo son aquellas que puedes alcanzar en un período de entre 1 y 12 meses. Estas metas suelen enfocarse en la mejora de tu situación financiera inmediata y son pasos iniciales para crear una base sólida para tus objetivos a mediano y largo plazo. Tener metas claras y realistas en este plazo es crucial para generar impulso y mantener la motivación.

Ejemplos de metas a corto plazo:

- **Crear un fondo de emergencia**: Una meta común a corto plazo es ahorrar de 1 a 3 meses de gastos básicos en un fondo de emergencia. Este fondo te protege contra imprevistos, como reparaciones inesperadas o pérdida de empleo.

- **Eliminar deudas pequeñas**: Si tienes deudas de tarjetas de crédito o préstamos personales de bajo monto, establecer una meta a corto plazo para eliminarlas es una excelente manera de liberar tus finanzas.
- **Ahorrar para una compra específica**: Si tienes un gasto importante en el horizonte, como unas vacaciones, un electrodoméstico nuevo o la matrícula escolar, puedes ahorrar un monto específico cada mes para alcanzarlo en menos de un año.

Cómo establecer metas a corto plazo:

1. **Específica**: Define exactamente qué quieres lograr. Por ejemplo, "Quiero ahorrar $1,000 en los próximos 6 meses para mi fondo de emergencia."
2. **Medible**: Divide la meta en pequeñas cantidades que puedas gestionar mensualmente. En este ejemplo, serían aproximadamente $167 al mes.
3. **Accionable**: Determina cómo vas a ahorrar ese dinero. ¿Reducirás tus gastos en entretenimiento o buscarás ingresos adicionales?
4. **Tiempo definido**: Asigna una fecha límite para alcanzar esta meta. Esto te mantendrá enfocado y disciplinado.

Importancia de las metas a corto plazo:

- Las metas a corto plazo te permiten experimentar logros inmediatos, lo que refuerza tu confianza y te motiva a seguir adelante.

- Actúan como la base para metas más grandes, asegurando que tengas una estructura financiera sólida desde el principio.
- Te ayudan a establecer buenos hábitos financieros, como el ahorro constante o la reducción de deudas, que serán esenciales para metas más ambiciosas.

2. Metas a mediano plazo: 1 a 5 años

Las metas a mediano plazo son aquellas que puedes lograr en un período de entre 1 y 5 años. Estas metas son más grandes que las de corto plazo, pero siguen siendo lo suficientemente cercanas como para que puedas planificar de manera detallada. Alcanzar tus metas a mediano plazo requiere un enfoque más estratégico y, por lo general, involucra una planificación financiera más rigurosa.

Ejemplos de metas a mediano plazo:

- **Comprar un automóvil**: Si estás planeando comprar un coche, ahorrar para el pago inicial y planificar el financiamiento es una meta común a mediano plazo.
- **Pagar deudas significativas**: Si tienes préstamos estudiantiles o una hipoteca, establecer un plan de pago más agresivo para eliminar una parte significativa de esa deuda en un plazo de 1 a 5 años es una excelente meta.
- **Ahorrar para el pago inicial de una casa**: Si tu objetivo es comprar una vivienda, ahorrar para el pago inicial (20% del valor de la casa, por ejemplo) puede ser una de tus metas más importantes a mediano plazo.

Cómo establecer metas a mediano plazo:

1. **Específica**: Define claramente lo que deseas lograr. Por ejemplo, "Quiero ahorrar $15,000 en 3 años para el pago inicial de una casa."
2. **Medible**: Divide el objetivo en metas anuales o mensuales. Si tu meta es ahorrar $15,000 en 3 años, debes ahorrar $5,000 al año o aproximadamente $417 al mes.
3. **Realista**: Asegúrate de que esta meta sea alcanzable en función de tus ingresos y otros compromisos financieros.
4. **Flexibilidad**: Las metas a mediano plazo pueden necesitar ajustes a lo largo del tiempo según tus circunstancias financieras, por lo que es importante ser flexible pero persistente.

Importancia de las metas a mediano plazo:

- Te permiten planificar más allá de tus necesidades inmediatas y te preparan para decisiones importantes en el futuro.
- Fomentan la disciplina financiera y el ahorro constante, creando un hábito de planificación a largo plazo.
- Contribuyen a grandes logros que tienen un impacto positivo duradero en tu vida financiera, como comprar una casa o reducir tus deudas de manera significativa.

3. Metas a largo plazo: más de 5 años

Las metas a largo plazo son aquellas que requieren más de 5 años para alcanzarse. Estas metas son las más ambiciosas y, por lo general, requieren una planificación financiera más detallada, así como un compromiso constante. Las metas a largo plazo suelen estar relacionadas con la seguridad financiera a largo plazo, como la jubilación o la independencia financiera.

Ejemplos de metas a largo plazo:

- **Ahorrar para la jubilación**: Una de las metas más importantes para muchas personas es ahorrar lo suficiente para tener una jubilación cómoda. Esto implica planificar contribuciones constantes a fondos de retiro o cuentas de inversión a lo largo de varias décadas.
- **Comprar una vivienda o propiedad adicional**: Si planeas comprar una casa o invertir en propiedades adicionales, ahorrar para los pagos iniciales y financiar la compra es una meta a largo plazo.
- **Independencia financiera**: Para aquellos que buscan retirarse temprano o alcanzar la independencia financiera, establecer una estrategia de ahorro e inversión a largo plazo es fundamental.

Cómo establecer metas a largo plazo:

1. **Específica**: Define claramente lo que deseas lograr. Por ejemplo, "Quiero tener $500,000 en mi cuenta de jubilación en 20 años."
2. **Medible**: Determina cuánto necesitas ahorrar cada mes o año para alcanzar esa meta. En este caso, implica calcular cuánto dinero debes aportar anualmente a tu fondo de retiro.
3. **Alineada con tus prioridades**: Asegúrate de que la meta esté alineada con tus valores y estilo de vida. Si buscas independencia financiera, debes ajustar tu plan de ahorro e inversión para alcanzarla.
4. **Disciplina y ajustes**: Las metas a largo plazo pueden verse afectadas por cambios en tus ingresos, gastos o circunstancias personales.

Debes revisar y ajustar tu plan periódicamente para mantenerte en el camino correcto.

Importancia de las metas a largo plazo:

- Te proporcionan una visión clara de tu futuro financiero y te motivan a tomar decisiones financieras responsables en el presente.
- Te ayudan a planificar para grandes objetivos de vida, como la jubilación, la compra de una casa o la independencia financiera.
- A través de la consistencia, las metas a largo plazo aseguran que construyas una vida financiera estable y próspera, que te permitirá vivir sin preocupaciones en el futuro.

Dividir tus metas financieras en plazos de corto, mediano y largo plazo es esencial para gestionar tu situación económica de manera efectiva y mantenerte enfocado en tus objetivos. Las metas a corto plazo te proporcionan logros inmediatos y te ayudan a construir buenos hábitos financieros, mientras que las metas a mediano y largo plazo te preparan para decisiones importantes y te permiten planificar un futuro financiero estable y seguro. Al equilibrar estos tres tipos de metas, estarás construyendo un camino sólido hacia la libertad financiera, con un enfoque claro y alcanzable en cada etapa.

Ejemplo de metas financieras realistas: saldar deudas, ahorrar una cantidad específica

Establecer metas financieras realistas es esencial para mantenerte enfocado, motivado y en el camino hacia la estabilidad financiera. Estas metas deben estar alineadas con tu situación económica actual y ser alcanzables en un plazo de tiempo razonable. A continuación, exploraremos dos ejemplos comunes de metas financieras realistas: **saldar deudas** y **ahorrar una cantidad específica**. Estas son metas que muchas personas se proponen como un primer paso para mejorar su salud financiera, y cuando se planifican adecuadamente, pueden tener un impacto profundo en tu bienestar económico.

Vamos a desglosar cómo establecer estas metas de manera efectiva, utilizando principios claros y pasos alcanzables que te permitirán monitorear tu progreso y alcanzar el éxito financiero.

1. Meta financiera realista: Saldar deudas

El problema: Las deudas, especialmente aquellas con altas tasas de interés, como las tarjetas de crédito, pueden ser una carga que limita tu capacidad para ahorrar e invertir. Las personas a menudo se sienten atrapadas por el ciclo de la deuda, haciendo pagos mínimos que solo cubren los intereses sin reducir el monto principal. Establecer una meta clara para eliminar tus deudas es un paso fundamental hacia la libertad financiera.

Objetivo específico: "Quiero saldar $5,000 de mi deuda de tarjeta de crédito en 12 meses."

Plan de acción para saldar deudas:

1. **Haz un inventario de tus deudas**: El primer paso es hacer una lista de todas tus deudas, incluyendo el saldo pendiente, las tasas de interés y los pagos mínimos. Esto te ayudará a tener una visión clara de tu situación.
2. **Prioriza las deudas con tasas de interés más altas**: Una estrategia efectiva es enfocarte

en pagar primero las deudas con las tasas de interés más altas. Esto se conoce como el "método de la avalancha", donde reduces la cantidad total de intereses que pagarás a largo plazo.

3. **Establece un pago mensual adicional**: Si tu objetivo es pagar $5,000 en 12 meses, necesitarás pagar aproximadamente $417 adicionales cada mes (además de los pagos mínimos). Esto puede parecer un desafío, pero puedes encontrar maneras de ajustar tu presupuesto para liberar esa cantidad:
   - **Recorta gastos innecesarios**: Analiza tus gastos actuales y busca áreas donde puedas recortar, como entretenimiento o comidas fuera de casa.
   - **Genera ingresos adicionales**: Busca formas de obtener ingresos adicionales, como trabajos freelance, vender artículos que ya no usas, o buscar un trabajo a tiempo parcial.

4. **Automatiza los pagos**: Configura pagos automáticos hacia tu deuda para asegurarte de que siempre realices los pagos adicionales. Esto te ayuda a evitar la tentación de gastar ese dinero en otras cosas.

5. **Monitorea tu progreso regularmente**: Revisa tu saldo cada mes y celebra las pequeñas victorias. Ver cómo disminuye tu deuda es un motivador poderoso para seguir con el plan.

Beneficios de esta meta:

- **Reducción del estrés financiero**: Saldar tus deudas te dará una mayor sensación de control sobre tu vida financiera y reducirá el estrés de cargar con pagos mensuales.

- **Libertad financiera**: Una vez que pagues tus deudas, tendrás más ingresos disponibles para ahorrar, invertir o gastar en cosas que realmente importan.
- **Aumento del puntaje crediticio**: Reducir tus deudas también mejorará tu puntaje crediticio, lo que te permitirá obtener mejores términos financieros en el futuro, como tasas de interés más bajas en préstamos.

2. Meta financiera realista: Ahorrar una cantidad específica

El problema: Muchas personas desean ahorrar, pero a menudo carecen de una meta clara y específica, lo que hace que el hábito del ahorro se pierda rápidamente. Tener una meta de ahorro bien definida, ya sea para un fondo de emergencia, una compra importante o la jubilación, te proporciona motivación y un sentido de propósito.

Objetivo específico: "Quiero ahorrar $3,000 en los próximos 12 meses para un fondo de emergencia."

Plan de acción para ahorrar una cantidad específica:

1. **Define tu meta de ahorro**: Establece una meta clara y específica que esté alineada con tus necesidades. En este ejemplo, estamos ahorrando para un fondo de emergencia, que debería cubrir de 3 a 6 meses de gastos esenciales. Si aún no tienes un fondo de emergencia, este es un buen lugar para comenzar.
2. **Divide la meta en objetivos mensuales**: Para ahorrar $3,000 en 12 meses, necesitarás ahorrar $250 cada mes. Al dividir la meta en

pequeñas partes manejables, te resultará más fácil mantenerte en el camino.
3. **Crea un presupuesto que priorice el ahorro**: Ajusta tu presupuesto para asegurarte de que el ahorro sea una prioridad. Puedes utilizar la regla 50/30/20, donde el 20% de tus ingresos se destina a ahorro o inversiones. Identifica gastos innecesarios o excesivos que puedas reducir para liberar esos $250 mensuales.
    o **Ejemplo**: Si gastas mucho en comidas fuera de casa, podrías reducir esas salidas y destinar el dinero al ahorro. O bien, podrías cancelar suscripciones que ya no utilizas.
4. **Automatiza tus ahorros**: Configura una transferencia automática desde tu cuenta corriente a una cuenta de ahorro al principio de cada mes. Al automatizar el proceso, no dependerás de tu fuerza de voluntad para ahorrar. El dinero simplemente se apartará antes de que lo gastes.
5. **Monitorea y ajusta tu plan si es necesario**: Revisa tus ahorros regularmente para asegurarte de que estás cumpliendo con tu meta. Si en algún mes no logras ahorrar los $250 previstos, ajusta tus gastos o compensa en los próximos meses para no perder de vista el objetivo.

Beneficios de esta meta:

- **Seguridad financiera**: Un fondo de emergencia te proporciona tranquilidad, sabiendo que tienes un respaldo en caso de imprevistos como una emergencia médica o una pérdida de empleo.
- **Disciplina de ahorro**: Al establecer una meta específica y alcanzarla, desarrollas el hábito de

ahorrar regularmente, lo que te prepara para metas más grandes, como la jubilación o la compra de una vivienda.

- **Control de tus finanzas**: Ahorrar una cantidad específica te da la sensación de estar en control de tu situación financiera, lo que reduce la ansiedad y te motiva a seguir con buenos hábitos financieros.

Cómo lograr estas metas: estrategias efectivas

Ya sea que tu meta sea saldar deudas o ahorrar una cantidad específica, hay algunas estrategias clave que puedes aplicar para asegurarte de que tu plan sea exitoso.

1. **Haz un seguimiento del progreso**: Monitorea tus deudas o ahorros regularmente, ya sea utilizando una hoja de cálculo, una aplicación financiera o simplemente revisando tus estados de cuenta. Saber cuánto progreso has hecho te mantendrá motivado.
2. **Utiliza el "efecto bola de nieve" para motivarte**: Si tienes varias deudas pequeñas, puedes aplicar la estrategia de la "bola de nieve" para pagar primero las deudas más pequeñas. Ver cómo eliminas una deuda por completo puede ser una fuente poderosa de motivación para continuar.
3. **Revisa y ajusta tu presupuesto cada mes**: Las circunstancias pueden cambiar, por lo que es importante revisar tu presupuesto periódicamente. Si en un mes tienes más ingresos, podrías destinar más dinero a tus metas financieras. Si enfrentas gastos imprevistos, ajusta temporalmente tus metas y vuelve a enfocarte el mes siguiente.

4. **Mantén la visión a largo plazo**: Si bien las metas pueden parecer abrumadoras al principio, mantener la visión a largo plazo te ayudará a no perder la motivación. Cada paso que tomes hacia la reducción de deudas o el aumento de tus ahorros te acerca a la libertad financiera.

Tener metas financieras realistas, como saldar deudas o ahorrar una cantidad específica, es clave para mejorar tu bienestar económico y construir una base sólida para el futuro. Dividir estas metas en pasos alcanzables, automatizar tus pagos o ahorros y monitorear tu progreso son estrategias efectivas para mantenerte en el camino correcto. Con disciplina y consistencia, estas metas no solo mejorarán tu situación financiera, sino que también fortalecerán tu mentalidad hacia el dinero, dándote la confianza necesaria para alcanzar objetivos aún mayores.

Cómo monitorear y ajustar metas con el tiempo

Establecer metas financieras claras es solo el primer paso hacia la libertad financiera. La clave para alcanzarlas reside en la capacidad de **monitorearlas** regularmente y **ajustarlas** cuando sea necesario. Las circunstancias personales, económicas y financieras cambian con el tiempo, por lo que es fundamental ser flexible y adaptable, asegurándote de que tus metas sigan siendo alcanzables y relevantes a medida que avanzas. Monitorear tus metas te proporciona una imagen clara de tu progreso y te permite realizar ajustes oportunos para mantenerte en el camino correcto.

Este proceso no solo es útil para asegurarte de que estás progresando, sino que también te ayuda a mantenerte motivado. Ver cómo alcanzas hitos pequeños y ajustas tu estrategia para superar obstáculos refuerza tu compromiso con tus metas financieras a largo plazo.

En esta sección, exploraremos las mejores prácticas para monitorear tus metas y cómo ajustarlas de manera efectiva para adaptarte a nuevas circunstancias y desafíos.

1. La importancia de monitorear regularmente tus metas financieras

Monitorear tus metas financieras regularmente es esencial para asegurarte de que estás progresando hacia el éxito. Cuando no sigues de cerca tus avances, es fácil perder de vista tus objetivos, gastar de manera innecesaria o sentirte desmotivado al no ver resultados inmediatos.

Beneficios de monitorear tus metas:

- **Motivación constante**: Revisar tu progreso te motiva a continuar porque puedes ver el impacto positivo de tus esfuerzos, aunque sea pequeño.
- **Corrección de curso**: Si notas que no estás avanzando como esperabas, puedes hacer ajustes a tiempo antes de que el problema se agrave.
- **Reducción del estrés**: Tener un control claro sobre tu progreso reduce la incertidumbre y el estrés, ya que sabrás exactamente dónde estás parado financieramente.

2. Herramientas y métodos para monitorear tus metas

El seguimiento constante de tus metas puede hacerse de diferentes maneras, según tus preferencias y nivel de comodidad con la tecnología. Lo importante es que encuentres un método que sea fácil de usar y que te permita revisar tu progreso de manera regular.

Métodos para monitorear metas:

1. **Hojas de cálculo**: Una de las formas más simples y efectivas de hacer un seguimiento de tus metas es utilizar una hoja de cálculo en Excel o Google Sheets. Puedes crear columnas para tus metas, fechas de inicio, objetivos mensuales y el progreso acumulado. Esto te permite visualizar todo en un solo lugar.
2. **Aplicaciones financieras**: Existen diversas aplicaciones que te ayudan a rastrear tus metas financieras de manera automática, como **Mint**, **YNAB (You Need a Budget)** o **PocketGuard**. Estas herramientas te permiten sincronizar tus cuentas bancarias, categorizar tus gastos y ver cuánto estás ahorrando o pagando de tus deudas.
3. **Sistema de sobres físicos o virtuales**: Si prefieres un enfoque más manual, el sistema de sobres puede ser útil. Puedes asignar un sobre (o una categoría virtual en una app) para cada meta. A medida que vayas ahorrando o pagando deudas, irás llenando esos sobres con dinero hasta alcanzar el objetivo.
4. **Seguimiento en papel**: Si prefieres algo tangible, puedes utilizar una libreta financiera para anotar tu progreso. Esto puede ser motivador para algunas personas que disfrutan el acto físico de escribir y revisar sus metas.

Consejo adicional: No importa qué herramienta elijas, lo importante es que la utilices de manera constante.

Dedica un día específico de la semana o del mes para revisar tus metas financieras y ajustar tu estrategia si es necesario.

3. Cómo ajustar tus metas cuando las circunstancias cambian

Es completamente normal que las circunstancias cambien a lo largo del tiempo. Podrías recibir un aumento de salario, enfrentar gastos inesperados o tener que ajustar tus prioridades debido a cambios personales o profesionales. Lo más importante es que no te sientas desmotivado si tienes que ajustar tus metas. Adaptarse a nuevas realidades es parte del proceso de crecimiento financiero.

Pasos para ajustar tus metas financieras:

1. **Revisa tu situación financiera actual**: Lo primero es hacer un análisis actualizado de tu situación financiera. Revisa tus ingresos, gastos, deudas y ahorros para entender cómo han cambiado tus condiciones. Pregúntate:
   - ¿He tenido algún aumento o disminución en mis ingresos?
   - ¿He enfrentado gastos inesperados que afecten mis metas?
   - ¿Tengo nuevas prioridades financieras que debo atender?
2. **Evalúa si la meta sigue siendo realista**: Una vez que tengas una visión clara de tu situación actual, evalúa si la meta original sigue siendo alcanzable en el plazo previsto. Si te resulta demasiado difícil cumplirla bajo las nuevas circunstancias, ajusta el objetivo para hacerlo más manejable.
   - **Ejemplo**: Si tu meta era ahorrar $5,000 en 12 meses, pero has tenido gastos

imprevistos, podrías ajustar la meta a $3,000 y extender el plazo a 18 meses.
3. **Revisa el marco de tiempo**: Las metas pueden requerir ajustes en su plazo de tiempo. Si tu situación financiera ha mejorado, podrías acortar el plazo para alcanzar tu objetivo más rápido. Si enfrentas dificultades, puedes alargar el plazo para aliviar la presión sin abandonar la meta.
    o **Ejemplo**: Si tu objetivo es pagar una deuda en 12 meses, pero tu presupuesto se ha ajustado debido a una emergencia, puedes extender la meta a 18 meses, manteniendo un pago mensual manejable.
4. **Ajusta las cantidades que aportas mensualmente**: Si tus ingresos han disminuido o enfrentaste gastos inesperados, ajusta la cantidad que aportas a tus metas financieras. No te frustres si no puedes aportar lo mismo cada mes. Lo importante es continuar, aunque sea con montos más pequeños.
    o **Ejemplo**: Si estabas destinando $300 al mes para una meta de ahorro, pero ahora solo puedes aportar $150, haz ese ajuste. Lo importante es mantener el hábito de ahorrar.
5. **Agrega nuevas metas si es necesario**: A medida que avanzas financieramente, es posible que nuevas metas aparezcan en tu vida, como comprar una casa, planificar unas vacaciones o comenzar a invertir. Estas nuevas metas pueden requerir que ajustes tus metas anteriores para hacer espacio en tu presupuesto y mantener el equilibrio.

4. Celebrar logros y aprender de los obstáculos

Monitorear y ajustar tus metas no solo implica hacer cambios cuando las cosas no van como esperabas, también es una oportunidad para celebrar tus logros. Cada vez que alcanzas una meta, incluso si es una meta intermedia, es fundamental reconocer ese éxito. Celebrar los logros te da una motivación adicional para continuar trabajando en tus objetivos a largo plazo.

Cómo celebrar tus logros:

- **Reconoce el avance**: Haz una pausa para reflexionar sobre cómo el esfuerzo y la disciplina te han permitido avanzar. Este reconocimiento refuerza los hábitos positivos.
- **Recompénsate de manera controlada**: Si has alcanzado una meta importante, puedes darte una pequeña recompensa que no comprometa tus otras metas. Por ejemplo, podrías darte un gusto dentro de tu presupuesto o disfrutar de una salida especial.
- **Registra tu éxito**: Anota tu logro y cómo lo alcanzaste. Esto te ayudará a replicar esa estrategia en metas futuras.

Aprende de los obstáculos: Si encuentras dificultades en el camino y no alcanzas tus metas en el plazo que esperabas, no lo veas como un fracaso, sino como una oportunidad de aprendizaje. Revisa qué salió mal, ajusta tu enfoque y sigue adelante con una estrategia mejorada.

5. Revisar metas anualmente y ajustar a largo plazo

Además del seguimiento mensual o trimestral, es recomendable hacer una **revisión anual** de tus metas financieras. Este proceso te permite evaluar el panorama general de tu progreso y hacer ajustes más significativos a largo plazo.

Cómo hacer una revisión anual:

- **Revisa los logros del año:** Reflexiona sobre las metas que alcanzaste durante el año y cómo lo lograste. ¿Qué hábitos te ayudaron? ¿Qué desafíos enfrentaste?
- **Evalúa nuevas prioridades:** ¿Tienes nuevas metas que se han vuelto importantes? Por ejemplo, podrías haber decidido comprar una casa o aumentar tus contribuciones a un fondo de jubilación.
- **Ajusta las metas para el próximo año:** Basándote en tus progresos y cambios de circunstancias, ajusta tus metas a corto, mediano y largo plazo para reflejar tu situación financiera actual y tus nuevas prioridades.

Monitorear y ajustar tus metas financieras es un paso crucial para asegurarte de que sigues en el camino correcto hacia la libertad financiera. El seguimiento regular te permite celebrar los pequeños logros y hacer ajustes oportunos cuando las circunstancias cambian. No se trata de seguir un plan rígido, sino de mantener una visión flexible y adaptativa que te permita alcanzar tus objetivos de manera efectiva. Al revisar y ajustar tus metas con el tiempo, estarás mejor preparado para enfrentar desafíos y aprovechar oportunidades, asegurando que tu crecimiento financiero sea constante y sostenible.

Desarrollar una Disciplina Financiera

La **disciplina financiera** es el pilar sobre el cual se construye el éxito económico a largo plazo. No importa cuán claras o ambiciosas sean tus metas, sin la constancia y el control necesarios, será difícil alcanzarlas. La disciplina financiera implica la capacidad de tomar decisiones conscientes y responsables con respecto a tu dinero, resistir la tentación de los gastos impulsivos y mantenerte comprometido con tus objetivos a pesar de las dificultades que puedan surgir en el camino.

Muchas personas ven la disciplina financiera como algo difícil o restrictivo, pero en realidad, es una herramienta que te proporciona **libertad y control** sobre tu vida. Tener disciplina con tus finanzas no significa que debas vivir con restricciones extremas o privaciones constantes; más bien, significa que estás alineando tus acciones con tus valores y metas a largo plazo. A través de la disciplina, te aseguras de que cada decisión financiera que tomes te acerque a la vida que realmente deseas.

Este capítulo explorará cómo desarrollar y mantener una sólida disciplina financiera, abordando las herramientas, hábitos y mentalidades que te permitirán administrar tu dinero de manera efectiva y alineada con tus metas. Aprenderás que la disciplina no es un sacrificio, sino un camino hacia una vida financiera más estable y satisfactoria. Desde la creación de presupuestos realistas hasta la implementación de hábitos de ahorro e inversión, este capítulo te proporcionará las claves para transformar tu relación con el dinero y asegurar un futuro económico sólido.

Qué es la disciplina financiera y por qué es esencial

La **disciplina financiera** es la capacidad de gestionar tu dinero de manera intencional, consistente y alineada con tus metas a corto, mediano y largo plazo. Implica tomar decisiones financieras conscientes, seguir un plan, y ser capaz de resistir la tentación de gastar impulsivamente o de desviarte de tus objetivos financieros. En resumen, la disciplina financiera es la práctica de controlar tus hábitos de gasto, ahorro e inversión para garantizar tu bienestar económico futuro.

Esta disciplina no se trata solo de restringirte o vivir una vida austera; más bien, se trata de tener el control de tus finanzas, hacer elecciones deliberadas que te acerquen a tus metas y evitar caer en trampas financieras comunes, como el endeudamiento excesivo o los gastos impulsivos. Al tener una base sólida de disciplina financiera, puedes evitar el caos financiero que suele surgir cuando no hay un plan claro o cuando las decisiones se toman sin una visión a largo plazo.

1. La disciplina financiera es esencial para alcanzar tus metas

Tener metas financieras es fundamental, pero sin disciplina, esas metas pueden quedar solo en sueños o aspiraciones. La disciplina financiera es lo que te mantiene enfocado en el camino hacia esas metas, incluso cuando enfrentas desafíos o tentaciones. Por ejemplo, si tu objetivo es ahorrar para un fondo de emergencia o para la compra de una casa, la disciplina financiera te asegura que cumplirás con tus ahorros mes tras mes, sin importar las distracciones o los impulsos de gastar en cosas no planificadas.

Ejemplo práctico: Si tu meta es ahorrar $10,000 en dos años para el pago inicial de una casa, la disciplina financiera te permitirá comprometerte con un plan de ahorro mensual y mantenerte firme, incluso cuando surjan tentaciones de gastar ese dinero en vacaciones, ropa o entretenimiento. La disciplina te ayuda a mantenerte fiel a tus metas, porque entiendes que cada sacrificio temporal te acerca a un logro más significativo.

2. La disciplina financiera te protege de las deudas innecesarias

Una de las razones más comunes por las que las personas caen en deudas innecesarias es la falta de disciplina financiera. El deseo de obtener gratificación instantánea o la tentación de comprar algo que no está en el presupuesto puede llevar a usar tarjetas de crédito sin pensar en las consecuencias a largo plazo. Sin disciplina, es fácil caer en el ciclo de comprar ahora y pagar después, acumulando deudas que luego se vuelven difíciles de manejar.

La disciplina financiera actúa como una barrera contra este comportamiento, ya que te enseña a vivir dentro de tus posibilidades y a evitar el uso excesivo de crédito. Cuando desarrollas la disciplina de planificar tus gastos y ahorrar para las compras, reduces la probabilidad de endeudarte para obtener cosas que podrías haber pagado en efectivo si hubieras tenido paciencia.

Ejemplo práctico: En lugar de comprar un televisor nuevo con tu tarjeta de crédito y pagar intereses elevados, la disciplina financiera te enseña a esperar y ahorrar para comprarlo en efectivo, lo que te permite evitar deudas innecesarias y mantener tus finanzas bajo control.

3. La disciplina financiera es clave para crear hábitos financieros positivos

La disciplina es la base de los hábitos financieros positivos que te acompañarán a lo largo de toda tu vida. Al igual que desarrollar buenos hábitos de salud, como hacer ejercicio o comer de manera equilibrada, los hábitos financieros positivos se forman con el tiempo y requieren práctica y constancia. Estos hábitos incluyen seguir un presupuesto, ahorrar regularmente, invertir de manera consciente y evitar gastos innecesarios.

Tener disciplina financiera te permite crear y mantener estos hábitos de manera efectiva, lo que a su vez te ayudará a tomar mejores decisiones financieras en el futuro. Con el tiempo, estos hábitos se vuelven automáticos, lo que te permite manejar tu dinero de manera más eficiente y evitar errores financieros comunes.

Ejemplo práctico: Al crear el hábito de ahorrar el 20% de tus ingresos cada mes y automatizar ese proceso, con el tiempo ni siquiera notarás que estás apartando ese dinero. Este es un hábito que se refuerza a través de la disciplina y, a largo plazo, genera un crecimiento financiero significativo.

4. La disciplina financiera te da libertad y control sobre tu vida

Muchas personas asocian la palabra "disciplina" con restricciones o privaciones, pero en realidad, la disciplina financiera te da **libertad**. Cuando tienes control sobre tus finanzas, no estás a merced de tus deudas, ni te ves obligado a tomar decisiones desde un lugar de urgencia o estrés. Al saber que tienes tus finanzas bajo control, puedes tomar decisiones más alineadas con tus valores, y tienes más margen de maniobra para disfrutar de la vida sin preocuparte por el futuro.

La disciplina financiera te permite decidir cuándo y cómo gastar tu dinero, y te brinda la capacidad de aprovechar oportunidades cuando se presentan, ya sea para invertir, emprender un proyecto, viajar o disfrutar de una compra que realmente deseas. Además, te da la libertad de tomar decisiones de vida importantes, como cambiar de trabajo, emprender un negocio o tomarte un descanso, sin la presión constante de tener que cubrir deudas o vivir de cheque en cheque.

Ejemplo práctico: Si has desarrollado una disciplina financiera sólida, puedes tomar la decisión de dejar un trabajo que no te satisface sin preocuparte por tus finanzas inmediatas, porque tienes un fondo de emergencia y ahorros que te respaldan mientras buscas una nueva oportunidad.

5. La disciplina financiera te ayuda a enfrentar imprevistos y reducir el estrés financiero

Una de las mayores ventajas de la disciplina financiera es su capacidad para protegerte de imprevistos. La vida está llena de situaciones inesperadas, desde problemas médicos hasta reparaciones del hogar, y tener una base financiera sólida gracias a la disciplina te permite manejar estos contratiempos sin caer en un caos financiero.

La falta de disciplina puede hacer que cualquier imprevisto se convierta en una crisis financiera, obligándote a recurrir a préstamos o a acumular deudas. En cambio, la disciplina financiera te permite estar preparado con un fondo de emergencia y con la capacidad de hacer ajustes en tu presupuesto cuando sea necesario. Esto reduce el estrés financiero y te permite enfrentar desafíos con más tranquilidad y confianza.

Ejemplo práctico: Si tienes la disciplina de destinar un 10% de tus ingresos a un fondo de emergencia, cuando surja un gasto inesperado, como una reparación del coche, podrás cubrirlo sin tener que endeudarte o sacrificar otras áreas de tu vida financiera.

La disciplina financiera es mucho más que controlar los gastos o restringir el consumo; es la herramienta que te permite alcanzar la libertad económica, desarrollar hábitos financieros positivos y protegerte de imprevistos. Al cultivar la disciplina, ganarás un mayor control sobre tu vida, tomarás decisiones más inteligentes con tu dinero y, lo más importante, te acercarás de manera constante y segura a tus metas financieras a largo plazo. Sin disciplina, es fácil caer en patrones de gasto impulsivo o deuda, pero con ella, construirás una vida financiera sólida y plena.

La diferencia entre deseo y necesidad

Uno de los pilares fundamentales de la disciplina financiera es la capacidad de distinguir entre **deseos** y **necesidades**. Esta distinción no solo es crucial para mantener tus finanzas bajo control, sino también para tomar decisiones económicas más inteligentes y alineadas con tus metas a largo plazo. En un mundo donde las compras impulsivas y el consumismo están presentes en cada rincón, aprender a identificar lo que verdaderamente necesitas frente a lo que simplemente deseas es esencial para evitar gastos innecesarios y mantenerte en el camino hacia la estabilidad financiera.

Entender esta diferencia te ayuda a evitar caer en el ciclo de gastar dinero en cosas que, a largo plazo, no aportan valor real a tu vida, y te permite priorizar tus recursos para satisfacer tus necesidades y alcanzar tus objetivos financieros. Es una habilidad clave en el desarrollo de una disciplina financiera sólida, ya que te da claridad sobre cómo gastar tu dinero de manera más consciente y estratégica.

1. Qué es una necesidad

Las **necesidades** son aquellos bienes o servicios que son esenciales para tu bienestar físico y financiero. Son los gastos que, de no cubrirse, podrían afectar negativamente tu calidad de vida o poner en riesgo tu estabilidad. Las necesidades incluyen gastos básicos como:

- **Vivienda**: Alquiler o hipoteca, servicios básicos como agua, electricidad y gas.
- **Alimentación**: Comida y artículos de primera necesidad.
- **Atención médica**: Seguros de salud, medicamentos, visitas médicas esenciales.
- **Transporte**: Lo necesario para movilizarte, ya sea transporte público o costos de mantener un coche.
- **Ropa básica**: Prendas necesarias para vestirte adecuadamente en diferentes circunstancias.
- **Ahorro e inversión**: Aunque no siempre se ve como una "necesidad", reservar parte de tus ingresos para ahorro e inversión es esencial para tu estabilidad financiera a largo plazo.

Las necesidades son indispensables para la supervivencia y el bienestar, y no cubrirlas puede generar serias consecuencias, desde dificultades económicas hasta problemas de salud o seguridad.

Ejemplo de necesidad: Pagar la factura de electricidad es una necesidad. Si no lo haces, te enfrentarás a un corte de servicio que afectará tu calidad de vida y bienestar diario.

2. Qué es un deseo

Los **deseos** son aquellos bienes o servicios que, aunque pueden hacer tu vida más cómoda, placentera o emocionante, no son esenciales para tu bienestar o supervivencia. Los deseos se centran en el placer o la satisfacción inmediata y, en muchos casos, no aportan un valor duradero. Estos gastos pueden ser innecesarios desde una perspectiva financiera a largo plazo, ya que no contribuyen directamente a tus necesidades o metas económicas.

Los deseos incluyen:

- **Ropa de moda**: Comprar ropa que está a la moda o más allá de lo que realmente necesitas.
- **Entretenimiento y lujos**: Salidas al cine, suscripciones a múltiples plataformas de streaming, gadgets tecnológicos de última generación.
- **Comidas fuera de casa**: Comer en restaurantes frecuentemente, aunque tengas la opción de cocinar en casa.
- **Artículos de lujo o tecnología**: Comprar el último smartphone o productos electrónicos que no son indispensables para tu vida diaria.

Ejemplo de deseo: Comprar el último modelo de teléfono móvil cuando el que ya tienes funciona perfectamente es un deseo, no una necesidad. Aunque el nuevo dispositivo pueda tener funciones más avanzadas, no es esencial para tu bienestar financiero o físico.

3. Cómo identificar la diferencia entre deseo y necesidad

Distinguir entre un deseo y una necesidad no siempre es fácil, especialmente en una sociedad donde el marketing está diseñado para hacerte sentir que los deseos son esenciales para tu felicidad. Sin embargo, hay algunos pasos que puedes seguir para aprender a identificar esta diferencia de manera más efectiva:

1. **Pregúntate si puedes vivir sin ello**: Si puedes vivir sin un artículo o servicio sin que eso afecte significativamente tu bienestar o tu seguridad, es probable que sea un deseo. Si su ausencia compromete tu calidad de vida o estabilidad, entonces es una necesidad.
   - **Ejemplo**: Si te preguntas si necesitas una nueva chaqueta de moda, la respuesta depende de si tu armario actual tiene ropa suficiente para mantenerte cómodo y presentable. Si ya tienes ropa adecuada, probablemente esa nueva chaqueta es un deseo.
2. **Considera el impacto a largo plazo**: Evalúa si el gasto en cuestión tendrá un impacto positivo y duradero en tu vida o si solo proporcionará una satisfacción momentánea. Las necesidades suelen tener un impacto prolongado en tu bienestar, mientras que los deseos suelen ofrecer gratificación a corto plazo.
   - **Ejemplo**: Pagar el seguro médico tiene un impacto positivo a largo plazo, ya que te protege en caso de emergencias de salud. Por otro lado, comprar el último gadget

tecnológico probablemente te brindará satisfacción inmediata, pero no es algo esencial.
3. **Evalúa si el gasto te acerca a tus metas financieras**: Si el gasto contribuye directamente a tus metas financieras a largo plazo, es probable que sea una necesidad. Si te aleja de esas metas, es más probable que sea un deseo.
   o **Ejemplo**: Si estás ahorrando para una casa, comprar muebles costosos innecesarios o gastar en entretenimiento lujoso es un deseo, ya que ese dinero podría haberse destinado al ahorro para tu pago inicial.
4. **Dale tiempo antes de decidir**: Los deseos tienden a surgir de manera impulsiva. Si no estás seguro de si un gasto es una necesidad o un deseo, espera unos días antes de tomar una decisión. Si aún sientes que es esencial después de pensarlo bien, entonces podrías reconsiderarlo como una necesidad.

4. La importancia de priorizar las necesidades sobre los deseos

Priorizar las necesidades sobre los deseos es crucial para mantener una disciplina financiera sólida. Cuando te enfocas primero en satisfacer tus necesidades, te aseguras de que tus bases estén cubiertas: tienes un techo bajo el cual vivir, comida en la mesa, atención médica, y un plan financiero que te protege en caso de imprevistos. Una vez que estas necesidades están cubiertas, puedes considerar destinar una parte de tu presupuesto a satisfacer tus deseos, pero solo si eso no compromete tus metas financieras a largo plazo.

Por qué priorizar las necesidades:

- **Protección financiera**: Cuidar tus necesidades primero te protege de situaciones financieras difíciles en el futuro. Al priorizar los ahorros, el pago de deudas y los gastos esenciales, reduces el riesgo de caer en el endeudamiento o la falta de recursos en caso de una emergencia.
- **Control y estabilidad**: Priorizar las necesidades también te da un mayor control sobre tus finanzas y te proporciona estabilidad. Cuando las necesidades están cubiertas, puedes gastar sin la presión de que tu bienestar se vea comprometido.
- **Alineación con metas financieras**: Enfocar tu dinero en las necesidades te permite avanzar en tus metas financieras de largo plazo, como ahorrar para la jubilación, comprar una casa o invertir. Los deseos, aunque satisfactorios, no contribuyen directamente a estos objetivos.

5. Cómo equilibrar deseos y necesidades en un presupuesto

Aunque es esencial priorizar las necesidades, también es importante reconocer que satisfacer algunos deseos de manera controlada es parte de llevar una vida equilibrada y disfrutar de los frutos de tu trabajo. La clave está en encontrar un equilibrio saludable que te permita cumplir con tus necesidades mientras disfrutas de algunos deseos sin comprometer tu estabilidad financiera.

Cómo hacerlo:

- **Crea un presupuesto basado en prioridades**: Asegúrate de que tu presupuesto cubra primero todas tus necesidades. Calcula cuánto necesitas para vivienda, alimentación, transporte, ahorro y otras prioridades esenciales.

- **Asigna un porcentaje de tu ingreso a deseos**: Una buena regla es destinar un pequeño porcentaje de tu presupuesto (por ejemplo, el 10% o 15%) a satisfacer deseos no esenciales. Esto te permite disfrutar de algunas gratificaciones sin comprometer tus metas financieras más importantes.
- **Recompénsate de manera consciente**: Puedes establecer pequeños incentivos cuando logres cumplir con tus metas financieras. Por ejemplo, si alcanzas tu meta de ahorro mensual, podrías permitirte una salida especial o comprar algo que has estado deseando.

Comprender la diferencia entre deseos y necesidades es clave para desarrollar una disciplina financiera sólida y asegurarte de que cada gasto que realices esté alineado con tus prioridades y metas a largo plazo. Priorizar las necesidades te permite asegurar tu bienestar financiero y avanzar hacia tus objetivos más importantes, mientras que equilibrar de manera controlada los deseos te permite disfrutar de la vida sin comprometer tu estabilidad económica. Con esta claridad, serás capaz de tomar decisiones financieras más conscientes y efectivas.

Como crear un sistema para mantener la disciplina: pagos automáticos, revisión mensual de finanzas, evitar compras impulsivas

Desarrollar una disciplina financiera sólida es fundamental para mantener el control de tus finanzas y alcanzar tus metas económicas a largo plazo. Sin embargo, la clave para lograrlo no radica únicamente en la fuerza de voluntad; es necesario contar con un sistema organizado que facilite el manejo de tus recursos. Un buen sistema financiero incluye **pagos automáticos**, una **revisión mensual de tus finanzas** y mecanismos para **evitar las compras impulsivas**. Estas herramientas no solo te ayudan a mantener la disciplina de manera constante, sino que también te permiten tomar decisiones financieras más conscientes y estratégicas.

A continuación, exploramos cómo implementar estas tres estrategias dentro de tu rutina financiera para mantener la disciplina sin complicaciones y reducir el riesgo de errores comunes.

1. Configurar pagos automáticos

Los pagos automáticos son una de las maneras más eficientes de mantener la disciplina sin depender de la memoria o la fuerza de voluntad para cumplir con tus obligaciones financieras. Cuando automatizas tus pagos, ya sean de deudas, ahorros o facturas recurrentes, te aseguras de que se cumplan puntualmente y sin complicaciones. Este sistema reduce la posibilidad de olvidar pagos importantes y te libera de la necesidad de administrar manualmente cada transacción, lo que minimiza el riesgo de malgastar dinero o caer en retrasos.

Cómo configurar pagos automáticos:

1. **Pagos de deudas**: Si tienes deudas (tarjetas de crédito, préstamos personales, hipotecas), establece pagos automáticos para asegurarte de que cumples con las fechas de vencimiento. Esto también te ayuda a evitar cargos por

pagos atrasados y mantener un buen historial crediticio.
2. **Ahorro automático**: Un paso crucial para el ahorro constante es automatizar las transferencias a tus cuentas de ahorro o inversión. Decide cuánto puedes ahorrar mensualmente y configura una transferencia automática desde tu cuenta corriente a una cuenta de ahorros tan pronto como recibas tus ingresos.
3. **Pago de facturas recurrentes**: Automatiza el pago de servicios esenciales como agua, luz, gas, seguros y otros gastos fijos. Esto te ayuda a evitar el riesgo de que se te olviden fechas de vencimiento y te asegura que siempre tengas cubiertas tus necesidades básicas.

Beneficios de los pagos automáticos:

- **Consistencia**: Mantener un flujo constante de pagos te permite cumplir con tus compromisos financieros sin interrupciones.
- **Reducción del estrés**: No tienes que preocuparte por fechas de pago o acumular facturas, ya que todo se maneja automáticamente.
- **Disciplina sin esfuerzo**: Automatizar elimina la tentación de usar el dinero que deberías destinar a otros fines, asegurando que cada mes te acercas más a tus metas financieras.

2. Realizar una revisión mensual de tus finanzas

Revisar tus finanzas de manera mensual es una práctica esencial para mantener la disciplina financiera y asegurarte de que vas por buen camino hacia tus metas. Este hábito te permite tener una visión clara de tus ingresos, gastos, ahorros y deudas, lo que te ayuda a hacer ajustes cuando sea necesario. La revisión mensual es el momento ideal para analizar lo que has hecho bien, detectar errores, y evaluar cómo puedes mejorar para seguir avanzando.

Cómo hacer una revisión mensual de tus finanzas:

1. **Analiza tus ingresos y gastos**: Utiliza una hoja de cálculo, una aplicación de finanzas personales o tus extractos bancarios para analizar tus ingresos y gastos del mes. Separa los gastos esenciales de los no esenciales y observa si estás gastando de acuerdo con tu presupuesto.
2. **Revisa tus metas financieras**: Compara tu progreso actual con las metas que te has establecido. ¿Has cumplido con tus metas de ahorro o de reducción de deudas? Si no es así, revisa qué ajustes necesitas hacer en los próximos meses.
3. **Evalúa áreas de mejora**: Durante la revisión mensual, es importante identificar las áreas donde puedes mejorar. Por ejemplo, si detectas gastos innecesarios o patrones de consumo excesivo, planifica cómo reducirlos en el futuro.
4. **Ajusta tu presupuesto si es necesario**: Si tu situación financiera ha cambiado, ya sea por una reducción de ingresos o un gasto inesperado, ajusta tu presupuesto para reflejar la nueva realidad. Esto te permitirá seguir enfocado en tus metas sin comprometer tu estabilidad financiera.

Beneficios de la revisión mensual:

- **Visión clara de tu situación**: Te permite saber exactamente dónde estás parado

financieramente y qué cambios debes hacer para mantenerte en el camino correcto.
- **Prevención de problemas financieros**: Al revisar tus finanzas con regularidad, puedes detectar y resolver problemas pequeños antes de que se conviertan en crisis.
- **Motivación constante**: Monitorear tu progreso hacia tus metas te mantiene motivado y enfocado en alcanzar tus objetivos a largo plazo.

3. Evitar compras impulsivas

Las compras impulsivas son uno de los mayores desafíos para quienes buscan mantener la disciplina financiera. Gastar en artículos que no estaban planeados o que no son necesarios puede sabotear tu presupuesto y retrasar tus metas. Afortunadamente, existen estrategias efectivas para evitar las compras impulsivas y asegurarte de que tus decisiones de gasto sean conscientes y alineadas con tus prioridades financieras.

Cómo evitar compras impulsivas:

1. **Establece una "regla de las 24 horas"**: Si sientes la tentación de hacer una compra no planificada, impón una regla de esperar 24 horas antes de decidir si realmente lo necesitas. Este tiempo te permite reflexionar y evitar gastar en cosas por impulso.
2. **Haz una lista de compras**: Ya sea para el supermercado o para otras compras, siempre lleva una lista detallada de lo que necesitas. Mantente firme y no compres nada que no esté en la lista, a menos que sea absolutamente necesario.

3. **Usa efectivo para compras no esenciales**: Una estrategia efectiva es usar solo dinero en efectivo para compras de entretenimiento o artículos no esenciales. Cuando el dinero físico se termina, se acabaron las compras. Esto te ayuda a mantener un control más claro sobre tus gastos.
4. **Asigna un presupuesto para gastos discrecionales**: Establece un monto específico en tu presupuesto para deseos o gustos personales. Esto te permite disfrutar de pequeños placeres sin comprometer tus metas más grandes.

Beneficios de evitar compras impulsivas:

- **Protección de tus metas**: Evitar los gastos impulsivos te ayuda a destinar más dinero a tus ahorros o a pagar deudas, acelerando tu progreso hacia las metas financieras.
- **Mayor control sobre tu dinero**: Al controlar tus impulsos de gasto, puedes tomar decisiones más conscientes y responsables sobre cómo y en qué gastar tu dinero.
- **Reducción del arrepentimiento**: Muchas compras impulsivas generan arrepentimiento una vez que pasa la emoción del momento. Al evitarlas, te aseguras de que cada compra sea algo que realmente necesitas o valoras.

Crear un sistema que combine **pagos automáticos**, **revisiones mensuales de finanzas** y **estrategias para evitar compras impulsivas** es una de las maneras más efectivas de mantener la disciplina financiera. Este enfoque no solo te permite cumplir con tus obligaciones financieras de manera consistente, sino que también te ayuda a tomar decisiones conscientes que te acerquen a tus metas. La disciplina financiera se convierte en algo sostenible cuando el proceso está automatizado y bien organizado, permitiéndote mantener el control sin sentirte abrumado.

Estrategias para mantener la motivación en el camino a la estabilidad financiera

El camino hacia la **estabilidad financiera** no siempre es fácil ni rápido. Requiere disciplina, sacrificios y una visión clara del futuro. En muchos casos, los resultados no son inmediatos, lo que puede hacer que la motivación disminuya a lo largo del tiempo. Sin embargo, mantener la motivación es crucial para asegurar que sigas comprometido con tus metas financieras a largo plazo.

Para lograrlo, es importante adoptar estrategias que te ayuden a recordar por qué comenzaste este camino y que te mantengan inspirado, incluso cuando los desafíos financieros o las tentaciones a corto plazo surjan. A continuación, exploraremos diversas estrategias prácticas que puedes implementar para mantenerte motivado y enfocado en tu objetivo final: la libertad y estabilidad financiera.

1. Visualiza tus metas y sueña con el futuro

Una de las maneras más efectivas de mantener la motivación es tener una **visión clara del futuro** que deseas lograr. Tomarte el tiempo para imaginar cómo será tu vida cuando alcances la estabilidad financiera te ayudará a mantener el foco en tus objetivos, especialmente cuando enfrentes dificultades. Visualizar regularmente tus metas te da una sensación de control y propósito, y hace que cada sacrificio que hagas hoy tenga sentido en el largo plazo.

Cómo hacerlo:

- **Crea un tablero de visión financiera:** Dedica un tiempo a crear un tablero visual con imágenes, palabras o símbolos que representen tus metas financieras. Puede incluir una casa, un coche, un viaje, o incluso un fondo de ahorro para emergencias. Colócalo en un lugar donde puedas verlo a diario para recordarte constantemente hacia dónde te diriges.
- **Escribe una descripción de tu vida ideal:** En lugar de solo pensar en tus metas, escríbelas en detalle. Describe cómo será tu vida cuando alcances la libertad financiera. ¿Qué harás con tu tiempo? ¿Cómo te sentirás? ¿Qué cosas serán posibles para ti y tu familia? Lee esta descripción cuando sientas que la motivación flaquea.

Beneficios:

- La visualización te permite conectarte emocionalmente con tus metas, lo que refuerza tu compromiso.
- Al imaginar tu futuro éxito, te resulta más fácil resistir las tentaciones a corto plazo.

2. Divide tus metas en pasos pequeños y alcanzables

Alcanzar la estabilidad financiera puede parecer un objetivo enorme y, a veces, abrumador. Una estrategia clave para mantener la motivación es **dividir las metas grandes** en objetivos más pequeños y alcanzables. Al lograr estas "victorias" más pequeñas, sentirás que estás avanzando, lo que reforzará tu compromiso con tus metas a largo plazo.

Cómo hacerlo:

- **Define metas intermedias:** Si tu objetivo principal es, por ejemplo, ahorrar $20,000 en cinco años, divídelo en metas anuales, trimestrales o incluso mensuales. En lugar de enfocarte solo en el objetivo final, concéntrate en ahorrar $4,000 por año o $333 por mes. Esto te hará sentir que el objetivo es más alcanzable.
- **Celebra las pequeñas victorias:** Cada vez que alcances una meta intermedia, reconócelo y celebra de manera controlada. No es necesario gastar dinero para celebrarlo, pero podrías darte un pequeño gusto como recompensa por el esfuerzo. Esto te mantendrá motivado a seguir adelante.

Beneficios:

- Dividir las metas grandes en pequeñas te permite mantener el impulso y sentir que estás progresando, lo que reduce el riesgo de desmotivación.
- Celebra cada pequeño éxito para mantenerte positivo y motivado.

3. Rodéate de apoyo y ejemplos positivos

Tener un sistema de apoyo es fundamental para mantener la motivación. Rodéate de personas que comparten tus metas financieras o que han logrado la estabilidad económica que tú también deseas alcanzar. Estas personas no solo te proporcionarán inspiración, sino que también te ayudarán a mantenerte responsable y comprometido.

Cómo hacerlo:

- **Encuentra un compañero financiero**: Busca a alguien que esté trabajando en sus propias metas financieras y comparte tu progreso y desafíos con esa persona. Al rendir cuentas mutuamente, ambos pueden mantenerse motivados y enfocados.
- **Sigue a mentores y ejemplos de éxito**: Lee libros, sigue blogs o escucha podcasts de personas que han alcanzado el éxito financiero. Aprende de sus historias y estrategias, y usa su experiencia como inspiración para mantenerte en el camino correcto.

Beneficios:

- El apoyo social refuerza tu compromiso y te ayuda a mantenerte enfocado en tus metas.
- Los ejemplos positivos te recuerdan que es posible lograr lo que te has propuesto, lo que te motiva a seguir adelante.

4. Recompénsate sin salirte del presupuesto

Una de las razones por las que muchas personas pierden la motivación en su camino hacia la estabilidad financiera es que se sienten restringidas o privadas de disfrutar la vida. Para evitar este sentimiento, es importante darte pequeñas recompensas de vez en cuando. Estas recompensas deben ser planificadas y no deben comprometer tus metas financieras, pero son importantes para mantenerte equilibrado y motivado.

Cómo hacerlo:

- **Establece recompensas por hitos**: Cada vez que alcances un hito financiero importante, como saldar una deuda o ahorrar un monto significativo, date una pequeña recompensa. Esto podría ser una cena especial, una salida o una actividad que disfrutes, pero que esté dentro de tu presupuesto.
- **Disfruta de gratificaciones dentro del plan**: Planifica un porcentaje de tu presupuesto mensual para pequeñas indulgencias. Puede ser el 5% o 10% de tus ingresos. Esto te permite disfrutar del presente sin sentir que estás sacrificando todo por el futuro.

Beneficios:

- Recompensarte de manera planificada te ayuda a evitar el agotamiento financiero, manteniendo un equilibrio saludable entre tus metas y la satisfacción personal.
- Al incluir recompensas en tu presupuesto, disfrutas sin culpa, lo que refuerza la motivación para seguir ahorrando y gestionando tu dinero de manera efectiva.

5. Mantén una mentalidad flexible y realista

En el camino hacia la estabilidad financiera, habrá momentos en los que surjan desafíos imprevistos o donde no logres avanzar tan rápido como esperabas. Es importante mantener una **mentalidad flexible y realista**, lo que te permitirá adaptarte a nuevas circunstancias sin desmotivarte o abandonar tus objetivos.

Cómo hacerlo:

- **Acepta que habrá contratiempos**: La vida está llena de imprevistos. Ya sea que enfrentes una emergencia médica, una reparación inesperada o un gasto importante, es importante aceptar que no todo saldrá siempre según lo planeado. Lo esencial es mantener la flexibilidad y hacer ajustes a tu plan cuando sea necesario, sin perder de vista el objetivo final.
- **Reformula los errores como oportunidades de aprendizaje**: Si cometes un error financiero o tienes un mes difícil, en lugar de castigarte, utiliza la situación para aprender y mejorar. Pregúntate qué podrías hacer diferente la próxima vez y ajusta tu plan en consecuencia.

Beneficios:

- La flexibilidad te permite adaptarte a cambios sin sentir que has fracasado, lo que te ayuda a mantener la motivación a largo plazo.
- Una mentalidad realista reduce el estrés financiero y te permite navegar los contratiempos sin perder de vista tus metas.

6. Rastrea tu progreso de manera visual

Una excelente manera de mantener la motivación es ver tu progreso de manera visual. Cuando puedes observar tu avance, ya sea en la reducción de deudas, el crecimiento de tus ahorros o el cumplimiento de tus metas, te sientes motivado a continuar trabajando hacia tus objetivos.

Cómo hacerlo:

- **Crea gráficos de progreso**: Usa una hoja de cálculo o una aplicación financiera para rastrear tus avances en tiempo real. Ver cómo tus deudas disminuyen o cómo tu cuenta de ahorros crece mes a mes te proporciona una gratificación inmediata que te anima a seguir avanzando.

- **Usa una tabla de seguimiento físico**: Para un enfoque más tangible, puedes utilizar una tabla de seguimiento que cuelgues en tu casa. Por ejemplo, si estás saldando deudas, puedes marcar en la tabla cada cantidad que pagas, visualizando cómo te acercas a la meta. Esto es especialmente efectivo para quienes disfrutan de ver un progreso físico.

Beneficios:

- Ver tu progreso de manera visual te da una sensación de logro y satisfacción, lo que refuerza tu motivación para continuar.
- Tener una representación visual de tu éxito financiero te permite mantener una actitud positiva, incluso cuando los avances son lentos.

Mantener la motivación en el camino hacia la estabilidad financiera es un desafío, pero con las estrategias adecuadas, es completamente alcanzable. Visualizar tus metas, dividirlas en pasos pequeños, buscar apoyo, recompensarte de manera controlada, mantener una mentalidad flexible y rastrear tu progreso son herramientas efectivas que te ayudarán a seguir adelante incluso en los momentos más difíciles. Al mantenerte motivado y comprometido, estarás construyendo una base sólida que te llevará a la libertad financiera y a una vida llena de posibilidades.

Principios Financieros Básicos para Personas Comunes

En el camino hacia la estabilidad financiera, es fundamental conocer y aplicar algunos **principios financieros básicos** que puedan guiar tus decisiones económicas de manera efectiva. Estos principios no están reservados solo para expertos en finanzas o grandes inversores; son herramientas simples y accesibles que cualquier persona puede implementar en su vida diaria para mejorar su situación económica.

Para la mayoría de las personas, gestionar el dinero puede parecer abrumador. Las cuentas, las deudas, el ahorro y las inversiones a menudo se sienten complicadas y fuera de alcance. Sin embargo, la realidad es que lograr el control financiero no requiere un título en economía ni conocimientos avanzados. Lo que realmente necesitas es comprender ciertos principios fundamentales que, cuando se aplican de manera constante, tienen el poder de transformar tu relación con el dinero.

En este capítulo, exploraremos los principios esenciales que toda persona debería conocer para manejar sus finanzas personales de manera eficiente. Aprenderás conceptos clave como el **gasto consciente**, la **importancia del ahorro**, cómo manejar deudas de forma estratégica, y cómo comenzar a invertir, aunque no tengas grandes ingresos. Estos principios están diseñados para personas comunes que buscan mejorar su situación económica sin complicaciones innecesarias.

Este capítulo te proporcionará las bases para tomar decisiones financieras más inteligentes, empoderándote para que tengas un mayor control sobre tu dinero y puedas construir una vida más segura y próspera. Al dominar estos principios, estarás en mejor posición para enfrentar cualquier desafío económico y aprovechar las oportunidades financieras que se te presenten en el futuro.

Introducción a los conceptos básicos: presupuesto, ahorro, inversión

Dominar algunos conceptos financieros básicos es crucial para cualquier persona que busque mejorar su relación con el dinero y alcanzar la estabilidad económica. Entre los fundamentos más importantes están el **presupuesto**, el **ahorro** y la **inversión**, tres pilares que te ayudarán a gestionar tus ingresos de manera efectiva, proteger tu futuro y hacer crecer tu dinero. Comprender estos conceptos y saber aplicarlos en tu vida cotidiana es el primer paso hacia la construcción de una base financiera sólida.

En esta sección, abordaremos cada uno de estos elementos clave y te mostraremos cómo integrarlos en tu vida de manera práctica, sin importar cuál sea tu situación económica actual. Estos principios están diseñados para que cualquier persona, sin importar su nivel de ingresos o conocimientos previos, pueda poner en práctica una estrategia financiera más consciente y efectiva.

1. El presupuesto: Tu mapa financiero

El **presupuesto** es, sin duda, la herramienta más fundamental y esencial en la gestión de tus finanzas personales. Básicamente, un presupuesto es un plan que detalla cómo vas a gastar tu dinero cada mes. Te permite asignar tus ingresos de manera que cubras tus necesidades básicas, ahorres para el futuro, y tengas control sobre tus gastos. Al tener un presupuesto claro, sabrás exactamente hacia dónde va tu dinero y evitarás sorpresas al final del mes.

¿Por qué es importante tener un presupuesto?

- **Te proporciona control**: Al tener un plan detallado, evitas gastar más de lo que ganas y te aseguras de que cada peso esté alineado con tus prioridades.
- **Te ayuda a identificar áreas de mejora**: Con un presupuesto, puedes ver en qué categorías estás gastando de más y hacer ajustes antes de que los gastos se acumulen.
- **Facilita el ahorro y la inversión**: Un buen presupuesto te permite asignar una parte de tus ingresos al ahorro y la inversión, lo que es clave para lograr tus metas financieras.

Cómo crear un presupuesto:

1. **Determina tus ingresos mensuales**: Comienza por identificar cuánto dinero recibes cada mes, ya sea a través de un salario, ingresos de negocios, o cualquier otra fuente. Asegúrate de calcular tu ingreso neto, es decir, el dinero que realmente recibes después de impuestos y deducciones.
2. **Anota tus gastos**: Haz una lista de todos tus gastos mensuales. Divide tus gastos en dos categorías: **gastos fijos** (aquellos que no cambian cada mes, como alquiler o hipoteca, servicios públicos, y seguros) y **gastos variables** (aquellos que pueden cambiar, como entretenimiento, compras o comidas fuera de casa).
3. **Haz ajustes**: Compara tus ingresos con tus gastos. Si estás gastando más de lo que

ganas, revisa las áreas donde puedes recortar gastos, especialmente en las categorías variables. El objetivo es que tus ingresos superen tus gastos para que puedas tener margen para el ahorro.
4. **Revisa y ajusta regularmente**: Un presupuesto no es estático. Cada mes, revísalo para asegurarte de que sigues alineado con tus metas y ajusta donde sea necesario.

Ejemplo: Si ganas $2,500 al mes y tus gastos fijos son $1,500, tendrás $1,000 restantes para cubrir gastos variables, ahorrar y, eventualmente, invertir.

2. El ahorro: Construyendo un futuro seguro

El **ahorro** es el siguiente paso clave para mejorar tu salud financiera. Ahorrar significa apartar una parte de tus ingresos para metas futuras o para imprevistos que puedan surgir. Tener una reserva de ahorros es esencial, ya que te proporciona seguridad financiera y te protege contra emergencias que podrían descarrilar tu estabilidad económica, como una pérdida de empleo, una emergencia médica o reparaciones costosas.

¿Por qué es importante ahorrar?

- **Te brinda seguridad**: Un fondo de ahorro te protege en caso de imprevistos y evita que tengas que endeudarte en situaciones de emergencia.
- **Te permite alcanzar metas**: Ahorrar te ayuda a financiar metas a corto, mediano y largo plazo, como unas vacaciones, la compra de una casa, o la jubilación.
- **Te prepara para oportunidades**: Tener dinero ahorrado te da la posibilidad de aprovechar oportunidades, como inversiones o

emprendimientos, sin poner en riesgo tus finanzas actuales.

Cómo empezar a ahorrar:

1. **Establece un fondo de emergencia**: El primer paso es asegurarte de tener un fondo de emergencia que cubra entre 3 y 6 meses de tus gastos esenciales. Este dinero debe ser fácilmente accesible, en una cuenta de ahorros, pero separado de tus cuentas diarias para evitar gastarlo.
2. **Haz del ahorro una prioridad**: Al hacer tu presupuesto, trata de ahorrar al menos un 10-20% de tus ingresos cada mes. Si eso parece demasiado, empieza con una cantidad más pequeña, pero establece el hábito de ahorrar regularmente.
3. **Automatiza el ahorro**: Configura transferencias automáticas desde tu cuenta corriente a tu cuenta de ahorros. Al automatizar el proceso, te aseguras de que siempre estás ahorrando sin tener que pensarlo cada mes.

Ejemplo: Si ganas $2,500 al mes y decides ahorrar el 10%, estarías apartando $250 al mes para tu fondo de emergencia o para alcanzar una meta a largo plazo.

3. La inversión: Haciendo crecer tu dinero

Mientras que el ahorro es esencial para construir seguridad financiera, la **inversión** es la clave para hacer crecer tu dinero y generar riqueza a largo plazo. Invertir significa poner tu dinero en activos que tienen el potencial de generar un rendimiento con el tiempo, como acciones, bonos, bienes raíces o fondos de inversión. La idea es que tu dinero trabaje para ti, en lugar de solo estar guardado en una cuenta de ahorros que genera poco o ningún interés.

¿Por qué es importante invertir?

- **El poder del interés compuesto:** Invertir a largo plazo te permite aprovechar el interés compuesto, donde tus ganancias generan más ganancias. Cuanto antes empieces a invertir, mayor será el efecto del interés compuesto en tu riqueza futura.
- **Protege tu dinero contra la inflación:** El dinero que no inviertes pierde valor con el tiempo debido a la inflación. Al invertir, tienes la posibilidad de obtener rendimientos que superen la inflación y aumenten el poder adquisitivo de tu dinero.
- **Te acerca a la libertad financiera:** A través de la inversión, puedes crear fuentes de ingresos pasivos que, con el tiempo, te proporcionen libertad económica, como dividendos de acciones o rentas de propiedades.

Cómo empezar a invertir:

1. **Define tus metas y tolerancia al riesgo:** Antes de invertir, es importante definir para qué estás invirtiendo (jubilación, compra de una casa, etc.) y cuánto riesgo estás dispuesto a asumir. Las inversiones de alto riesgo pueden generar mayores rendimientos, pero también pueden perder valor. Si eres más conservador, puedes optar por activos más seguros, como bonos o fondos indexados.
2. **Elige una plataforma de inversión:** Hoy en día, existen muchas plataformas y aplicaciones que permiten invertir de manera sencilla y con bajos costos. Puedes empezar con pequeñas

cantidades, invirtiendo en fondos diversificados que te permitan reducir el riesgo.
3. **Diversifica tus inversiones**: La diversificación es clave para reducir riesgos. Al no poner "todos los huevos en una sola canasta", distribuyes tu dinero en diferentes tipos de activos para minimizar el impacto de una caída en uno de ellos.
4. **Sé paciente y consistente**: La inversión es un juego a largo plazo. No te desanimes por las fluctuaciones del mercado. Mantente constante en tu plan de inversión y da tiempo a tus activos para que crezcan.

Ejemplo: Si inviertes $100 al mes en un fondo de inversión que genera un rendimiento promedio del 7% anual, en 10 años podrías tener más de $17,000 gracias al interés compuesto.

Comprender y aplicar los conceptos básicos de **presupuesto, ahorro** e **inversión** es fundamental para construir una base financiera sólida. Estos principios son accesibles para cualquier persona, sin importar su nivel de ingresos, y al integrarlos en tu vida diaria, estarás en camino hacia una mayor seguridad económica y crecimiento financiero. Con un presupuesto claro, una estrategia de ahorro definida y una mentalidad enfocada en la inversión, puedes comenzar a tomar el control de tus finanzas y construir el futuro que deseas.

Cómo entender los flujos de ingresos y egresos

Uno de los aspectos más fundamentales en la gestión de tus finanzas personales es comprender claramente tus **flujos de ingresos y egresos**. Conocer cuánto dinero entra y sale de tu vida financiera te permite tener una visión clara de tu situación económica y te ayuda a tomar decisiones más conscientes y estratégicas. La clave para construir una base financiera sólida es asegurarte de que tus ingresos superen a tus egresos y que puedas gestionar tu dinero de manera eficiente para alcanzar tus metas financieras.

Este concepto puede parecer sencillo, pero muchas personas pierden el control de sus finanzas porque no tienen una idea clara de cómo están gestionando sus ingresos y gastos. Entender estos flujos es el primer paso para tomar el control de tu dinero, evitar el endeudamiento innecesario y comenzar a construir riqueza a largo plazo.

1. ¿Qué son los ingresos?

Los ingresos representan el dinero que entra en tu vida financiera. Este flujo proviene de diferentes fuentes, siendo el salario la más común, pero también incluye otras entradas de dinero, como bonos, intereses de inversiones, ingresos por alquileres, o trabajos secundarios. Para entender tu flujo de ingresos, es importante identificar todas las fuentes de dinero que tienes y su frecuencia.

Tipos de ingresos:

- **Ingresos activos**: Son los ingresos que provienen de tu trabajo o actividad principal, como el salario que recibes por trabajar. Estos ingresos dependen de tu esfuerzo y tiempo, ya que, si no trabajas, no los recibes.
- **Ingresos pasivos**: Son los ingresos que recibes sin tener que trabajar activamente para generarlos constantemente. Ejemplos incluyen ingresos por inversiones, rentas de propiedades, regalías o dividendos. A medida

que construyes estabilidad financiera, es importante desarrollar fuentes de ingresos pasivos para reducir tu dependencia de los ingresos activos.

Cómo calcular tus ingresos:

1. **Lista todas tus fuentes de ingresos**: Anota todo el dinero que entra en tu vida cada mes. Si tienes un salario fijo, será más sencillo, pero si eres freelance o tienes ingresos variables, haz un promedio de tus ingresos mensuales basándote en los últimos seis meses.
2. **Calcula tu ingreso neto**: Asegúrate de calcular el ingreso neto, que es el dinero que realmente tienes disponible después de deducir impuestos y otras deducciones. Este es el dinero que tienes para administrar y asignar a tus necesidades, ahorros e inversiones.

Ejemplo: Si tu salario mensual es de $2,500 y recibes $500 adicionales de un trabajo secundario, tu ingreso bruto mensual sería de $3,000. Sin embargo, después de impuestos y deducciones, tu ingreso neto puede ser de $2,700.

2. ¿Qué son los egresos?

Los egresos son el dinero que sale de tu vida financiera, es decir, todo lo que gastas para cubrir tus necesidades, deseos y compromisos financieros. Los egresos pueden incluir gastos fijos (como la renta, servicios y deudas) y gastos variables (como entretenimiento, compras o cenas fuera de casa). Entender tus egresos es esencial para identificar en qué áreas puedes hacer ajustes y mejorar tu gestión financiera.

Tipos de egresos:

- **Gastos fijos**: Estos son los gastos que no cambian significativamente de un mes a otro y que debes pagar sin importar tu situación financiera. Incluyen el alquiler o hipoteca, servicios básicos (agua, electricidad, gas), pagos de deudas y seguros. Estos gastos son esenciales y no se pueden evitar.
- **Gastos variables**: Son los gastos que pueden cambiar de mes a mes dependiendo de tus hábitos de consumo. Aquí entran las compras no esenciales, entretenimiento, comida en restaurantes y gastos relacionados con el estilo de vida. Estos gastos suelen ser más flexibles y es donde puedes hacer ajustes más fácilmente para ahorrar.
- **Gastos discrecionales**: Este tipo de gasto es opcional, y depende de decisiones personales. Incluye cosas como vacaciones, salidas a cenar, suscripciones a servicios de streaming y compras de artículos de lujo. Son gastos que no afectan tu bienestar básico, pero que deben ser controlados para mantener el equilibrio financiero.

Cómo calcular tus egresos:

1. **Haz un seguimiento detallado**: Anota cada gasto que hagas durante el mes. Puedes usar una hoja de cálculo, una libreta o una aplicación de finanzas personales para registrar cada egreso. Divide los gastos en las categorías mencionadas (fijos, variables, discrecionales).
2. **Revisa tus extractos bancarios**: Una manera efectiva de revisar tus egresos es consultar tus

extractos bancarios y de tarjetas de crédito. Esto te ayudará a identificar áreas donde quizás estés gastando más de lo que pensabas, especialmente en categorías variables como entretenimiento o comidas fuera de casa.

Ejemplo: Si tus gastos fijos mensuales suman $1,200 (alquiler, servicios, transporte), y tus gastos variables y discrecionales son $600 (comidas, entretenimiento, compras), tu egreso total mensual sería de $1,800.

3. El equilibrio entre ingresos y egresos

El objetivo principal en la gestión de los flujos de ingresos y egresos es asegurarte de que tus **ingresos siempre superen a tus egresos**. Esto se conoce como tener un **flujo de caja positivo**. Si tus egresos superan a tus ingresos, estarás en una situación de **déficit financiero**, lo que eventualmente te llevará a endeudarte o a agotar tus ahorros.

Para mantener el equilibrio y evitar problemas financieros, es fundamental:

- **Gastar menos de lo que ganas**: Este principio es la base de una buena gestión financiera. Si gastas menos de lo que ganas, siempre tendrás un margen para ahorrar, invertir y prepararte para imprevistos.
- **Hacer ajustes en los gastos variables**: Si descubres que tus egresos están superando tus ingresos, el primer lugar donde debes buscar ajustes es en los gastos variables y discrecionales. Estas categorías son más flexibles y pueden recortarse temporalmente hasta que recuperes el control de tus finanzas.

- **Aumentar tus ingresos**: Si bien controlar los egresos es clave, otra manera de mejorar tu flujo financiero es buscar formas de aumentar tus ingresos, ya sea a través de trabajos secundarios, inversiones o ingresos pasivos.

Ejemplo de ajuste: Si ganas $2,500 al mes y descubres que estás gastando $2,600, podrías estar en una situación de déficit. Para equilibrar tu flujo de ingresos y egresos, podrías recortar tus gastos discrecionales (por ejemplo, reduciendo las salidas a cenar o eliminando suscripciones no esenciales) y ajustar tu presupuesto para mantener un flujo positivo.

4. Herramientas para gestionar los flujos de ingresos y egresos

Para asegurarte de que mantienes un equilibrio entre tus ingresos y egresos, puedes utilizar diversas **herramientas de gestión financiera** que te ayuden a tener una visión clara de tu situación económica y a tomar decisiones más estratégicas.

Herramientas útiles:

- **Hoja de cálculo**: Puedes usar Excel o Google Sheets para hacer un seguimiento detallado de tus ingresos y egresos mensuales. Las plantillas de presupuesto te permiten ver de manera clara tus ingresos, gastos y lo que sobra cada mes.
- **Aplicaciones de finanzas personales**: Existen muchas aplicaciones como **Mint, YNAB (You Need a Budget)** o **PocketGuard** que te permiten sincronizar tus cuentas bancarias, categorizar tus gastos y hacer un seguimiento detallado de tus flujos de efectivo.

- **Método de sobres**: Es una técnica tradicional que implica asignar dinero físico (o digital) en sobres para diferentes categorías de gastos. Por ejemplo, puedes tener un sobre para alimentos, otro para entretenimiento y otro para ahorro. Una vez que se agota el dinero de un sobre, no puedes gastar más en esa categoría.

Beneficios de utilizar estas herramientas:

- **Mayor visibilidad**: Te permiten ver en tiempo real cómo estás manejando tu dinero y en qué áreas puedes mejorar.
- **Control sobre los egresos**: Facilitan la identificación de patrones de gasto excesivo y te ayudan a mantener el equilibrio financiero.
- **Automatización y conveniencia**: Algunas aplicaciones te permiten automatizar tus pagos, ahorros e inversiones, lo que te asegura una gestión más eficiente y libre de errores.

Comprender y gestionar los **flujos de ingresos y egresos** es la base de una buena administración financiera. Saber cuánto dinero entra y cuánto sale cada mes te permite tomar decisiones más conscientes, mantener un flujo de caja positivo y, en última instancia, avanzar hacia tus metas financieras de manera controlada. Al utilizar herramientas prácticas y desarrollar una mayor conciencia sobre tus ingresos y egresos, podrás mejorar tu situación económica y evitar problemas financieros a largo plazo.

La importancia de educarse financieramente de manera constante

La **educación financiera** es el cimiento sobre el cual se construye una vida económica estable y próspera.

Sin embargo, la mayoría de las personas no reciben una formación adecuada sobre cómo gestionar el dinero en su vida cotidiana. A medida que el mundo financiero se vuelve más complejo, con nuevos productos, tecnologías y tendencias, educarse financieramente de manera constante se vuelve más crucial que nunca. La educación financiera no solo te permite tomar decisiones más informadas, sino que también te protege de cometer errores costosos que podrían descarrilar tu estabilidad económica.

Este proceso de aprendizaje no debe verse como algo estático o limitado a una etapa de la vida, sino como un **proceso continuo** que te permita adaptarte a los cambios y aprovechar nuevas oportunidades. A medida que tus metas, responsabilidades y circunstancias financieras evolucionan, también deben evolucionar tus conocimientos financieros.

En esta sección, exploraremos por qué la educación financiera constante es clave para tu éxito económico y cómo puedes mantenerte actualizado y mejorar tu relación con el dinero a lo largo de tu vida.

1. Protege tus decisiones frente a un mundo financiero cambiante

El entorno financiero cambia rápidamente. Las reglas, los productos financieros, las tecnologías y los mercados evolucionan constantemente, y lo que podría haber sido una buena estrategia hace algunos años podría no serlo hoy. Al mantenerte informado sobre las tendencias y cambios, puedes tomar decisiones financieras más acertadas que se adapten a las realidades actuales del mercado y proteger tu patrimonio de riesgos innecesarios.

Por qué es importante actualizar tus conocimientos financieros:

- **Nuevas tecnologías financieras**: Desde aplicaciones de gestión financiera hasta criptomonedas y plataformas de inversión, la tecnología ha transformado la forma en que manejamos el dinero. Estar al tanto de las nuevas herramientas te permite aprovechar innovaciones que pueden facilitar tus finanzas y mejorar la gestión de tu dinero.
- **Cambios en las normativas y leyes**: Las leyes fiscales y las normativas de inversión también cambian. Estar actualizado te ayuda a optimizar tu estrategia financiera y asegurarte de que estás cumpliendo con todas las normativas vigentes.

Ejemplo: Imagina que hace algunos años invertiste en un fondo mutuo tradicional, pero desde entonces, han surgido opciones de inversión más rentables y con menores comisiones, como los fondos indexados o ETFs. Si no estás al tanto de estos cambios, podrías seguir con inversiones menos eficientes sin saber que existen alternativas mejores.

2. Evita errores financieros costosos

Uno de los mayores riesgos de no educarse financieramente es cometer **errores costosos** que podrían haberse evitado con un conocimiento básico. Desde acumular deudas de tarjetas de crédito hasta realizar malas inversiones, muchas de las dificultades financieras a las que las personas se enfrentan pueden prevenirse si se educan constantemente en temas financieros.

Errores comunes que la falta de educación financiera puede generar:

- **Endeudarse en exceso**: Sin entender las tasas de interés y cómo funcionan las deudas, muchas personas se encuentran atrapadas en el ciclo de deudas crecientes, especialmente con tarjetas de crédito.
- **Invertir en productos que no comprenden**: Las inversiones sin conocimiento pueden ser arriesgadas. Por ejemplo, muchas personas invierten en productos complejos, como acciones especulativas o criptomonedas, sin comprender los riesgos asociados. La falta de conocimiento puede resultar en grandes pérdidas.
- **No aprovechar beneficios fiscales**: Si no te educas sobre las leyes fiscales y las deducciones disponibles, podrías estar pagando más impuestos de los necesarios o no aprovechar beneficios fiscales en inversiones de jubilación o bienes raíces.

Ejemplo: Una persona que no entiende las implicaciones del crédito podría usar tarjetas de crédito para financiar compras innecesarias, acumulando deudas con altos intereses que terminan costándole mucho más en el largo plazo.

3. Mejora tu capacidad de ahorro e inversión

La educación financiera no solo te protege de cometer errores, sino que también te ayuda a **mejorar tu capacidad de ahorrar e invertir** de manera más eficiente. Cuanto más aprendes sobre las distintas estrategias de ahorro e inversión, más opciones tienes para hacer crecer tu patrimonio y asegurar un futuro financiero sólido.

Cómo la educación financiera mejora tus decisiones:

- **Optimizas tus ahorros**: Al aprender sobre diferentes opciones de ahorro, como cuentas de ahorro de alto rendimiento o certificados de depósito (CD), puedes tomar mejores decisiones sobre dónde colocar tu dinero para obtener rendimientos más altos.
- **Diversificas tus inversiones**: La educación continua te enseña la importancia de la diversificación en tus inversiones. Conocer las diferencias entre acciones, bonos, fondos indexados, bienes raíces y otras opciones de inversión te permite diversificar tu portafolio y reducir el riesgo.
- **Te preparas para la jubilación**: La educación financiera te permite planificar de manera más eficaz para la jubilación, comprendiendo conceptos clave como los fondos de pensiones, los planes de ahorro de jubilación con beneficios fiscales y los diferentes tipos de inversiones que pueden ayudarte a asegurar un futuro cómodo.

Ejemplo: Una persona educada financieramente puede optar por invertir en fondos indexados diversificados, que suelen tener menores comisiones y ofrecen un crecimiento estable a largo plazo, en lugar de elegir acciones individuales con mayor riesgo.

4. Te permite aprovechar nuevas oportunidades financieras

El mundo financiero está lleno de oportunidades, pero solo aquellos que están informados y educados pueden aprovecharlas adecuadamente. Ya sea una nueva tendencia en inversiones, una oferta de financiamiento con bajas tasas de interés o un cambio en las políticas fiscales que benefician a los ahorradores, estar al tanto de los desarrollos en el ámbito financiero te permite tomar decisiones estratégicas que mejoren tu situación económica.

Ejemplos de oportunidades que puedes aprovechar:

- **Nuevas opciones de inversión**: Si estás informado sobre nuevas tendencias de inversión, como la aparición de activos alternativos (criptomonedas, tecnología blockchain, fintechs), podrías diversificar tus inversiones y generar mayores rendimientos.
- **Programas gubernamentales o incentivos**: Los gobiernos a menudo lanzan programas de apoyo financiero, incentivos para emprendedores, o incentivos fiscales que pueden ayudarte a ahorrar o invertir. Si no estás informado, podrías perder estas oportunidades.
- **Tasas de interés bajas**: Si estás educado en temas de financiamiento, puedes aprovechar momentos de tasas de interés bajas para refinanciar deudas o invertir en bienes raíces de manera más efectiva.

Ejemplo: Una persona con conocimiento financiero puede aprovechar las bajas tasas de interés para refinanciar su hipoteca, reduciendo así el costo de su deuda y mejorando su flujo de efectivo mensual.

5. Fomenta una mentalidad de crecimiento y adaptación

La educación financiera constante no solo mejora tus decisiones económicas, sino que también fomenta una **mentalidad de crecimiento**. El dinero y la economía no son temas estáticos, y cuanto más aprendes, más preparado estás para enfrentar y adaptarte a nuevos retos financieros. Esta mentalidad abierta te permite estar siempre en la búsqueda de mejorar tu situación financiera, aprender de los errores y ajustar tu estrategia conforme cambian las circunstancias.

Cómo fomenta el crecimiento personal:

- **Adaptación a los cambios**: Cuando estás constantemente aprendiendo, te vuelves más flexible y capaz de adaptarte a los cambios en el entorno financiero, lo que te da una ventaja sobre aquellos que no lo hacen.
- **Confianza en tus decisiones**: El conocimiento financiero te proporciona confianza en la toma de decisiones. En lugar de depender de la opinión de otros, puedes tomar decisiones informadas y seguras sobre tu dinero.
- **Hábito de mejorar continuamente**: La educación financiera fomenta un hábito de crecimiento constante. A medida que aprendes más, te motivas a seguir mejorando tus hábitos de ahorro, inversión y manejo de deudas, lo que te lleva a un éxito financiero sostenido.

Ejemplo: Una persona que sigue educándose en finanzas personales es más capaz de adaptarse a una crisis económica, ya que ha aprendido a construir un fondo de emergencia, diversificar sus inversiones y ajustar sus gastos en tiempos difíciles.

La **educación financiera constante** es la clave para protegerte de errores costosos, mejorar tus decisiones de ahorro e inversión y aprovechar nuevas oportunidades que fortalezcan tu estabilidad económica. No es un proceso que termina con un curso o la lectura de un libro, sino una práctica continua que te permite adaptarte a los cambios y tomar el control de tu futuro financiero. Al mantenerte informado y abierto a aprender, estarás mejor equipado para enfrentar cualquier reto financiero y construir una vida económica más próspera y segura.

Principios básicos que todos deberían seguir: gastar menos de lo que se gana, ahorrar, invertir en activos que generen ingresos

Alcanzar la estabilidad y libertad financiera no es una cuestión de suerte ni de poseer grandes riquezas de entrada. Más bien, depende de seguir ciertos **principios financieros básicos** que cualquier persona puede aplicar, independientemente de sus ingresos. Estos principios forman la base de una buena gestión financiera y son esenciales para quienes desean mejorar su situación económica a largo plazo.

Entre los principios más importantes están **gastar menos de lo que se gana**, **ahorrar de manera constante** e **invertir en activos que generen ingresos**. Estas estrategias son simples pero poderosas, y su éxito radica en la constancia con la que se implementan. Aplicarlas correctamente puede ayudarte a construir una vida financiera estable y, con el tiempo, alcanzar la independencia financiera.

En esta sección, desglosaremos cada uno de estos principios y cómo puedes integrarlos en tu vida diaria para mejorar tu relación con el dinero.

1. Gastar menos de lo que se gana: La base del éxito financiero

El principio más fundamental de las finanzas personales es **gastar menos de lo que se gana**. Este concepto sencillo es la clave para evitar caer en deudas, vivir con tranquilidad y generar un superávit que te permita ahorrar e invertir. Si tus gastos superan tus ingresos, te verás obligado a recurrir a préstamos o tarjetas de crédito para cubrir la diferencia, lo que puede llevar a un ciclo de endeudamiento difícil de romper.

Por qué es crucial gastar menos de lo que se gana:

- **Previene el endeudamiento**: Gastar menos de lo que ganas evita que acumules deudas. Al tener un margen de ahorro mensual, puedes evitar depender de créditos o préstamos para cubrir gastos inesperados.
- **Te permite ahorrar**: Si controlas tus gastos, tendrás más ingresos disponibles para destinar al ahorro, lo que te preparará para imprevistos y te permitirá alcanzar metas financieras a corto y largo plazo.
- **Te da control sobre tu dinero**: Al gastar menos de lo que ganas, te aseguras de que tienes el control de tus finanzas. No te sientes atrapado por las facturas o los pagos de deudas, lo que te da una mayor sensación de libertad.

Cómo implementarlo:

1. **Elabora un presupuesto**: El primer paso para asegurarte de que gastas menos de lo que ganas es hacer un presupuesto detallado. Este presupuesto debe incluir tus ingresos y todos

tus gastos, separados en categorías fijas (como alquiler, servicios y deudas) y variables (como entretenimiento, comidas fuera de casa, etc.).
2. **Identifica áreas para recortar**: Si descubres que tus gastos se acercan peligrosamente a tus ingresos o los superan, revisa en qué áreas puedes recortar. Los gastos variables, como entretenimiento, comidas fuera o suscripciones, son generalmente las primeras áreas donde puedes hacer ajustes.
3. **Vive dentro de tus posibilidades**: Haz un esfuerzo consciente por evitar el "estilo de vida inflacionario", que consiste en aumentar tus gastos cuando tus ingresos suben. Aunque es tentador gastar más cuando ganas más, es importante mantener el control sobre tus gastos y asegurarte de que cualquier ingreso adicional se destine al ahorro o la inversión.

Ejemplo: Si ganas $2,500 al mes y tus gastos totales son $2,300, solo tendrás $200 para ahorrar o invertir, lo que limita tus posibilidades de crecimiento. Si logras reducir tus gastos variables a $2,000, podrás ahorrar $500 cada mes, lo que generará una mayor estabilidad financiera.

2. Ahorrar de manera constante: Prepararte para el futuro

El **ahorro** es otro principio esencial para asegurar tu estabilidad financiera y construir un futuro más seguro. Ahorrar no solo te protege en caso de emergencias, sino que también te permite alcanzar metas importantes, como la compra de una casa, la educación de tus hijos o una jubilación cómoda. Sin embargo, el éxito en el ahorro no depende de ahorrar grandes cantidades de dinero de golpe, sino de hacerlo de manera **constante y disciplinada**.

Por qué es crucial ahorrar constantemente:

- **Te protege de imprevistos:** La vida está llena de situaciones inesperadas: una reparación del coche, una emergencia médica o la pérdida de empleo. Tener un fondo de ahorros te permite cubrir estos gastos sin recurrir a deudas.
- **Te permite alcanzar metas:** Si tienes metas financieras a corto o largo plazo, como unas vacaciones, una boda o la compra de una propiedad, el ahorro constante te ayudará a acumular los fondos necesarios sin tener que endeudarte.
- **Te prepara para el retiro:** Ahorrar para la jubilación es una de las inversiones más importantes que puedes hacer. Al empezar a ahorrar temprano y de manera constante, te aseguras de tener un futuro financiero más cómodo.

Cómo implementarlo:

1. **Establece metas de ahorro:** Define cuánto quieres ahorrar cada mes y para qué. Establecer metas claras te ayudará a mantenerte motivado y comprometido con el hábito del ahorro.
2. **Automatiza el ahorro:** Una de las formas más efectivas de asegurarte de ahorrar constantemente es **automatizar** el proceso. Configura transferencias automáticas desde tu cuenta corriente a una cuenta de ahorros tan pronto como recibas tu salario. Esto te asegura que siempre estarás apartando una parte de tus ingresos antes de gastar.

3. **Crea un fondo de emergencia**: Si aún no tienes un fondo de emergencia, establece esto como tu primera prioridad de ahorro. Este fondo debe cubrir entre 3 y 6 meses de tus gastos esenciales, y te brindará tranquilidad en caso de imprevistos.

Ejemplo: Si decides ahorrar $200 al mes y automatizas la transferencia a una cuenta de ahorros, al final del año habrás acumulado $2,400. Esta cantidad puede servir como un fondo de emergencia o para acercarte a una meta financiera específica.

3. Invertir en activos que generen ingresos: Hacer que tu dinero trabaje para ti

El ahorro es importante, pero el dinero ahorrado por sí solo no genera riqueza. Para hacer crecer tu patrimonio y alcanzar la libertad financiera, es fundamental **invertir en activos que generen ingresos**. Invertir te permite poner a trabajar el dinero que has acumulado, obteniendo rendimientos que, con el tiempo, aumentarán tu capital y te proporcionarán ingresos adicionales.

Por qué es crucial invertir en activos que generen ingresos:

- **Aprovechas el interés compuesto**: La inversión permite que tu dinero crezca exponencialmente a través del interés compuesto, lo que significa que tus rendimientos generan más rendimientos con el tiempo.
- **Generas ingresos pasivos**: A medida que inviertes en activos que generan ingresos, como acciones que pagan dividendos, propiedades en alquiler o bonos, puedes

obtener ingresos pasivos que complementen tu salario o incluso lo reemplacen en el futuro.
- **Te protege contra la inflación**: Invertir en activos que crecen con el tiempo te protege de la pérdida de poder adquisitivo causada por la inflación. Los activos como las acciones o los bienes raíces tienden a aumentar su valor con el tiempo, mientras que el dinero en una cuenta de ahorros pierde valor debido a la inflación.

Cómo implementarlo:

1. **Identifica los activos adecuados**: Algunos de los activos más comunes que generan ingresos incluyen bienes raíces (propiedades de alquiler), acciones que pagan dividendos, bonos, fondos indexados y empresas. Evalúa tu tolerancia al riesgo y elige aquellos activos que mejor se adapten a tus metas y perfil.
2. **Diversifica tus inversiones**: No pongas todo tu dinero en un solo tipo de activo. Diversificar significa invertir en diferentes tipos de activos (acciones, bonos, bienes raíces) para reducir el riesgo. Esto asegura que, si un tipo de activo pierde valor, otros puedan compensar esas pérdidas.
3. **Sé constante y paciente**: La inversión es un juego a largo plazo. Evita entrar en pánico cuando el mercado fluctúe y mantén un enfoque a largo plazo. Invertir regularmente, aunque sea en pequeñas cantidades, te permitirá acumular riqueza con el tiempo.

Ejemplo: Si decides invertir $100 al mes en un fondo indexado que genera un rendimiento promedio del 7% anual, podrías tener más de $17,000 en 10 años, gracias al poder del interés compuesto.

Los principios de **gastar menos de lo que se gana, ahorrar de manera constante e invertir en activos que generen ingresos** son las piedras angulares de una gestión financiera exitosa. Aplicar estos principios de manera disciplinada te permitirá no solo evitar problemas financieros, sino también construir una base sólida para alcanzar la libertad económica. A través de un control consciente de tus gastos, el hábito del ahorro y una estrategia de inversión efectiva, estarás mejor preparado para enfrentar los desafíos financieros y aprovechar las oportunidades que se te presenten en el futuro.

Tipos de Gastos y Cómo Diferenciarlos

Uno de los pasos más importantes para mejorar tu situación financiera es aprender a identificar y diferenciar los distintos tipos de gastos en tu vida diaria. No todos los gastos tienen el mismo impacto en tus finanzas, y saber reconocer cuáles son esenciales y cuáles no, te permitirá tomar decisiones más conscientes y estratégicas sobre cómo manejar tu dinero. Al tener una comprensión clara de los diferentes tipos de gastos, podrás controlar mejor tus finanzas, reducir los costos innecesarios y destinar más recursos a tus metas financieras.

En este capítulo, exploraremos las distintas categorías de gastos que enfrentamos en nuestra vida cotidiana y cómo diferenciarlas. Hablaremos de los **gastos fijos**, **gastos variables**, **gastos necesarios** y **gastos superfluos**, entre otros. Entender cómo clasificar tus gastos no solo te dará una visión más clara de tu situación financiera, sino que también te permitirá priorizar aquellos que son verdaderamente importantes, mientras haces ajustes en las áreas que drenan tu presupuesto sin aportarte valor.

Este conocimiento es clave para mantener el control de tu dinero y garantizar que cada gasto esté alineado con tus prioridades y objetivos a largo plazo. A lo largo de este capítulo, aprenderás a identificar patrones de consumo que podrías mejorar y estrategias prácticas para hacer cambios que te ayuden a ahorrar, invertir y alcanzar una mayor estabilidad financiera.

Definición y ejemplos de gastos de primera necesidad vs. gastos superfluos

Para gestionar de manera efectiva tus finanzas, es esencial comprender la diferencia entre **gastos de primera necesidad** y **gastos superfluos**. Saber reconocer estas dos categorías te permitirá priorizar los gastos que son esenciales para tu bienestar y calidad de vida, mientras identificas aquellos que podrían reducirse o eliminarse para liberar más recursos hacia el ahorro, la inversión y tus metas financieras.

1. Gastos de primera necesidad

Los **gastos de primera necesidad** son aquellos que son indispensables para tu bienestar y supervivencia. Estos gastos están directamente relacionados con tus necesidades básicas y deben ser cubiertos para garantizar tu estabilidad física, emocional y económica. En otras palabras, si no cubres estos gastos, tu calidad de vida se verá significativamente afectada.

Características de los gastos de primera necesidad:

- Son **ineludibles**: Necesitas cubrir estos gastos regularmente para poder llevar una vida cómoda y segura.
- Generalmente son **fijos o predecibles**: Aunque algunos pueden variar ligeramente (como la factura del agua o electricidad), en general, estos gastos son recurrentes y estables.
- No pueden ser eliminados sin afectar tu bienestar básico.

Ejemplos de gastos de primera necesidad:

1. **Vivienda**: El alquiler o la hipoteca son considerados gastos de primera necesidad.

Tener un lugar seguro donde vivir es una prioridad absoluta.
2. **Servicios básicos**: Agua, electricidad, gas e internet (especialmente en el mundo digital actual) entran en esta categoría, ya que son esenciales para vivir cómodamente y poder cumplir con las responsabilidades laborales o educativas.
3. **Alimentación**: Los alimentos necesarios para mantener una dieta balanceada y nutritiva también son gastos esenciales. No se trata de comer en restaurantes caros, sino de comprar alimentos básicos para cocinar en casa.
4. **Transporte**: Ya sea el transporte público o los gastos asociados con mantener un automóvil, estos son necesarios para ir al trabajo, escuela u otras actividades esenciales.
5. **Salud**: Gastos médicos, seguros de salud, medicamentos y citas con el doctor son imprescindibles para cuidar tu bienestar físico. La salud es una prioridad y debe ser cubierta en cualquier plan financiero.
6. **Educación**: Si tienes hijos, los gastos relacionados con la educación, como matrículas escolares, libros o materiales, también se consideran de primera necesidad.

2. Gastos superfluos

Los **gastos superfluos**, por otro lado, son aquellos que no son esenciales para tu bienestar o supervivencia. Estos gastos están relacionados principalmente con el ocio, el entretenimiento o lujos que, si bien pueden aportar satisfacción o placer a corto plazo, no son imprescindibles para llevar una vida digna. Estos gastos suelen ser flexibles y es más fácil recortarlos o ajustarlos cuando es necesario.

Características de los gastos superfluos:
- Son **opcionales**: Aunque pueden hacer tu vida más cómoda o entretenida, no son necesarios para tu estabilidad o seguridad.
- Generalmente son **variables**: Estos gastos pueden cambiar considerablemente de un mes a otro dependiendo de tus decisiones o hábitos de consumo.
- **Pueden eliminarse o reducirse** sin afectar tu calidad de vida a largo plazo.

Ejemplos de gastos superfluos:

1. **Comidas fuera de casa**: Comer en restaurantes o pedir comida a domicilio regularmente es un lujo que puedes evitar si decides cocinar en casa, lo cual suele ser más económico.
2. **Entretenimiento y ocio**: Las suscripciones a múltiples plataformas de streaming, boletos para conciertos o eventos, juegos de video, y salidas frecuentes al cine o a bares son gastos que no son esenciales y que puedes reducir o eliminar para ahorrar más.
3. **Artículos de lujo**: Ropa de marca, gadgets electrónicos de última generación o accesorios caros como relojes o joyería suelen ser deseos más que necesidades. Estos productos no son esenciales para tu vida cotidiana.
4. **Viajes y vacaciones costosas**: Aunque viajar es una experiencia valiosa, las vacaciones de lujo o los viajes frecuentes pueden ser considerados gastos superfluos, especialmente si comprometen tu estabilidad financiera a corto plazo.
5. **Compras impulsivas**: Cualquier compra que hagas sin haberla planificado con anterioridad, como artículos de moda, decoraciones para el

hogar o gadgets que no necesitas, entran en la categoría de gastos superfluos.
6. **Servicios premium o adicionales**: Optar por servicios premium como gimnasios de lujo, spas o suscripciones caras a clubes exclusivos son ejemplos claros de gastos superfluos. Si bien pueden mejorar tu experiencia de vida, no son necesarios para tu bienestar básico.

3. Cómo equilibrar los gastos de primera necesidad y los superfluos

Entender la diferencia entre gastos de primera necesidad y superfluos es solo el primer paso. El desafío real es **mantener un equilibrio saludable** entre ambas categorías. Si bien no se trata de eliminar completamente los gastos superfluos de tu vida (ya que también contribuyen al bienestar emocional y a disfrutar de la vida), es importante asegurarse de que estos no comprometan tu estabilidad financiera ni tus metas a largo plazo.

Estrategias para equilibrar los gastos:

1. **Prioriza siempre los gastos esenciales**: Antes de destinar dinero a cualquier gasto superfluo, asegúrate de que todas tus necesidades básicas estén cubiertas. Esto incluye no solo el pago de vivienda, alimentación y transporte, sino también asignar dinero al ahorro y al pago de deudas.
2. **Establece un presupuesto para los gastos superfluos**: No se trata de eliminar completamente el ocio o las experiencias placenteras. Sin embargo, establecer un presupuesto específico para estos gastos te permitirá disfrutarlos sin excederte. Por ejemplo, podrías asignar un 10% o 15% de tus

ingresos mensuales para entretenimiento o compras opcionales.
3. **Evalúa la relación entre costo y beneficio**: Pregúntate qué tan valioso es realmente un gasto superfluo para tu felicidad y bienestar a largo plazo. Si descubres que ciertos gastos no te aportan tanto valor como creías, considera reducirlos o eliminarlos.
4. **Revisa regularmente tus gastos**: Haz un análisis mensual de tus gastos y revisa en qué categorías estás gastando más de lo planeado. Esto te permitirá ajustar tu presupuesto y asegurarte de que estás destinando tu dinero de manera más eficiente.

Ejemplo práctico: Si gastas $150 al mes en comidas fuera de casa y $80 en suscripciones a servicios de streaming, podrías evaluar si reducir algunas de estas categorías te permite aumentar tu ahorro mensual. Podrías destinar parte de ese dinero extra al fondo de emergencia o a una inversión.

La diferencia entre **gastos de primera necesidad** y **gastos superfluos** es fundamental para llevar un control financiero efectivo. Priorizar lo esencial y mantener los gastos superfluos bajo control te permitirá mejorar tu situación económica sin dejar de disfrutar de ciertos lujos o placeres. Con una clara comprensión de estas dos categorías, serás capaz de tomar decisiones financieras más conscientes y equilibradas, asegurando que tu dinero trabaje a tu favor y no en tu contra.

Cómo priorizar el gasto en necesidades esenciales

Uno de los principios clave para alcanzar la estabilidad financiera es saber **priorizar el gasto en necesidades**

esenciales. Las necesidades esenciales son aquellos gastos que garantizan tu bienestar físico, emocional y financiero, y, como tales, deben ser cubiertas antes de considerar cualquier otro tipo de gasto. Si logras priorizar adecuadamente tus necesidades esenciales, evitarás caer en problemas financieros a corto y largo plazo, y podrás destinar más recursos hacia metas importantes como el ahorro y la inversión.

En este punto, aprenderemos a reconocer la importancia de cubrir primero las necesidades básicas antes de destinar dinero a gastos secundarios. Además, veremos estrategias efectivas para asegurarte de que tus recursos se utilicen de manera eficiente para cubrir lo más esencial.

1. ¿Qué son las necesidades esenciales?

Las **necesidades esenciales** son aquellos gastos que no se pueden evitar o eliminar sin afectar tu calidad de vida o tu estabilidad. Estas necesidades incluyen los aspectos más básicos de la vida diaria, como la vivienda, la alimentación, los servicios públicos, la salud y el transporte, entre otros. Priorizar estos gastos es fundamental para mantener una base financiera sólida.

Ejemplos de necesidades esenciales:

- **Vivienda**: Pagar el alquiler o la hipoteca debe ser una de tus primeras prioridades. Tener un lugar seguro donde vivir es un gasto ineludible.
- **Alimentación**: Los alimentos que consumes para mantener una dieta saludable son esenciales. Si bien el tipo de alimentos puede variar, la necesidad de alimentarte adecuadamente es innegociable.

- **Servicios básicos**: Los gastos de agua, electricidad, gas, e incluso internet (considerado necesario en el mundo digital de hoy) entran en esta categoría. Son gastos que aseguran que tu vida diaria funcione de manera adecuada.
- **Salud y atención médica**: Los gastos relacionados con seguros de salud, medicamentos y visitas al médico también deben priorizarse, ya que tu bienestar físico es clave para llevar una vida equilibrada y productiva.
- **Transporte**: Tener una manera de desplazarte, ya sea mediante transporte público o un vehículo propio, es una necesidad para cumplir con tus responsabilidades diarias, como el trabajo o la educación.

2. Estrategias para priorizar el gasto en necesidades esenciales

Para asegurarte de que estás destinando suficientes recursos a tus necesidades esenciales, es fundamental seguir algunas **estrategias de priorización** que te ayuden a organizar y gestionar tu dinero de manera eficiente. A continuación, te comparto algunos pasos clave para lograrlo:

1. Haz un presupuesto claro con prioridades definidas

El primer paso para priorizar el gasto en necesidades esenciales es crear un **presupuesto detallado** que te permita visualizar en qué gastas tu dinero cada mes. Un presupuesto bien estructurado te ayudará a asignar dinero primero a lo más importante, antes de considerar otros gastos.

Cómo hacerlo:

- **Lista tus ingresos**: Comienza anotando cuánto dinero entra en tu hogar cada mes, ya sea a través de tu salario, ingresos secundarios o cualquier otra fuente.
- **Categoriza tus gastos**: Divide tus gastos en dos grandes categorías: **gastos esenciales** (vivienda, alimentación, transporte, salud) y **gastos no esenciales** (entretenimiento, compras de lujo, viajes).
- **Asigna porcentajes**: Asegúrate de que una gran parte de tu ingreso, al menos un 50% o más, se destine a cubrir las necesidades esenciales. Esto te garantizará que lo fundamental está cubierto.
- **Revisa y ajusta**: Si ves que los gastos no esenciales están tomando demasiado de tu presupuesto, ajusta esas categorías para dar prioridad a lo necesario.

Ejemplo: Si ganas $2,500 al mes, asegúrate de que al menos $1,250 esté destinado a cubrir lo esencial: $800 para alquiler, $150 para alimentación, $100 para servicios básicos, y el resto para salud y transporte.

2. Automatiza el pago de gastos esenciales

Una manera efectiva de asegurarte de que tus necesidades esenciales se cubren sin inconvenientes es **automatizar los pagos**. Cuando programas pagos automáticos para tus gastos fijos, como el alquiler, los servicios o el seguro médico, te aseguras de que se cubren a tiempo y reduces la tentación de gastar ese dinero en cosas no esenciales.

Cómo hacerlo:

- **Configura pagos automáticos**: Si tu banco ofrece la opción de pagos automáticos, configúralos para que se deduzcan automáticamente de tu cuenta corriente a principios de cada mes.
- **Prioriza los gastos fijos**: Al automatizar los pagos más importantes, como el alquiler y los servicios, puedes estar seguro de que esas necesidades estarán cubiertas sin retrasos o complicaciones.

Ejemplo: Si sabes que cada mes pagas $150 en electricidad, configúralo para que se pague automáticamente el mismo día que recibes tu salario, evitando que uses ese dinero para otros fines.

3. Limita los gastos no esenciales

Una vez que tus necesidades esenciales estén cubiertas, es importante **limitar** lo que gastas en artículos o actividades que no son fundamentales para tu bienestar. Esto te permite asegurarte de que no estás gastando dinero en cosas superfluas antes de que lo esencial esté cubierto.

Cómo hacerlo:

- **Establece límites para los gastos secundarios**: Asigna un porcentaje pequeño de tu presupuesto para ocio y entretenimiento. Esto te permitirá disfrutar de pequeños placeres sin comprometer tu estabilidad financiera.
- **Controla las compras impulsivas**: Evita gastar de manera impulsiva en cosas que no necesitas. Si sientes el deseo de hacer una compra no planificada, tómate 24 horas para reflexionar si realmente es algo necesario.

Ejemplo: Si tu presupuesto mensual para entretenimiento es de $100, asegúrate de no gastar más de eso en comidas fuera de casa o en suscripciones a servicios de streaming. Limitar esta categoría te ayuda a mantener el control.

4. Crea un fondo de ahorro para emergencias

Una vez que hayas asegurado que tus necesidades esenciales están cubiertas, es fundamental comenzar a destinar parte de tu ingreso a un **fondo de ahorro para emergencias**. Este fondo es parte de las necesidades esenciales, ya que te permitirá enfrentar gastos imprevistos, como una emergencia médica o una reparación en casa, sin tener que endeudarte.

Cómo hacerlo:

- **Haz del ahorro una prioridad**: Considera el ahorro como parte de tus gastos esenciales. Destina un porcentaje de tus ingresos (idealmente el 10% o más) cada mes a una cuenta de ahorro que sea accesible pero separada de tu cuenta diaria.
- **Automatiza el ahorro**: Si te cuesta ahorrar de manera manual, puedes automatizar una transferencia mensual desde tu cuenta corriente a una cuenta de ahorro dedicada a emergencias.

Ejemplo: Si ahorras $200 al mes, en el transcurso de un año habrás acumulado $2,400, lo que te proporcionará un colchón financiero para cubrir gastos inesperados sin tener que recurrir a préstamos o tarjetas de crédito.

5. Revisa y ajusta regularmente tu plan de prioridades

Tu situación financiera puede cambiar con el tiempo, por lo que es importante revisar periódicamente tu plan de prioridades y hacer ajustes cuando sea necesario. Quizás los gastos en servicios han subido o tus ingresos han cambiado; en cualquier caso, asegúrate de mantener una **revisión constante** de tu presupuesto.

Cómo hacerlo:

- **Revisa tus gastos cada mes**: Dedica tiempo al final de cada mes para revisar si has cumplido con tu presupuesto y si estás destinando el dinero adecuado a tus necesidades esenciales.
- **Haz ajustes si es necesario**: Si descubres que algunos gastos esenciales han aumentado o que los gastos no esenciales están tomando más de lo esperado, ajusta tu plan para mantener el equilibrio.

Ejemplo: Si notas que tus gastos en servicios básicos han aumentado debido a un incremento en la electricidad, ajusta otras áreas de tu presupuesto (como entretenimiento) para equilibrar el aumento.

Priorizar el gasto en **necesidades esenciales** es un pilar fundamental para la estabilidad financiera. Al asegurarte de que lo esencial esté siempre cubierto, puedes evitar problemas económicos a largo plazo y tener la tranquilidad de que estás gestionando tus recursos de manera eficiente. Con un enfoque claro y disciplinado en tus prioridades financieras, podrás construir una base sólida para alcanzar tus metas y manejar tus finanzas con más seguridad y control.

Herramientas para rastrear y categorizar gastos

Uno de los mayores desafíos en la gestión financiera personal es saber exactamente **en qué estás gastando tu dinero**. Muchas personas descubren que, al final del mes, han gastado más de lo que pensaban, pero no saben exactamente cómo o por qué. Para tener un control real de tus finanzas, es crucial **rastrear** y **categorizar** tus gastos de manera efectiva. Esto te permitirá identificar patrones de consumo, áreas de mejora y asegurar que tu dinero se esté utilizando de manera alineada con tus prioridades.

Hoy en día, existen diversas herramientas y métodos que te facilitan este proceso, desde aplicaciones móviles hasta técnicas más tradicionales como hojas de cálculo o el sistema de sobres. En este punto, exploraremos algunas de las mejores herramientas y enfoques que puedes utilizar para tener un control detallado de tus finanzas.

1. Aplicaciones de finanzas personales

Las **aplicaciones de finanzas personales** son una de las herramientas más convenientes para rastrear y categorizar tus gastos. Estas apps suelen estar conectadas a tus cuentas bancarias, tarjetas de crédito y otros servicios financieros, lo que permite que registren automáticamente tus transacciones y las clasifiquen en diferentes categorías, como vivienda, alimentos, entretenimiento, entre otras.

Ventajas:

- **Automatización**: Las aplicaciones registran tus gastos automáticamente, lo que te ahorra tiempo y reduce el riesgo de olvidarte de anotar una transacción.
- **Categorías personalizadas**: Muchas aplicaciones te permiten crear categorías personalizadas para adaptar el rastreo a tus necesidades y estilo de vida.
- **Alertas y recordatorios**: Algunas apps envían alertas cuando estás cerca de sobrepasar un límite de gasto en una categoría específica, ayudándote a mantenerte dentro de tu presupuesto.

Ejemplos de aplicaciones útiles:

1. **Mint**: Una de las aplicaciones más populares, Mint te permite sincronizar todas tus cuentas y tarjetas para que puedas ver todos tus ingresos y egresos en un solo lugar. También categoriza automáticamente tus gastos y te permite crear presupuestos personalizados para diferentes categorías.
2. **YNAB (You Need a Budget)**: YNAB es una aplicación diseñada para ayudarte a planificar cada dólar que ganas. Te obliga a ser proactivo con tu dinero, asignando cada dólar a una categoría de gasto o ahorro. Es especialmente útil para quienes buscan un mayor control sobre su presupuesto.
3. **PocketGuard**: Esta app te muestra cuánto dinero te queda disponible para gastar después de cubrir tus gastos esenciales y ahorros. PocketGuard es una herramienta simple que te ayuda a evitar el sobregasto al mantener un registro claro de lo que puedes gastar en tiempo real.

Ejemplo: Si utilizas Mint, podrías sincronizar tu tarjeta de débito y, al final del mes, la aplicación te dirá cuánto has gastado en alimentos, transporte, entretenimiento, entre otras categorías. Además, podrás ver gráficos que te muestran en qué áreas estás gastando más y si puedes hacer ajustes.

2. Hojas de cálculo para el control financiero

Las **hojas de cálculo** son una herramienta más tradicional, pero extremadamente efectiva para rastrear y categorizar tus gastos de manera detallada. Con aplicaciones como **Excel** o **Google Sheets**, puedes personalizar tu seguimiento financiero completamente, adaptándolo a tus necesidades específicas.

Ventajas:

- **Flexibilidad total**: Las hojas de cálculo te permiten personalizar cada aspecto de tu presupuesto y categorización de gastos. Puedes crear categorías, gráficos, fórmulas automáticas y más.
- **Visibilidad clara**: Al crear tus propias categorías y llenar manualmente tus ingresos y gastos, desarrollas una mayor comprensión de tu situación financiera. Esto te permite tomar decisiones más informadas.
- **No necesitas conexión a internet**: Puedes trabajar sin conexión y llevar un registro exacto de tus gastos sin depender de la sincronización automática con cuentas bancarias.

Cómo hacerlo:

1. **Crea categorías**: Haz una lista de todas las categorías de gastos relevantes para ti, como vivienda, transporte, salud, alimentos,

entretenimiento y ahorros. Luego, asigna cada gasto mensual a una de estas categorías.
2. **Anota tus ingresos y egresos**: Lleva un registro de todos tus ingresos y de cada gasto que realizas durante el mes. Puedes hacerlo de forma diaria, semanal o mensual, pero lo más recomendable es registrar los gastos con regularidad para que no se te olvide nada.
3. **Usa fórmulas**: Si tienes conocimientos básicos de Excel o Google Sheets, puedes crear fórmulas para sumar automáticamente tus gastos y compararlos con tus ingresos. Esto te permitirá ver rápidamente si estás gastando más de lo que ganas o si te mantienes dentro del presupuesto.
4. **Haz un análisis mensual**: Al final de cada mes, revisa tus gastos en cada categoría y compara tus proyecciones presupuestarias con los gastos reales. Esto te permitirá hacer ajustes para los meses siguientes.

Ejemplo: Si estás usando Google Sheets, podrías crear una columna para cada categoría de gasto (vivienda, alimentos, transporte, entretenimiento) y luego sumar tus gastos manualmente en cada columna. Al final del mes, puedes comparar cuánto habías planeado gastar versus cuánto gastaste realmente.

3. El método de sobres (físico o digital)

El **método de sobres** es una técnica clásica para gestionar los gastos que te ayuda a mantener un control riguroso de tu dinero asignando cantidades específicas a cada categoría de gasto. Aunque tradicionalmente se hacía con sobres físicos y dinero en efectivo, hoy en día también puedes usar aplicaciones que simulan este método de manera digital.

Ventajas:

- **Control estricto sobre el gasto**: Este método asegura que no gastes más de lo que has asignado a cada categoría. Cuando el dinero de un sobre se agota, ya no puedes gastar más en esa categoría.
- **Visibilidad clara y física**: Si lo haces de manera tradicional, puedes ver físicamente cuánto dinero te queda en cada sobre, lo que te ayuda a controlar mejor tus impulsos de gasto.
- **Adecuado para personas que prefieren el efectivo**: Si no te sientes cómodo usando tarjetas de crédito o débito, este método te permite manejar solo efectivo, lo que te proporciona un control absoluto sobre tus gastos.

Cómo hacerlo:

1. **Define tus categorías de gasto**: Asigna una cantidad específica de dinero para cada categoría de tu presupuesto, como alimentos, entretenimiento, transporte, etc.
2. **Crea sobres físicos o digitales**: Si prefieres la versión tradicional, utiliza sobres reales y coloca en ellos el dinero destinado a cada categoría al principio del mes. Si prefieres la versión digital, puedes utilizar aplicaciones como **Goodbudget**, que recrean el método de sobres en formato digital.
3. **Gasta solo lo que hay en cada sobre**: Cuando pagues por algo, toma el dinero del sobre correspondiente. Una vez que el sobre

esté vacío, no puedes gastar más en esa categoría hasta el mes siguiente.

Ejemplo: Si asignas $400 para alimentos y colocas esa cantidad en un sobre físico, sabrás que solo puedes gastar esa cantidad en comida durante el mes. Si el dinero se agota antes de que termine el mes, tendrás que hacer ajustes en tus hábitos de compra o esperar hasta el próximo mes.

4. Análisis de extractos bancarios y de tarjetas de crédito

Una forma sencilla pero efectiva de rastrear y categorizar tus gastos es revisar **tus extractos bancarios y de tarjetas de crédito**. Esta es una opción especialmente útil si prefieres no introducir manualmente cada gasto o no usar aplicaciones.

Ventajas:

- **Accesibilidad**: No necesitas descargar ninguna aplicación o configurar una hoja de cálculo. Tus bancos o proveedores de tarjetas te proporcionan un resumen de todos tus gastos al final de cada mes.
- **Visión detallada**: Puedes ver todas tus transacciones en un solo lugar, categorizadas automáticamente por el banco o la compañía de la tarjeta de crédito.
- **Simplicidad**: No requiere mucho esfuerzo, ya que puedes simplemente descargar tus extractos y revisar tus gastos categorizados.

Cómo hacerlo:

1. **Descarga tus extractos**: Accede a tu cuenta bancaria o de tarjeta de crédito en línea y descarga los extractos de los últimos meses.
2. **Revisa las categorías asignadas**: Muchos bancos y tarjetas de crédito categorizan tus transacciones de manera automática (como restaurantes, transporte, supermercados). Sin embargo, asegúrate de revisar y ajustar estas categorías si alguna transacción no está correctamente clasificada.
3. **Analiza tu gasto mensual**: Identifica cuánto has gastado en cada categoría. Si detectas gastos que no conocías o que te parecen innecesarios, haz ajustes en tu presupuesto para el mes siguiente.

Ejemplo: Si al revisar tu extracto bancario ves que has gastado $250 en restaurantes cuando tu presupuesto original era de $150, podrás identificar que necesitas reducir las salidas a comer fuera y planificar mejor tus comidas en casa.

Tener una herramienta para **rastrear y categorizar tus gastos** es esencial para mantener el control de tus finanzas. Ya sea que prefieras aplicaciones automatizadas, hojas de cálculo personalizadas, el método de sobres o la revisión de extractos bancarios,

Ejercicios: análisis de tus gastos mensuales y cómo reducir los innecesarios

Una de las herramientas más poderosas para mejorar tu situación financiera es realizar un **análisis detallado de tus gastos mensuales**. Al tomar conciencia de en qué estás gastando y comparar esos gastos con tus prioridades financieras, podrás identificar áreas donde estás gastando de más y hacer ajustes para reducir o eliminar lo innecesario. Estos ejercicios no solo te ayudarán a ahorrar dinero, sino que también te permitirán destinar más recursos hacia el ahorro, la inversión y el cumplimiento de tus metas financieras.

En este punto, te proponemos realizar un análisis paso a paso de tus gastos mensuales y algunas estrategias prácticas para reducir aquellos que no aportan valor real a tu vida. Al final del ejercicio, estarás en una mejor posición para tomar decisiones financieras más conscientes y enfocadas en lo que realmente importa.

1. Registro detallado de tus gastos mensuales

El primer paso en este ejercicio es **registrar todos los gastos que realizas durante el mes**. Esto te dará una imagen clara de dónde se está yendo tu dinero y te permitirá identificar patrones de consumo que quizás no habías notado antes. Puedes hacerlo manualmente o utilizar una herramienta automatizada como una aplicación de finanzas personales o una hoja de cálculo.

Cómo hacerlo:

- **Anota cada gasto**: A lo largo de un mes, anota cada gasto que realices, sin importar cuán pequeño sea. Esto incluye desde las compras más grandes, como el alquiler, hasta los gastos diarios, como un café o un snack.
- **Divide los gastos en categorías**: Clasifica cada gasto en una categoría como vivienda, alimentos, transporte, entretenimiento, salud, etc. Esto te permitirá ver con claridad qué porcentaje de tus ingresos se destina a cada área.

Ejemplo: Si gastas $50 en gasolina, $200 en alimentos y $30 en suscripciones de streaming, asegúrate de anotarlo bajo las categorías correspondientes.

2. Clasificación de gastos necesarios e innecesarios

Una vez que hayas registrado todos tus gastos mensuales, el siguiente paso es **clasificarlos en dos grandes categorías: gastos necesarios** y **gastos innecesarios**. Este análisis te permitirá identificar aquellas áreas donde puedes hacer recortes sin afectar tu calidad de vida.

Cómo hacerlo:

- **Gastos necesarios**: Marca aquellos gastos que son esenciales para tu bienestar y supervivencia, como vivienda, alimentos básicos, transporte y servicios públicos. Estos son los gastos que debes priorizar en tu presupuesto.
- **Gastos innecesarios**: Identifica los gastos que son más flexibles o que no son indispensables para tu día a día. Estos incluyen cosas como entretenimiento, comidas fuera de casa, compras impulsivas o suscripciones a servicios que no usas con frecuencia.

Ejemplo: Al revisar tus gastos, podrías notar que los $100 que gastas mensualmente en cafés fuera de casa son innecesarios y se podrían reducir al preparar café en casa.

3. Identificación de patrones de gasto

Después de haber clasificado tus gastos, es útil **identificar patrones** en tu consumo que podrían estar afectando tu situación financiera. Los patrones pueden incluir gastos repetitivos o pequeños gastos que, sumados, representan una parte significativa de tus ingresos.

Cómo hacerlo:

- **Busca gastos repetitivos**: Observa si estás gastando dinero de manera repetitiva en áreas que podrían reducirse. Esto incluye cosas como comer fuera de casa, compras impulsivas o compras de entretenimiento que no son esenciales.
- **Evalúa el valor de esos gastos**: Pregúntate si esos gastos realmente te aportan valor o si podrías reducirlos o eliminarlos sin afectar tu bienestar.

Ejemplo: Si descubres que gastas $200 al mes en suscripciones de entretenimiento que no utilizas con regularidad, podrías cancelar algunas de ellas o buscar alternativas más económicas.

4. Estrategias para reducir gastos innecesarios

Ahora que has identificado tus **gastos innecesarios**, es hora de desarrollar estrategias para **reducir o eliminar** esos gastos. Estas estrategias pueden variar según la categoría de gasto, pero todas deben tener como objetivo liberar más recursos para ahorros o inversiones.

Estrategias comunes para reducir gastos innecesarios:

1. **Comidas fuera de casa**: Si sueles gastar mucho dinero comiendo en restaurantes, considera reducir la frecuencia de estas

salidas. Planifica tus comidas en casa y lleva comida al trabajo o a la escuela. Esto puede ahorrarte una cantidad significativa de dinero cada mes.
2. **Suscripciones**: Revisa todas tus suscripciones (como servicios de streaming, aplicaciones, gimnasios, etc.) y evalúa si realmente las estás utilizando. Si no es así, cancela aquellas que no te aporten valor o busca opciones más baratas.
3. **Compras impulsivas**: Antes de realizar una compra impulsiva, date un plazo de 24 horas para decidir si realmente la necesitas. Este tiempo te ayudará a evitar decisiones de gasto que podrías lamentar más adelante.
4. **Entretenimiento**: En lugar de salir a eventos costosos o actividades de ocio que consumen una parte significativa de tu presupuesto, busca alternativas de entretenimiento más asequibles o gratuitas, como paseos al aire libre, eventos comunitarios o actividades en casa.
5. **Ropa y accesorios**: Si descubres que gastas demasiado en ropa o accesorios que no necesitas, establece un límite para tus compras o aprovecha ofertas y descuentos. Considera también comprar de segunda mano o en tiendas de liquidación.

Ejemplo: Si decides reducir tus salidas a comer fuera de cuatro veces por semana a una sola vez, podrías ahorrar $120 al mes. Ese dinero extra podría destinarse a un fondo de ahorro o a tus metas financieras.

5. Monitoreo y ajustes continuos

Una vez que hayas implementado estrategias para reducir los gastos innecesarios, es importante **monitorear tus progresos** y ajustar tu plan según sea necesario. Esto significa realizar revisiones regulares de tus finanzas para asegurarte de que estás cumpliendo con tus objetivos de reducción de gastos y ajustando tu comportamiento de consumo según sea necesario.

Cómo hacerlo:

- **Revisa tu presupuesto mensualmente**: Al final de cada mes, revisa tus gastos para ver si has reducido los innecesarios según lo planeado. Si aún estás gastando más de lo que te gustaría en ciertas categorías, ajusta tu presupuesto para el mes siguiente.
- **Ajusta tus hábitos de consumo**: Con el tiempo, puedes ir ajustando tus hábitos de consumo para hacer que la reducción de gastos innecesarios se convierta en una práctica habitual.

Ejemplo: Si al revisar tus gastos del mes notas que aún sigues gastando demasiado en entretenimiento, puedes intentar limitar aún más esas salidas o buscar alternativas más económicas para el próximo mes.

6. Ejercicio práctico: Análisis de tus gastos mensuales

A continuación, te propongo un **ejercicio práctico** para aplicar este análisis en tu vida diaria:

1. **Anota tus ingresos**: Escribe cuánto dinero ganas cada mes, ya sea de un salario o de otras fuentes de ingreso.

2. **Anota todos tus gastos del mes**: Durante 30 días, registra cada gasto que realices, desde los más pequeños hasta los más grandes.
3. **Clasifica tus gastos**: Divide tus gastos en categorías de necesarios e innecesarios. Identifica áreas donde puedes reducir gastos.
4. **Elabora un plan para reducir los innecesarios**: Basado en el análisis, crea un plan para reducir o eliminar los gastos innecesarios en el próximo mes. Establece metas específicas, como reducir las salidas a comer fuera o cancelar suscripciones no utilizadas.
5. **Revisa al final del mes**: Al final del siguiente mes, revisa si has logrado reducir esos gastos innecesarios y ajusta tu plan según sea necesario.

Realizar un **análisis detallado de tus gastos mensuales** y reducir los innecesarios es una excelente manera de mejorar tu situación financiera. Este ejercicio no solo te ayuda a tener un mayor control sobre tu dinero, sino que también te permite destinar más recursos a lo que realmente importa: el ahorro, la inversión y el logro de tus metas financieras a largo plazo. Con disciplina y seguimiento constante, podrás optimizar tus hábitos de gasto y construir una base financiera más sólida.

Cómo Dejar de Malgastar el Dinero

Uno de los mayores obstáculos para lograr la estabilidad financiera es el **malgasto del dinero**. Muchas veces, sin darnos cuenta, destinamos nuestros recursos a cosas que no aportan valor real a nuestra vida, comprometiendo nuestras metas a largo plazo. El malgasto puede tomar muchas formas: desde pequeñas compras impulsivas hasta gastos regulares en productos o servicios que realmente no necesitamos. Estos gastos no solo afectan nuestras finanzas a corto plazo, sino que también impiden que podamos ahorrar, invertir o construir un futuro más seguro.

Este capítulo está diseñado para ayudarte a **identificar las áreas en las que estás malgastando el dinero** y proporcionarte estrategias prácticas para frenar esos hábitos que están frenando tu progreso financiero. Aprenderás a tomar decisiones financieras más conscientes y a priorizar aquellos gastos que realmente te acercan a tus objetivos, mientras eliminas o reduces aquellos que solo están drenando tus ingresos.

Dejar de malgastar el dinero no se trata de eliminar todos los placeres de la vida, sino de ser más consciente y estratégico sobre en qué gastas y por qué lo haces. Con las herramientas adecuadas, podrás recuperar el control sobre tus finanzas y redirigir tu dinero hacia lo que realmente importa: tu bienestar, tus metas y tu libertad financiera.

Identificar las trampas del consumo: publicidad, presiones sociales, etc.

Una de las principales razones por las que malgastamos dinero, muchas veces sin siquiera darnos cuenta, es porque caemos en **trampas de consumo** que están diseñadas para influir en nuestras decisiones. La **publicidad**, las **presiones sociales** y hasta los hábitos que desarrollamos con el tiempo pueden llevarnos a gastar en cosas que no necesitamos o que no aportan valor real a nuestras vidas. Para dejar de malgastar el dinero, es fundamental aprender a **identificar estas trampas** y tomar control sobre nuestras decisiones de gasto.

El mundo moderno está lleno de estímulos que nos invitan a comprar, a consumir más y a buscar una gratificación inmediata. Desde la publicidad constante en redes sociales hasta las expectativas de nuestra comunidad o entorno social, estas influencias pueden ser poderosas, pero no insuperables. El primer paso para evitar caer en estas trampas es ser consciente de ellas. A continuación, exploraremos las trampas más comunes del consumo y cómo afectan nuestra relación con el dinero.

1. Publicidad: El poder de la persuasión en cada pantalla

La **publicidad** es una de las trampas de consumo más evidentes y a la vez más difíciles de evitar. A través de anuncios en televisión, redes sociales, buscadores y hasta en la calle, las empresas gastan millones para captar nuestra atención y persuadirnos de que necesitamos productos o servicios que, en muchos casos, no son esenciales. Estos mensajes están diseñados estratégicamente para crear una sensación de urgencia, deseo o falta, haciéndonos creer que nuestra vida será mejor con ese artículo que nos están ofreciendo.

Cómo afecta la publicidad nuestras decisiones:

- **Creación de necesidades artificiales**: La publicidad suele convencerte de que necesitas algo que en realidad no es esencial. Por ejemplo, los productos de belleza, tecnología o moda se presentan como "indispensables" para mejorar tu vida, cuando muchas veces son deseos superficiales.
- **Técnicas de venta psicológica**: La publicidad utiliza técnicas como la escasez (promociones por tiempo limitado) o la popularidad (todos lo están comprando) para crear la ilusión de que, si no compras ahora, te estás perdiendo de algo valioso.
- **Exposición constante**: En la era digital, estamos expuestos a la publicidad las 24 horas del día. Cada vez que navegas en internet o usas redes sociales, te enfrentas a anuncios personalizados que intentan captar tu atención basándose en tus búsquedas y preferencias.

Cómo evitar caer en la trampa de la publicidad:

1. **Sé consciente de los trucos**: Reconoce que la publicidad está diseñada para hacerte sentir que necesitas cosas que no son esenciales. Cuestiona cada compra impulsada por un anuncio y pregúntate si realmente lo necesitas.
2. **Desconéctate**: Si sientes que los anuncios en redes sociales te afectan demasiado, considera reducir tu tiempo en esas plataformas o utilizar herramientas que bloqueen la publicidad.
3. **Compra de manera consciente**: Antes de comprar algo que viste en un anuncio, tómate 24 horas para reflexionar. Durante ese tiempo, evalúa si realmente lo necesitas o si solo estás reaccionando a la publicidad.

Ejemplo: Si ves un anuncio de un smartphone nuevo que tiene más funciones que el que ya tienes, piensa si realmente esas funciones mejorarán tu vida o si tu teléfono actual ya cubre todas tus necesidades.

2. Presiones sociales: Mantenerse al día con los demás

Las **presiones sociales** son otra trampa común del consumo. Muchas veces, gastamos dinero no porque realmente queramos o necesitemos algo, sino porque sentimos la presión de nuestro entorno. En un mundo donde las redes sociales muestran constantemente estilos de vida lujosos o ideales, es fácil caer en la tentación de **"mantenerse al día"** con los demás. Este deseo de no quedarse atrás puede llevarte a tomar decisiones financieras que no son saludables para tu bienestar económico.

Cómo afectan las presiones sociales nuestras decisiones:

- **Comparación constante**: Las redes sociales crean un ambiente en el que las personas suelen compararse con los demás, lo que puede llevar a gastar más para mantener una imagen. Ya sea en ropa de marca, tecnología de última generación o vacaciones exóticas, la comparación puede generar un deseo de gastar solo para "estar al nivel" de otros.
- **Eventos y salidas**: A menudo, nos sentimos presionados a gastar dinero en eventos sociales, como cenas o salidas, que pueden estar fuera de nuestro presupuesto solo para no sentirnos excluidos o diferentes.
- **Compras de estatus**: Muchas personas compran cosas caras, como autos o gadgets,

no porque realmente lo necesiten, sino porque sienten que estos artículos les darán más estatus o aprobación social.

Cómo evitar caer en la trampa de las presiones sociales:

1. **Define tus propias prioridades**: En lugar de dejarte llevar por lo que otros están haciendo o comprando, define claramente cuáles son tus prioridades y metas financieras. Esto te ayudará a resistir la presión de gastar en cosas que no están alineadas con tus objetivos.
2. **Reconoce que las redes sociales no son la realidad**: Recuerda que lo que ves en redes sociales no siempre refleja la verdadera situación de las personas. Muchos muestran solo una versión idealizada de su vida, lo que puede hacerte sentir que necesitas alcanzar un nivel que en realidad no existe.
3. **Sé firme en tus decisiones**: No temas decir "no" a eventos o compras que no se alineen con tu presupuesto o prioridades. Está bien tomar decisiones financieras diferentes a las de tus amigos o familiares si eso significa que estás actuando de manera responsable.

Ejemplo: Si ves a tus amigos comprando ropa de marca o gadgets de última tecnología, pero sabes que no necesitas esos artículos, puedes evitar gastar dinero innecesariamente al recordar tus propias prioridades financieras, como ahorrar para una meta más importante.

3. La trampa de la gratificación instantánea

Vivimos en una sociedad que favorece la **gratificación instantánea**. Gracias a la tecnología y al fácil acceso a bienes y servicios, puedes obtener casi todo de manera inmediata. Esta cultura de la gratificación instantánea puede llevarte a gastar dinero rápidamente en cosas que no necesitas, simplemente porque puedes hacerlo.

Cómo afecta la gratificación instantánea nuestras decisiones:

- **Compras impulsivas:** La posibilidad de comprar algo en cuestión de segundos, con un solo clic, aumenta las probabilidades de caer en compras impulsivas. Al estar tan acostumbrados a obtener todo de inmediato, nos volvemos menos pacientes y más propensos a gastar en cosas innecesarias.
- **Cultura del "ahora":** La idea de que "lo quiero y lo quiero ahora" ha sido reforzada por la disponibilidad inmediata de productos y servicios. Este deseo de satisfacción instantánea puede llevarte a no considerar el impacto financiero a largo plazo.

Cómo evitar caer en la trampa de la gratificación instantánea:

1. **Practica la paciencia:** Desarrolla el hábito de esperar antes de hacer una compra. Impone una "regla de las 24 horas" para cualquier compra impulsiva. Si después de ese tiempo sigues creyendo que la compra es necesaria, evalúa si puedes permitirte hacerla.
2. **Enfócate en metas a largo plazo:** Tener metas financieras claras te ayudará a resistir la tentación de gastar en gratificaciones instantáneas. Al recordar constantemente tus objetivos a largo plazo, como ahorrar para un viaje o una inversión, será más fácil resistir las compras innecesarias.

3. **Reduce las tentaciones**: Desactiva las notificaciones de tiendas en línea o aplicaciones de compras que puedan tentarte a comprar cosas que no necesitas.

Ejemplo: Si ves una oferta flash de algo que te llama la atención, como un gadget o accesorio, date un plazo de espera para evaluar si realmente lo necesitas o si solo te atrae porque es un "oferta limitada". Esto reducirá las posibilidades de caer en compras impulsivas.

4. Hábitos de consumo arraigados

A menudo, el malgasto del dinero no proviene únicamente de la publicidad o las presiones sociales, sino de **hábitos de consumo** que hemos desarrollado a lo largo del tiempo. Estos hábitos se pueden formar por comodidad, rutina o falta de planificación y, si no se controlan, pueden generar un gasto constante que drena tu presupuesto mes tras mes.

Cómo afectan los hábitos de consumo nuestras decisiones:

- **Compras rutinarias**: Gastar dinero en ciertos productos o servicios por pura costumbre, como tomar café en una cafetería cada mañana o suscribirse a servicios que ya no utilizas, puede acumular gastos significativos con el tiempo.
- **Falta de planificación**: No planificar compras importantes o no llevar un control de tus gastos puede llevarte a gastar más de lo necesario. Comprar en el último minuto o no comparar precios son ejemplos comunes.

Cómo evitar caer en la trampa de los hábitos de consumo arraigados:

1. **Revisa tus hábitos de consumo**: Haz una auditoría de tus gastos regulares y evalúa si hay patrones que podrías cambiar. Por ejemplo, si gastas regularmente en un café caro cada mañana, podrías preparar tu café en casa y ahorrar una cantidad significativa cada mes.
2. **Haz compras planificadas**: En lugar de gastar impulsivamente, planifica tus compras con anticipación. Esto te permitirá comparar precios, encontrar mejores ofertas y evitar gastar en cosas que no habías planeado.
3. **Reevalúa tus suscripciones y servicios**: Revisa todas tus suscripciones (como gimnasio, streaming, etc.) y evalúa si realmente las usas o si podrías prescindir de ellas.

Ejemplo: Si sueles pedir comida a domicilio varias veces a la semana por conveniencia, pero descubres que está afectando tu presupuesto, podrías empezar a planificar comidas y cocinar en casa para ahorrar más dinero.

Identificar y reconocer las **trampas del consumo** es el primer paso para dejar de malgastar el dinero y tomar control de tus finanzas. Desde la publicidad y las presiones sociales hasta la gratificación instantánea y los hábitos de consumo arraigados, estas trampas están diseñadas para llevarnos a gastar de manera inconsciente. Sin embargo, al ser conscientes de su existencia y desarrollar estrategias para evitarlas, puedes empezar a tomar decisiones más alineadas con tus metas financieras y reducir los gastos innecesarios que drenan tus recursos.

Técnicas para evitar el malgasto: listas de compras, esperar 24 horas antes de hacer una compra importante

El malgasto del dinero es uno de los principales obstáculos para lograr una buena salud financiera. Ya sea a través de compras impulsivas, gastos innecesarios o dejarse llevar por la publicidad y las presiones sociales, es fácil gastar más de lo necesario si no tienes un plan. Afortunadamente, existen **técnicas simples y efectivas** que puedes aplicar para reducir esos gastos innecesarios y mejorar tu manejo del dinero. Entre las más útiles están el uso de **listas de compras** y la técnica de **esperar 24 horas antes de hacer una compra importante**. Estas herramientas te ayudarán a tomar decisiones más conscientes y a evitar caer en la tentación del gasto impulsivo.

A continuación, exploramos estas técnicas en detalle y cómo puedes incorporarlas en tu vida diaria para frenar el malgasto y redirigir tus recursos hacia tus metas financieras.

1. Listas de compras: La clave para gastar de manera controlada

Una de las técnicas más simples y efectivas para evitar el malgasto es el uso de **listas de compras**. El concepto es sencillo: antes de hacer cualquier tipo de compra, ya sea en el supermercado o en tiendas de ropa, realiza una lista detallada de lo que realmente necesitas. Esta lista actuará como una guía para mantenerte enfocado y evitar las compras impulsivas, lo que te permitirá gastar solo en lo que es necesario y evitar derrochar en cosas que no tenías planeadas.

Ventajas de usar listas de compras:

- **Te mantiene enfocado**: Al tener una lista clara, reduces la tentación de comprar cosas adicionales que no necesitas. Las listas te ayudan a priorizar lo esencial y a evitar distracciones mientras compras.
- **Ahorras tiempo y dinero**: Con una lista de compras bien planificada, haces tu compra de manera más eficiente y rápida, lo que evita que pases demasiado tiempo explorando las tiendas y cayendo en compras innecesarias.
- **Previenes el sobregasto**: Una lista te permite controlar exactamente cuánto planeas gastar. Si sigues la lista al pie de la letra, evitas la acumulación de gastos pequeños que, al sumarse, pueden desbalancear tu presupuesto.

Cómo usar las listas de compras:

1. **Haz una lista antes de cada compra**: No importa si es una compra grande o pequeña, siempre elabora una lista antes de salir de casa. Incluye solo lo que realmente necesitas. Si estás haciendo la compra del supermercado, organiza los artículos por categorías (alimentos frescos, productos de limpieza, etc.) para que el proceso sea más eficiente.
2. **Comprométete a seguir la lista**: Una vez en la tienda, comprométete a ceñirte a la lista. Si ves algo que te llama la atención, pero no está en la lista, pregúntate si realmente es necesario o si puedes dejarlo para otra ocasión.
3. **Revísala antes de salir de casa**: Asegúrate de que tu lista sea completa y revisa si realmente necesitas cada artículo. Esto te

ayudará a eliminar cualquier artículo que hayas puesto por impulso.

Ejemplo: Si planeas ir al supermercado y escribes una lista que incluye frutas, verduras y productos básicos para la semana, evitas comprar snacks innecesarios, bebidas costosas o artículos que no estaban en tus planes iniciales.

2. Esperar 24 horas antes de hacer una compra importante

La técnica de esperar **24 horas antes de hacer una compra importante** es una estrategia poderosa para frenar las compras impulsivas. A menudo, compramos cosas en el momento solo porque estamos emocionados o porque sentimos que lo necesitamos inmediatamente, cuando en realidad, después de reflexionar, nos damos cuenta de que no es tan necesario como pensábamos. Esta técnica te invita a **poner en pausa** el impulso de comprar algo de inmediato y darte tiempo para considerar si realmente necesitas o quieres hacer esa compra.

Ventajas de esperar 24 horas:

- **Reduce las compras impulsivas**: Darte un día para reflexionar antes de hacer una compra importante te permite tomar decisiones más objetivas, en lugar de dejarte llevar por la emoción del momento.
- **Te ayuda a evaluar si realmente lo necesitas**: A menudo, después de pasar 24 horas, te das cuenta de que el artículo que querías comprar no es tan necesario como pensabas o que puedes vivir sin él.
- **Te da tiempo para buscar alternativas**: Al esperar, también tienes la oportunidad de

investigar si puedes encontrar una mejor oferta, un precio más bajo o una alternativa que se ajuste más a tu presupuesto.

Cómo implementar la técnica de las 24 horas:

1. **Identifica una compra importante**: Cada vez que pienses en hacer una compra que implique una cantidad significativa de dinero o que no habías planificado previamente, activa la regla de las 24 horas. Esto aplica especialmente a compras de tecnología, ropa, muebles o cualquier artículo que no sea de primera necesidad.
2. **Reflexiona durante ese tiempo**: Durante el período de espera, evalúa si realmente necesitas el artículo, si está alineado con tus prioridades financieras y si es el mejor uso de tu dinero en ese momento.
3. **Vuelve a revisar tu decisión**: Al final de las 24 horas, si aún crees que la compra es necesaria y que no afectará negativamente tu presupuesto, entonces puedes proceder. Si dudas, considera esperar más tiempo o descartarla por completo.

Ejemplo: Si estás pensando en comprar una nueva televisión que viste en oferta pero que no tenías planeada, usa la regla de las 24 horas. Durante ese tiempo, puedes evaluar si tu televisión actual aún funciona bien, si ese gasto es prioritario o si sería mejor destinar ese dinero a una meta financiera más importante.

3. Combinar ambas técnicas para mayor efectividad

Las **listas de compras** y la técnica de **esperar 24 horas** funcionan muy bien por sí solas, pero cuando las combinas, obtienes un sistema más completo para evitar el malgasto del dinero. Esta combinación te ayuda a controlar tus compras tanto pequeñas como grandes, asegurando que cada gasto sea planificado y justificado.

Cómo combinar estas técnicas:

1. **Aplica la técnica de las 24 horas en compras más grandes**: Si al hacer tu lista de compras sientes el deseo de añadir algo que no habías planeado o que es un artículo más costoso, aplica la técnica de las 24 horas para asegurarte de que es una decisión razonada.
2. **Usa listas de compras para los gastos recurrentes**: En tus compras habituales, como las de alimentos o productos básicos, usa las listas de compras para controlar lo que realmente necesitas y evitar caer en la tentación de comprar productos adicionales.

Ejemplo: Si estás en una tienda de ropa y ves un abrigo que te gusta pero que no estaba en tu lista, en lugar de comprarlo de inmediato, aplica la regla de las 24 horas. Luego, si al día siguiente sigues pensando que realmente lo necesitas y que está dentro de tu presupuesto, podrías considerarlo, pero de forma más consciente.

4. Otras técnicas adicionales para evitar el malgasto

Además de las listas de compras y la técnica de esperar 24 horas, existen otras técnicas complementarias que pueden ayudarte a frenar el malgasto:

- **Presupuesto basado en sobres**: Si prefieres usar efectivo, puedes asignar una cantidad de dinero para cada categoría de gasto en sobres. Una vez que el sobre está vacío, no puedes gastar más en esa categoría hasta el próximo mes. Este método es especialmente útil para controlar gastos variables como entretenimiento o ropa.

- **Método de presupuesto 50/30/20**: Esta técnica sugiere dividir tus ingresos en tres categorías: 50% para necesidades (alquiler, alimentos), 30% para deseos (salidas, entretenimiento) y 20% para ahorro e inversiones. Al tener un límite claro en cada categoría, reduces el malgasto.
- **Desactivar notificaciones de tiendas y apps**: Evita que las aplicaciones de tiendas en línea o las alertas de ofertas te tienten. Desactiva las notificaciones para reducir la exposición constante a la publicidad y a ofertas que podrían impulsarte a gastar innecesariamente.

Aplicar **técnicas simples como las listas de compras** y la **regla de las 24 horas** puede ser extremadamente efectivo para evitar el malgasto del dinero. Estas estrategias no solo te ayudan a tomar decisiones más conscientes y planificadas, sino que también te permiten alinear tus hábitos de gasto con tus metas financieras a largo plazo. Al ser más consciente de cómo, cuándo y por qué gastas, estarás en mejor posición para maximizar tus ingresos y construir una base financiera más sólida.

Ejemplo de cómo pequeñas fugas financieras afectan tu presupuesto a largo plazo

Muchas veces, las grandes preocupaciones financieras se centran en gastos importantes como el alquiler, la hipoteca, o los préstamos. Sin embargo, uno de los principales factores que pueden desestabilizar tus finanzas son las **pequeñas fugas financieras**. Estas fugas son pequeños gastos que, aunque parezcan insignificantes en el momento, tienen un efecto acumulativo que puede desviar una parte significativa de tus ingresos a largo plazo.

Estas pequeñas fugas incluyen cosas como compras diarias de café, suscripciones que no utilizas, compras impulsivas o incluso cargos bancarios por pagos atrasados. Aunque estos gastos pueden parecer inofensivos cuando los haces de manera aislada, su impacto se magnifica cuando se suman a lo largo del tiempo. En esta sección, veremos cómo estas fugas financieras pueden afectar tu presupuesto y tus metas financieras, y por qué es importante prestarles atención.

1. Pequeñas fugas financieras: ¿Qué son y cómo se producen?

Las **pequeñas fugas financieras** son esos gastos repetidos o descuidados que, a primera vista, parecen no tener un gran impacto en tu presupuesto mensual. Son compras o cargos pequeños que no se sienten demasiado en el momento, pero que, cuando se suman a lo largo de semanas, meses o incluso años, representan una parte considerable de tus ingresos.

Ejemplos comunes de pequeñas fugas financieras:

- **Compras diarias de café o snacks**: Gastar unos pocos dólares cada día en café, comida rápida o snacks puede parecer inofensivo, pero al final del mes, la suma puede ser sorprendentemente alta.

- **Suscripciones innecesarias**: Muchas veces, nos suscribimos a servicios como plataformas de streaming, aplicaciones, gimnasios, etc., y con el tiempo olvidamos cancelarlas, aunque ya no las utilicemos. Estas suscripciones recurrentes representan una salida constante de dinero sin aportar valor.
- **Compras impulsivas**: Gastar en pequeños artículos cuando vas al supermercado o al centro comercial puede acumularse rápidamente. Esos $10 aquí y allá se suman a una cantidad considerable al final del mes.
- **Cargos por servicios bancarios o intereses**: Las comisiones bancarias por pagos atrasados, intereses de tarjetas de crédito o retiros fuera de tu red bancaria pueden parecer insignificantes, pero también se suman con el tiempo.

Cómo se producen: Estas fugas se producen de manera **desapercibida**. Es decir, no planificamos estos gastos ni les prestamos mucha atención. Son compras que ocurren sin mucha reflexión y que, al ser pequeñas, no las consideramos como un problema en el momento. Sin embargo, la acumulación de estos gastos durante largos periodos de tiempo puede hacer una gran diferencia en tu situación financiera.

2. Ejemplo práctico de cómo las pequeñas fugas afectan tu presupuesto

Imaginemos a una persona llamada **Clara**, que tiene un salario mensual de $2,500. Clara no tiene grandes deudas, y en general maneja sus finanzas con cierto cuidado. Sin embargo, como muchas personas, tiene algunas pequeñas fugas financieras que no toma en cuenta porque considera que no son significativas.

Aquí está un desglose mensual de sus pequeñas fugas:

- **Café diario**: Cada día, Clara compra un café de $4 en su cafetería favorita camino al trabajo. En un mes de 22 días laborales, esto le cuesta $88.
- **Suscripciones no utilizadas**: Clara tiene suscripciones a dos plataformas de streaming que apenas usa. Cada suscripción cuesta $12 al mes, lo que suma $24 mensuales.
- **Snacks y bebidas impulsivas**: Cuando sale a hacer compras, Clara suele comprar snacks o bebidas impulsivamente, gastando unos $5 cada vez que lo hace, lo cual ocurre unas 8 veces al mes. Eso representa $40 adicionales.
- **Cargos bancarios**: Clara ha olvidado un par de veces pagar su tarjeta de crédito a tiempo, lo que le ha generado cargos por mora de $15 al mes.

Impacto mensual:

- Café diario: $88
- Suscripciones no utilizadas: $24
- Snacks y bebidas impulsivas: $40
- Cargos bancarios: $15

Total, de pequeñas fugas mensuales: $167

A primera vista, $167 no parece una cantidad que pueda desequilibrar el presupuesto de Clara, especialmente cuando tiene un ingreso mensual de $2,500. Sin embargo, si no controla estas fugas, ese monto podría afectar su capacidad para ahorrar o invertir en el futuro.

3. Impacto a largo plazo

Aunque $167 al mes parece manejable, el verdadero impacto de las pequeñas fugas financieras se siente cuando consideramos el **efecto acumulativo** a lo largo del tiempo. Veamos cómo se acumula esta cantidad en un año y qué representa para las finanzas de Clara:

- **Gastos anuales**: Si Clara continúa con estas fugas financieras cada mes, al final del año habrá gastado **$2,004** en compras que no eran realmente necesarias o que podría haber evitado.
- **Oportunidades perdidas**: Si en lugar de gastar ese dinero en fugas financieras, Clara hubiera decidido ahorrar e invertir los $167 mensuales, podría haber destinado más de **$2,000** a su fondo de emergencia, a pagar deudas o incluso a invertir en un fondo que le generara ingresos a largo plazo.
- **Intereses compuestos**: Si Clara decidiera invertir los $167 al mes en un fondo con un rendimiento promedio del 7% anual, después de 10 años tendría más de **$28,000** gracias al poder del interés compuesto. Las pequeñas cantidades invertidas regularmente pueden generar una gran diferencia en el largo plazo.

Conclusión del ejemplo: Las pequeñas fugas financieras de Clara, que inicialmente parecían insignificantes, le están costando más de $2,000 al año, una cantidad que podría ser utilizada para mejorar significativamente su estabilidad financiera. Estos $167 mensuales representan una oportunidad perdida de ahorrar, invertir o alcanzar metas más importantes. Si Clara hace ajustes en sus hábitos de consumo, podría recuperar ese dinero y destinarlo a construir su patrimonio.

4. Cómo identificar y detener las pequeñas fugas financieras

Para evitar que las pequeñas fugas drenen tu presupuesto, es importante **identificarlas** primero y luego implementar estrategias para reducirlas o eliminarlas. Aquí tienes algunos pasos que puedes seguir:

1. **Lleva un registro de tus gastos**: Durante un mes, anota todos tus gastos, desde los más grandes hasta los más pequeños. Al final del mes, revisa dónde estás gastando pequeñas cantidades de manera repetida. Las áreas más comunes son cafés, snacks, compras impulsivas, suscripciones y cargos bancarios.
2. **Evalúa si esos gastos son necesarios**: Pregúntate si esos pequeños gastos realmente están mejorando tu vida o si podrías prescindir de ellos. ¿Puedes hacer café en casa en lugar de comprarlo cada día? ¿Realmente utilizas todas las suscripciones que tienes?
3. **Haz ajustes en tu presupuesto**: Una vez que identifiques tus pequeñas fugas, ajusta tu presupuesto para reflejar tus nuevas prioridades. Por ejemplo, podrías limitarte a comprar café fuera solo una vez por semana, o cancelar las suscripciones que no utilizas.
4. **Automatiza el ahorro**: Para asegurarte de que el dinero que ahorras al eliminar estas fugas no se desvanezca en otros gastos, considera automatizar el ahorro. Establece una transferencia automática mensual hacia una cuenta de ahorro o inversión.

Ejemplo: Si Clara decide reducir sus compras de café a una vez por semana y cancela una de sus suscripciones, ya estaría ahorrando aproximadamente

$70 al mes, que podría destinar directamente a su cuenta de ahorros o inversión.

Las **pequeñas fugas financieras** pueden parecer inofensivas en el día a día, pero su impacto a largo plazo puede ser sorprendentemente significativo. Aunque gastar unos pocos dólares en café o snacks puede no parecer un problema, el efecto acumulativo de estos pequeños gastos puede desviar grandes sumas de dinero que podrían ser utilizadas para mejorar tu estabilidad financiera. Identificar estas fugas y tomar medidas para detenerlas te permitirá liberar recursos que puedes redirigir hacia el ahorro, la inversión o el pago de deudas, ayudándote a alcanzar tus metas financieras más rápido y de manera más eficiente.

Ejercicio práctico: detectar los "gastos vampiro" en tu vida diaria

Los **"gastos vampiro"** son aquellos pequeños gastos que, como vampiros, drenan silenciosamente tus finanzas sin que te des cuenta. Estos gastos no son obvios o grandes de manera individual, pero cuando se suman a lo largo del tiempo, pueden representar una fuga significativa de tus recursos financieros. Detectar y eliminar estos "gastos vampiro" puede hacer una gran diferencia en tu presupuesto, permitiéndote ahorrar más y gestionar mejor tu dinero.

En este ejercicio práctico, te guiaremos a través de un proceso paso a paso para identificar y abordar los "gastos vampiro" en tu vida diaria. Al hacerlo, podrás recuperar control sobre esos pequeños gastos que parecen insignificantes, pero que pueden impactar tus finanzas a largo plazo.

1. Lleva un registro detallado de tus gastos diarios durante una semana

El primer paso para detectar los "gastos vampiro" es **llevar un registro detallado de todos tus gastos** durante una semana completa. Esto incluye cualquier gasto, por pequeño que sea: desde el café de la mañana hasta la tarifa de estacionamiento, pasando por una botella de agua o un snack que compraste impulsivamente.

Cómo hacerlo:

- **Anota cada gasto**: Durante 7 días, registra cada gasto que realices, ya sea en efectivo, con tarjeta de crédito, débito o a través de una aplicación. No importa si es un gasto de $1 o de $100, anótalo todo. Puedes utilizar una libreta, una hoja de cálculo o una aplicación para llevar este registro.
- **Sé honesto contigo mismo**: Asegúrate de anotar absolutamente todo. Los "gastos vampiro" suelen ser pequeños y fáciles de ignorar, pero es crucial que los registres todos para tener una visión completa.

Ejemplo: Si compras un café de $3 cada mañana, anótalo. Si compras un snack de $2 en la tienda o pagas una tarifa de estacionamiento de $5, anótalo también. La idea es capturar cada gasto para luego analizarlo.

2. Analiza tus gastos y agrúpalos por categorías

Una vez que hayas registrado todos tus gastos durante una semana, el siguiente paso es **agruparlos por categorías**. Esto te permitirá identificar patrones de consumo y determinar cuáles de esos gastos pueden clasificarse como "vampiros".

Cómo hacerlo:

- **Crea categorías**: Divide tus gastos en categorías como: alimentos, entretenimiento, transporte, snacks, café, suscripciones, cargos bancarios, etc. Esto te ayudará a ver dónde estás gastando más de lo que pensabas.
- **Busca patrones repetitivos**: Presta especial atención a los gastos que se repiten con frecuencia pero que no son esenciales para tu bienestar o calidad de vida. Estos son los candidatos más probables para ser "gastos vampiro".

Ejemplo: Al agrupar tus gastos, puedes notar que en la categoría de "café", has gastado $15 durante la semana, o que has pagado $20 en tarifas de servicios de streaming que apenas utilizas.

3. Identifica los "gastos vampiro"

Ahora que tienes una visión clara de tus gastos y cómo se agrupan, es hora de **identificar los "gastos vampiro"**. Estos son los gastos pequeños y frecuentes que no necesariamente son necesarios y que, al eliminarlos o reducirlos, podrías liberar una parte significativa de tu presupuesto.

Cómo identificarlos:

- **Busca gastos innecesarios o impulsivos**: Los "gastos vampiro" suelen ser aquellos que no estaban planificados, que realizas por impulso o por hábito, y que no tienen un impacto positivo en tu vida. Estos incluyen

cafés diarios, snacks, compras de comida rápida, suscripciones que no usas y cargos bancarios innecesarios.
- **Evalúa el valor de cada gasto**: Pregúntate si cada uno de esos gastos te aporta valor o si podrías vivir sin ellos. ¿Realmente necesitas comprar café fuera cada día? ¿Has olvidado cancelar suscripciones que no utilizas?

Ejemplo: Si en una semana descubriste que gastaste $10 en snacks y $20 en suscripciones de streaming que no usas, estos son claramente "gastos vampiro" que podrías reducir o eliminar.

4. Calcula el impacto mensual y anual de los "gastos vampiro"

Después de identificar tus "gastos vampiro" de una semana, es momento de calcular **cuánto te están costando realmente a largo plazo**. Multiplica esos gastos por cuatro para obtener un estimado mensual y por 12 para ver el impacto anual.

Cómo hacerlo:

- **Suma los "gastos vampiro" de la semana**: Toma los gastos que has identificado como innecesarios y calcula cuánto suman en una semana.
- **Calcula el impacto mensual**: Multiplica esa cantidad por cuatro para ver cuánto estás gastando en esos gastos vampiro cada mes.
- **Calcula el impacto anual**: Multiplica la cantidad mensual por 12 para ver cuánto podrías estar gastando en un año si no haces cambios.

Ejemplo: Si descubres que en una semana gastaste $15 en café, $10 en snacks y $20 en suscripciones no utilizadas, suman $45. Al multiplicar esto por 4, ves que estás gastando **$180 al mes** en gastos vampiro. Si multiplicas esa cantidad por 12, te das cuenta de que estás gastando **$2,160 al año** en estos gastos innecesarios.

5. Establece metas para eliminar o reducir tus "gastos vampiro"

Ahora que sabes cuánto estás gastando en "gastos vampiro", es hora de **establecer metas claras** para eliminarlos o reducirlos significativamente. Al hacerlo, liberarás una parte importante de tu presupuesto que podrás destinar al ahorro, a pagar deudas o a invertir en algo más valioso para ti.

Cómo hacerlo:

- **Selecciona los gastos que vas a reducir o eliminar**: Identifica los "gastos vampiro" que más afectan tu presupuesto y establece un plan para eliminarlos o reducirlos. Por ejemplo, podrías decidir limitar las compras de café a una vez por semana, o cancelar una suscripción innecesaria.
- **Sustituye hábitos**: Busca alternativas más económicas o saludables para sustituir los "gastos vampiro". Si sueles comprar snacks, lleva comida hecha en casa. Si pagas suscripciones que no usas, cancélalas y revisa si realmente necesitas ese servicio.
- **Automatiza el ahorro**: Si logras reducir estos gastos, considera automatizar la transferencia del dinero que has ahorrado hacia una cuenta de ahorros o inversión. Esto te asegura que el

dinero que antes gastabas en "gastos vampiro" se destine a algo más productivo.

Ejemplo: Si decides dejar de comprar café fuera de casa todos los días y en su lugar llevar café preparado desde casa, podrías ahorrar $12 por semana. En un año, eso representaría un ahorro de más de $600. Lo mismo aplica si cancelas suscripciones innecesarias o controlas las compras impulsivas de snacks.

6. Monitorea tus progresos y ajusta según sea necesario

Eliminar los "gastos vampiro" es un proceso continuo que requiere **monitoreo y ajustes** a lo largo del tiempo. Después de implementar los cambios, asegúrate de revisar tus gastos regularmente para verificar que estás manteniendo el control sobre tus finanzas.

Cómo hacerlo:

- **Revisa tus gastos cada mes**: Haz un seguimiento de tus finanzas cada mes para asegurarte de que estás cumpliendo con tus metas de eliminar los "gastos vampiro".
- **Ajusta según sea necesario**: Si descubres que algunos gastos han vuelto a aparecer o que has desarrollado nuevos "gastos vampiro", ajústalos nuevamente y busca formas de mantener el control.

Ejemplo: Si después de dos meses de reducir tus gastos en café y snacks ves que estás volviendo a caer en compras impulsivas, realiza un ajuste y refuerza tus hábitos de ahorro.

Los **"gastos vampiro"** pueden parecer inofensivos, pero cuando no los controlas, pueden drenar una parte significativa de tu presupuesto sin que te des cuenta. Al realizar este ejercicio práctico de detectar y eliminar estos pequeños gastos innecesarios, puedes liberar dinero que puedes utilizar para ahorrar, invertir o alcanzar tus metas financieras más rápidamente. Este proceso de autoevaluación y ajuste te ayudará a tomar el control total de tus finanzas y a ser más consciente de cómo y en qué gastas tu dinero.

Cómo Desarrollar un Plan de Ahorro con Poco Dinero

Uno de los mayores mitos financieros es que necesitas ganar grandes sumas de dinero para empezar a ahorrar. En realidad, la cantidad de dinero que tienes no es lo más importante; lo que realmente marca la diferencia es la **disciplina y constancia** con la que ahorras, sin importar el tamaño de tus ingresos. Este capítulo está diseñado para mostrarte cómo puedes desarrollar un **plan de ahorro** incluso si cuentas con un ingreso limitado, y cómo ese pequeño esfuerzo puede convertirse en una herramienta poderosa para alcanzar tus metas financieras a largo plazo.

Ahorrar con poco dinero no solo es posible, sino fundamental para construir una base sólida de bienestar financiero. La clave está en aprender a priorizar tus gastos, evitar malgastos innecesarios, y crear el hábito del ahorro, por pequeño que sea el monto que puedas apartar. Con un plan claro y algunos ajustes en tu estilo de vida, puedes comenzar a ahorrar de manera constante, lo que te permitirá enfrentar emergencias financieras, alcanzar metas personales y tener un mayor control sobre tu futuro económico.

A lo largo de este capítulo, exploraremos estrategias prácticas y fáciles de implementar que te ayudarán a desarrollar un plan de ahorro adaptado a tu situación actual. No importa cuánto ganes, lo importante es empezar, ser constante y tener un enfoque consciente hacia la gestión de tus finanzas.

Mitos sobre el ahorro cuando se tiene poco ingreso

Ahorrar puede parecer una tarea difícil, especialmente cuando tus ingresos son limitados. Sin embargo, existe una gran cantidad de **mitos** que nos frenan y nos hacen creer que no es posible ahorrar con poco dinero. Estos mitos pueden convertirse en barreras mentales que nos impiden desarrollar el hábito del ahorro, y es importante desmentirlos para poder avanzar hacia una mejor situación financiera.

En este apartado, vamos a desmontar algunos de los mitos más comunes sobre el ahorro con bajos ingresos y te mostraremos cómo es posible romper estas creencias limitantes para empezar a construir un fondo de ahorro, sin importar cuánto ganes. La idea principal es entender que ahorrar no es una cuestión de cuánto dinero tienes, sino de cómo gestionas tus finanzas y qué hábitos adoptas.

1. Mito 1: "No puedo ahorrar porque gano muy poco"

Este es el mito más común que escuchamos cuando se trata de ahorrar con un ingreso limitado. Muchas personas creen que solo quienes ganan grandes cantidades de dinero pueden ahorrar, cuando en realidad **todo el mundo puede ahorrar**, independientemente de sus ingresos. La cantidad de dinero que ganas no determina si puedes o no ahorrar; lo que lo determina es tu capacidad para gestionar tus gastos y priorizar tus finanzas.

La realidad:

- El ahorro no se trata de la cantidad inicial que apartes, sino del **hábito** de hacerlo de manera constante. Incluso ahorrar una pequeña cantidad cada mes puede marcar la diferencia con el tiempo.

- Si puedes ajustar tus gastos, por mínimos que sean, y encontrar oportunidades para reducir costos, podrás empezar a ahorrar, aunque sea con pequeñas cantidades. Por ejemplo, puedes ahorrar $10 al mes, y aunque parezca poco, después de un año habrás acumulado $120, lo que puede convertirse en la base de un fondo de emergencia o inversión.

Cómo combatir este mito:

- **Comienza con pequeñas cantidades**: No te enfoques en el tamaño de lo que puedes ahorrar al principio, sino en la constancia. Si puedes ahorrar el 1% o el 2% de tus ingresos, es un buen comienzo.
- **Haz del ahorro una prioridad**: En lugar de ahorrar lo que sobra al final del mes, aparta una pequeña cantidad en cuanto recibas tu salario. Incluso si es una cantidad pequeña, este acto de prioridad mental cambia tu relación con el dinero.

2. Mito 2: "Es imposible ahorrar con tantos gastos básicos"

Otro mito común es que, debido a los numerosos **gastos básicos** como el alquiler, la alimentación o el transporte, no queda margen para ahorrar. Si bien es cierto que los gastos esenciales pueden consumir una parte importante del ingreso, muchas veces hay pequeñas fugas de dinero que, si se identifican y eliminan, pueden liberar recursos para el ahorro. La clave es **gestionar mejor los gastos** y encontrar áreas donde se pueda reducir, sin sacrificar las necesidades básicas.

La realidad:

- En muchos casos, los gastos innecesarios o superfluos se mezclan con los esenciales, lo que da la sensación de que no hay margen para ahorrar. Sin embargo, si haces un análisis de tus finanzas, podrás encontrar pequeños ajustes que, sumados, liberan dinero para ahorrar.
- A veces, reducir ciertos gastos variables, como entretenimiento, comidas fuera de casa o compras impulsivas, te permitirá tener más control sobre tus ingresos y encontrar un equilibrio para ahorrar, aunque sea una cantidad modesta.

Cómo combatir este mito:

- **Audita tus gastos**: Realiza una revisión detallada de tus gastos y busca oportunidades para reducir lo que no es esencial. A veces, reducir una salida a cenar o una suscripción puede generar el margen necesario para comenzar a ahorrar.
- **Crea un presupuesto**: Un presupuesto te ayudará a visualizar tus gastos esenciales y a encontrar áreas donde puedes hacer ajustes para liberar dinero para el ahorro.

3. Mito 3: "Ahorrar es solo para quienes no tienen deudas"

Muchas personas creen que es imposible ahorrar si tienen **deudas**. Este mito crea la falsa percepción de que todo el dinero debe destinarse a pagar deudas, lo que deja el ahorro como una prioridad secundaria o inalcanzable. Si bien es importante pagar las deudas, ahorrar al mismo tiempo puede ser un pilar fundamental para evitar más endeudamiento en el futuro, especialmente en situaciones de emergencia.

La realidad:

- Es posible y recomendable ahorrar, aunque tengas deudas. Ahorrar incluso una pequeña cantidad puede prevenir que tengas que recurrir a más deudas cuando enfrentas un gasto inesperado.
- La creación de un pequeño **fondo de emergencia** es clave para evitar depender constantemente del crédito. Un fondo de ahorro te permitirá enfrentar contingencias sin tener que añadir más deudas a tu lista.

Cómo combatir este mito:

- **Divide tus ingresos**: Aunque estés pagando deudas, intenta destinar una pequeña parte de tus ingresos al ahorro, aunque sea un 1% o 2%. Esto evitará que entres en un ciclo continuo de endeudamiento.
- **Crea un fondo de emergencia**: Enfócate en crear un fondo de emergencia primero, con el objetivo de cubrir al menos tres meses de tus gastos básicos. Aunque sea pequeño, este fondo puede evitar que necesites recurrir a más deudas cuando surjan problemas.

4. Mito 4: "Ahorrar una pequeña cantidad no vale la pena"

Muchas veces, la gente siente que **ahorrar pequeñas cantidades** no es útil porque parece que no hará una diferencia en sus finanzas a largo plazo. Sin embargo, esta creencia es errónea, ya que **cada dólar cuenta**, y con el tiempo, incluso pequeñas cantidades pueden crecer y convertirse en un colchón financiero sólido.

La realidad:

- Los grandes ahorros comienzan con pequeños pasos. Ahorrar $5 al mes puede parecer insignificante, pero con el tiempo, y sumando el interés compuesto si inviertes, esos pequeños ahorros pueden acumularse de manera significativa.
- Ahorrar pequeñas cantidades también fortalece el hábito del ahorro. El objetivo es desarrollar la disciplina para apartar dinero de manera regular, independientemente de la cantidad.

Cómo combatir este mito:

- **Establece metas pequeñas**: Empieza con metas de ahorro pequeñas y alcanzables. Por ejemplo, intenta ahorrar $1 al día. Al final del mes, habrás ahorrado $30, que pueden sumarse con el tiempo.
- **Celebra el progreso**: No subestimes el poder de pequeños logros financieros. Si puedes ahorrar incluso una pequeña cantidad, reconócelo como un paso positivo hacia tu estabilidad financiera.

5. Mito 5: "Es mejor gastar ahora porque ahorrar no tiene recompensa inmediata"

Este mito se relaciona con la **gratificación instantánea**. Muchas personas piensan que es mejor gastar el dinero ahora para obtener placer inmediato, en lugar de ahorrarlo para algo a largo plazo. Esto crea la idea errónea de que el ahorro es un sacrificio sin recompensa a corto plazo.

La realidad:

- Si bien es cierto que el ahorro no ofrece una recompensa inmediata, los beneficios a largo plazo son mucho más significativos. El dinero ahorrado te brinda seguridad, tranquilidad y la posibilidad de alcanzar metas más grandes, como la compra de una casa, viajes o inversiones.
- La gratificación que obtienes al gastar de inmediato es efímera, mientras que el ahorro te permite tener un control más sostenible y estratégico de tus finanzas.

Cómo combatir este mito:

- **Visualiza tus metas de ahorro:** Piensa en lo que podrías lograr si ahorras de manera constante. Crea una visualización clara de tus metas a largo plazo, como comprar un automóvil, pagar deudas o jubilarte cómodamente. Tener estos objetivos te motivará a ser más disciplinado.
- **Permítete pequeñas recompensas:** No es necesario eliminar por completo la gratificación inmediata. Puedes asignar una pequeña parte de tu presupuesto para entretenimiento o indulgencias, pero asegúrate de que el ahorro sea tu prioridad principal.

Los **mitos sobre el ahorro cuando se tiene poco ingreso** pueden ser barreras mentales que te impiden progresar financieramente. Es importante desmentir estas creencias para poder construir un plan de ahorro, incluso si tienes ingresos limitados. El ahorro no depende de cuánto dinero ganas, sino de la constancia, la planificación y la capacidad de gestionar tus gastos de manera eficiente. Rompiendo estos mitos y adoptando un enfoque más consciente hacia el ahorro, puedes crear una base sólida para tu futuro financiero, sin importar el tamaño de tus ingresos actuales.

Estrategias para ahorrar pequeñas cantidades que se suman con el tiempo

Ahorrar no siempre se trata de apartar grandes sumas de dinero; de hecho, la clave para lograr una buena salud financiera radica en la **constancia**, independientemente del tamaño de tus ahorros. Aunque parezca insignificante, ahorrar pequeñas cantidades regularmente puede tener un impacto significativo a largo plazo. Con el tiempo, estas pequeñas sumas se acumulan y pueden convertirse en una base sólida para tus metas financieras.

A continuación, exploraremos varias **estrategias simples y efectivas** que puedes implementar para comenzar a ahorrar pequeñas cantidades, sin importar tus ingresos. Estas técnicas están diseñadas para ser prácticas, fáciles de seguir y para adaptarse a tu situación financiera actual.

1. La regla del "paga primero a ti mismo"

Una de las estrategias más efectivas para ahorrar, independientemente del tamaño de tus ingresos, es la **regla de "paga primero a ti mismo"**. Esta regla consiste en destinar una parte de tus ingresos al ahorro **antes** de cubrir cualquier otro gasto. Al hacerlo, priorizas el ahorro por encima de todo lo demás, lo que garantiza que siempre reserves una parte de tus ingresos para el futuro.

Cómo hacerlo:

- **Aparta una pequeña cantidad de cada ingreso**: Establece un porcentaje fijo de tus ingresos, por pequeño que sea, para ahorrar. Incluso si solo puedes apartar el 1% o el 5% de tu salario, lo importante es ser constante.
- **Automatiza el proceso**: Si es posible, configura una transferencia automática desde tu cuenta corriente hacia una cuenta de ahorros cada vez que recibas tu salario. Esto asegura que el dinero se destine al ahorro antes de que tengas la tentación de gastarlo.

Ejemplo: Si ganas $500 al mes, podrías decidir apartar el 5%, lo que serían $25 mensuales. Al final del año, habrás ahorrado $300 sin esfuerzo. Aunque parezca poco, esta cantidad puede ser la base para un fondo de emergencia o de inversión.

2. El método del "reto del ahorro semanal"

El **reto del ahorro semanal** es una forma divertida y progresiva de comenzar a ahorrar pequeñas cantidades de dinero que se suman con el tiempo. La idea es aumentar gradualmente la cantidad que ahorras cada semana durante un año, empezando con una cifra pequeña.

Cómo hacerlo:

- **Semana 1: Empieza pequeño**: En la primera semana, ahorra una pequeña cantidad, por ejemplo, $1.
- **Semana 2 en adelante**: Cada semana, aumenta la cantidad que ahorras en $1. En la segunda semana, ahorrarías $2; en la tercera, $3, y así sucesivamente.

Al final del año, habrás ahorrado una cantidad considerable, sin haber tenido que hacer sacrificios financieros grandes en un solo momento.

Ejemplo: Si sigues este método durante 52 semanas, al final del año habrás ahorrado **$1,378**. La clave está en empezar con una cantidad pequeña y aumentar el ahorro de manera gradual, haciendo el proceso más manejable y motivador.

3. Redondeo de compras o "ahorro suelto"

Muchas aplicaciones bancarias ofrecen la opción de redondear cada compra que realizas y transferir la diferencia a una cuenta de ahorros. Este método, conocido como **redondeo de compras**, te permite ahorrar pequeñas cantidades automáticamente sin que lo notes, aprovechando el cambio de cada transacción.

Cómo hacerlo:

- **Activa el redondeo automático**: Si tu banco ofrece esta función, actívala para que cada vez que realices una compra, el monto se redondee al dólar o número más cercano y la diferencia se transfiera automáticamente a una cuenta de ahorros.
- **Redondeo manual**: Si tu banco no ofrece esta opción, puedes hacerlo manualmente al final de cada semana. Redondea tus compras hacia arriba y transfiere la diferencia a tu cuenta de ahorros.

Ejemplo: Si haces una compra de $8.75, el sistema redondeará el total a $9, y los $0.25 adicionales se transferirán automáticamente a tu cuenta de ahorros. Aunque estos pequeños redondeos parecen insignificantes, al cabo de un año, esas cantidades pueden sumar varios cientos de dólares.

4. El "reto de los 5 dólares"

El **reto de los 5 dólares** es una forma sencilla de ahorrar dinero de manera informal, sin necesidad de tener un presupuesto complejo. El reto consiste en apartar **cada billete de 5 dólares** que recibas en tu vida diaria y guardarlo en un lugar seguro, como una caja o una cuenta de ahorros.

Cómo hacerlo:

- **Aparta cada billete de $5**: Cada vez que recibas un billete de $5, ya sea de un cambio o de una transacción, guárdalo en un sobre o en una cuenta de ahorros especial.
- **Hazlo de manera constante**: Este reto es efectivo porque no te das cuenta de cuánto estás ahorrando hasta que revisas la cantidad acumulada al final de un periodo de tiempo.

Ejemplo: Si en un mes recibes diez billetes de $5, habrás ahorrado $50 sin siquiera sentir que estás haciendo un esfuerzo consciente. Con el tiempo, esta cantidad puede acumularse y convertirse en un fondo para emergencias o un objetivo específico.

5. Ahorra el dinero inesperado

El dinero inesperado, como los **bonos, regalos, devoluciones de impuestos o ingresos adicionales**, puede ser una excelente oportunidad para aumentar tu ahorro sin afectar tu presupuesto mensual. En lugar de gastar inmediatamente este dinero extra, destínalo directamente a tu cuenta de ahorros.

Cómo hacerlo:

- **Guarda todo el dinero extra**: Cada vez que recibas dinero que no tenías previsto, ahórralo en lugar de gastarlo. Esto puede incluir desde bonos del trabajo, devoluciones fiscales o cualquier ingreso inesperado.
- **No lo cuentes como parte de tu presupuesto regular**: Considera este dinero como un bono para tu ahorro. De esta manera, no lo integrarás en tus gastos normales y será más fácil apartarlo.

Ejemplo: Si recibes un bono de $300 en el trabajo o una devolución de impuestos de $500, destina esa cantidad directamente a tu cuenta de ahorros en lugar de gastarla en compras impulsivas. Este tipo de ingresos adicionales pueden acelerar significativamente tu capacidad de ahorro.

6. Ahorra "el cambio" o los aumentos en tu salario

Cuando recibes un aumento en tu salario o ingresos, es tentador aumentar tus gastos al mismo ritmo. Sin embargo, una excelente estrategia de ahorro es **guardar la diferencia** entre tu salario anterior y el nuevo. De esta manera, sigues viviendo con el mismo presupuesto, pero aumentas tu capacidad de ahorro.

Cómo hacerlo:

- **Vive como si no hubieras recibido el aumento**: Mantén tu estilo de vida y gastos igual que antes del aumento. La diferencia entre tu salario anterior y el nuevo debe ser ahorrada automáticamente.
- **Automatiza la diferencia**: Configura una transferencia automática de la cantidad extra

que recibes cada mes, de manera que no tengas la tentación de gastarlo en lugar de ahorrarlo.

Ejemplo: Si recibes un aumento de $100 al mes, configura una transferencia automática de esos $100 a tu cuenta de ahorros. Después de un año, habrás ahorrado $1,200 sin cambiar tu estilo de vida.

7. Usa el método del "presupuesto en sobres"

El **método de sobres** es una estrategia de presupuesto que consiste en dividir tus ingresos en sobres, donde cada uno tiene una cantidad específica asignada para gastos. El ahorro es uno de esos sobres, y al asignarle una cantidad fija, te aseguras de que siempre ahorras algo cada mes.

Cómo hacerlo:

- **Asigna sobres para cada categoría de gasto**: Distribuye tu ingreso mensual entre categorías como alimentación, transporte, entretenimiento y, por supuesto, ahorro. Asegúrate de que el sobre del ahorro reciba una cantidad fija cada mes, incluso si es pequeña.
- **Gasta solo lo que hay en cada sobre**: Una vez que el dinero en cada sobre se haya agotado, no puedes gastar más en esa categoría hasta el mes siguiente.

Ejemplo: Si asignas $20 al mes al sobre del ahorro, esa cantidad puede parecer pequeña, pero después de 12 meses habrás ahorrado $240, lo que podría cubrir una emergencia o permitirte invertir en algo más grande.

8. Haz un reto de ahorro "sin gastar"

El **reto de ahorro sin gastar** es una estrategia en la que decides no gastar dinero en ciertas categorías o durante ciertos periodos de tiempo. Esto puede ser durante una semana o incluso un mes completo, dependiendo de tu nivel de compromiso. El dinero que habrías gastado durante ese periodo se destina directamente al ahorro.

Cómo hacerlo:

- **Elige una categoría de gastos para eliminar temporalmente**: Puedes decidir no gastar en entretenimiento, salidas a restaurantes o compras impulsivas durante una semana o un mes. El dinero que normalmente habrías gastado en estas actividades se ahorra.
- **Desafía a amigos o familiares**: A veces, hacer estos retos junto a otras personas puede hacer el proceso más divertido y motivador. Pueden desafiarse mutuamente para ver quién puede ahorrar más en un periodo determinado.

Ejemplo: Si normalmente gastas $50 al mes en salidas a comer, podrías hacer un reto de "no gastar en restaurantes" durante un mes. Al final de ese periodo, esos $50 se pueden destinar a tu fondo de ahorros.

Ahorrar pequeñas cantidades es más fácil de lo que parece cuando adoptas las **estrategias correctas** y haces del ahorro una prioridad en tu vida diaria. La clave está en ser constante y en encontrar formas creativas de apartar pequeñas sumas que, con el tiempo, se sumarán y te ayudarán a alcanzar tus metas financieras. No importa cuán pequeño sea el monto que puedas ahorrar; lo importante es empezar y mantener el hábito. Con estas estrategias, estarás un paso más cerca de la estabilidad financiera y de un futuro más seguro.

Métodos de ahorro automáticos: redondeo de pagos, aplicaciones de microahorro

Ahorrar puede ser una tarea difícil cuando depende completamente de la disciplina y la fuerza de voluntad. Afortunadamente, en la era digital, existen **métodos automáticos** que hacen que el proceso de ahorro sea prácticamente invisible y sin esfuerzo. Estas herramientas, como el **redondeo de pagos** y las **aplicaciones de microahorro**, te permiten ahorrar pequeñas cantidades de dinero sin que tengas que tomar decisiones activas todos los días. Este tipo de ahorro es ideal para quienes tienen ingresos limitados, ya que aprovecha las transacciones diarias para crear un hábito de ahorro progresivo y automático.

A continuación, exploraremos cómo funcionan estos métodos automáticos y cómo puedes utilizarlos para ahorrar de manera efectiva, sin que afecten significativamente tu presupuesto mensual.

1. Redondeo de pagos: Ahorrar sin esfuerzo con cada compra

El **redondeo de pagos** es una de las formas más sencillas de empezar a ahorrar sin siquiera notarlo. Este método funciona redondeando el valor de cada compra que realizas al número más cercano (o a una cantidad específica) y transfiriendo la diferencia automáticamente a una cuenta de ahorros. Aunque las cantidades sean pequeñas, con el tiempo se acumulan y te permiten ahorrar sin que te des cuenta.

Cómo funciona el redondeo de pagos:

- **Compra y redondeo**: Cada vez que realizas una compra con tu tarjeta de débito, el sistema redondea el monto al número entero más cercano. Por ejemplo, si pagas $7.50 por algo, la transacción se redondea a $8, y los $0.50 de diferencia se transfieren automáticamente a una cuenta de ahorros.
- **Pequeñas cantidades que suman**: Aunque las cantidades redondeadas pueden ser pequeñas (centavos o unos pocos dólares), con el tiempo pueden acumularse. Al realizar varias transacciones diarias o semanales, puedes ahorrar sin esfuerzo cantidades significativas a largo plazo.

Ventajas del redondeo de pagos:

- **Automatización completa**: No tienes que tomar decisiones diarias sobre cuánto ahorrar. Cada compra que haces se convierte en una oportunidad de ahorro sin necesidad de acción adicional.
- **Impacto mínimo en tu presupuesto**: Debido a que las cantidades ahorradas son pequeñas, rara vez sientes que estás renunciando a algo en tu presupuesto mensual.
- **Acumulación progresiva**: Con el tiempo, esas pequeñas cantidades pueden acumularse en un fondo de emergencia o para un objetivo específico, sin que te des cuenta del proceso.

Ejemplo: Si haces 30 compras al mes, y en promedio cada transacción redondea $0.50 a tu cuenta de ahorros, al final del mes habrás ahorrado $15. Aunque puede parecer poco, en un año esto sumará $180, un buen fondo inicial sin esfuerzo adicional.

2. Aplicaciones de microahorro: Ahorrar pequeñas cantidades de manera automática

Las **aplicaciones de microahorro** son herramientas que te ayudan a ahorrar pequeñas cantidades de dinero de manera automática y constante, basándose en reglas o hábitos personalizados que tú mismo configuras. Estas aplicaciones suelen estar vinculadas a tu cuenta bancaria o tarjetas de débito, lo que les permite gestionar tus transacciones diarias y destinar pequeñas cantidades de dinero al ahorro.

Cómo funcionan las aplicaciones de microahorro:

- **Conectadas a tu cuenta bancaria**: La mayoría de las aplicaciones de microahorro se conectan directamente a tus cuentas bancarias y monitorean tus transacciones para detectar oportunidades de ahorro.
- **Ahorro automático basado en reglas**: Estas aplicaciones te permiten establecer reglas específicas para ahorrar. Por ejemplo, puedes configurarlas para que ahorren una cantidad fija todos los días, una parte de tus ingresos o el "cambio" de tus compras, como el redondeo de pagos.
- **Ahorrar sin esfuerzo**: Las aplicaciones de microahorro están diseñadas para hacer que el ahorro sea algo automático y sin esfuerzo. Una vez que las configuras, se encargan de transferir pequeñas cantidades de dinero a tu cuenta de ahorros sin que tengas que hacer nada más.

Ejemplos de aplicaciones populares de microahorro:

1. **Acorns**: Esta aplicación redondea automáticamente cada transacción a la cantidad más cercana y transfiere la diferencia a una cuenta de inversión. Con Acorns, no solo ahorras, sino que ese dinero se invierte, generando rendimientos a largo plazo.
2. **Qapital**: Te permite configurar reglas personalizadas para ahorrar, como apartar $5 cada vez que realices una compra en una categoría específica (por ejemplo, entretenimiento) o redondear cada transacción y ahorrar el cambio. Qapital también te ayuda a ahorrar para metas específicas, como un viaje o un fondo de emergencia.
3. **Digit**: Digit analiza tus ingresos y patrones de gasto para calcular cuánto puedes ahorrar cada día sin afectar tu presupuesto. Luego transfiere automáticamente pequeñas cantidades de dinero a tu cuenta de ahorros.

Ventajas de las aplicaciones de microahorro:

- **Ahorro adaptado a tu estilo de vida**: Estas aplicaciones permiten ajustar el ahorro a tu ritmo de vida y finanzas. Puedes configurar reglas personalizadas que se adapten a tu situación económica y a tus metas.
- **Transparencia y control**: Aunque son automáticas, estas aplicaciones te ofrecen reportes claros sobre cuánto has ahorrado y te permiten ajustar las reglas en cualquier momento.
- **Objetivos y motivación**: Muchas aplicaciones permiten que fijes metas de ahorro específicas, como un viaje o la compra de algo importante, lo que aumenta la motivación para ahorrar.

Ejemplo: Si usas una aplicación como Qapital, puedes configurar una regla que te permita ahorrar $1 por cada café que compres. Si compras café cinco veces a la semana, habrás ahorrado $5 en una semana sin sentir el impacto en tu presupuesto diario.

3. Ventajas de los métodos de ahorro automáticos

Implementar **métodos de ahorro automáticos** como el redondeo de pagos y las aplicaciones de microahorro tiene varias ventajas que los hacen efectivos para quienes tienen ingresos limitados o simplemente buscan ahorrar sin complicaciones:

1. **Sin esfuerzo consciente**: La automatización elimina la necesidad de tomar decisiones diarias sobre cuánto y cuándo ahorrar. El proceso ocurre en segundo plano sin que tengas que estar pendiente de ello.
2. **Pequeñas cantidades se suman**: Los métodos automáticos aprovechan pequeñas sumas de dinero que, aunque insignificantes a corto plazo, se acumulan con el tiempo y crean un fondo considerable.
3. **Adaptabilidad a cualquier ingreso**: Estos métodos son altamente adaptables a diferentes niveles de ingresos. Ya sea que ganes mucho o poco, siempre puedes ahorrar pequeñas cantidades que se ajusten a tu presupuesto.
4. **Fomenta el hábito del ahorro**: A través de la repetición automática, estos métodos te ayudan a desarrollar el hábito del ahorro sin esfuerzo. La constancia es clave, y con el tiempo te darás cuenta de que estás ahorrando más de lo que pensabas sin alterar tu estilo de vida.

4. Estrategias para maximizar el ahorro automático

Aunque los métodos de ahorro automáticos funcionan en segundo plano, existen algunas estrategias que puedes implementar para **maximizar su efectividad** y asegurarte de que estás aprovechando todo el potencial de estas herramientas.

Cómo maximizar el ahorro automático:

- **Aumenta gradualmente las cantidades**: Si comienzas redondeando tus compras o ahorrando pequeñas cantidades, considera aumentar el monto con el tiempo. Por ejemplo, en lugar de redondear al dólar más cercano, podrías redondear al próximo $5. Esta pequeña diferencia acelerará tu ahorro sin que lo sientas.
- **Ahorra en días de pago**: Configura una transferencia automática el día que recibes tu salario para que un porcentaje de tus ingresos se destine directamente a una cuenta de ahorros. Esta es una manera excelente de asegurarte de que estás priorizando el ahorro antes de cualquier otro gasto.
- **Asocia el ahorro con objetivos**: Si tu aplicación de microahorro te permite establecer metas, como un viaje o un fondo de emergencia, establece objetivos claros y visualiza cuánto necesitas para alcanzarlos. Tener una motivación concreta te ayudará a mantenerte comprometido con el ahorro.

Ejemplo: Si usas Acorns para redondear tus compras y decides redondear al próximo $5 en lugar del próximo dólar, estarás ahorrando más rápidamente. Al cabo de seis meses, podrías tener el doble de ahorro en comparación con redondear solo al dólar.

Los **métodos de ahorro automáticos**, como el redondeo de pagos y las aplicaciones de microahorro, son herramientas poderosas que te permiten ahorrar sin esfuerzo y sin alterar tu estilo de vida. A través de la automatización, puedes empezar a apartar pequeñas cantidades de dinero que se acumulan con el tiempo, creando un fondo de ahorro o inversión de manera progresiva. Estos métodos son perfectos para aquellos que buscan formas sencillas de ahorrar con ingresos limitados y que prefieren dejar que la tecnología haga el trabajo por ellos.

Ejercicio: Crea un plan de ahorro mensual con un presupuesto limitado

Ahorrar con un presupuesto limitado puede parecer un desafío, pero es completamente posible con la planificación adecuada. Este ejercicio te guiará paso a paso para crear un **plan de ahorro mensual** que se ajuste a tu situación financiera actual, sin importar lo ajustado que sea tu presupuesto. La clave está en ser realista, identificar áreas de mejora y establecer metas claras que te mantengan enfocado en el ahorro, por pequeño que sea el monto inicial.

A continuación, te explico cómo elaborar un plan de ahorro mensual en seis pasos, diseñados específicamente para personas con ingresos limitados.

Paso 1: Establece tus ingresos y gastos mensuales

El primer paso para crear un plan de ahorro es tener una visión clara de cuánto dinero tienes disponible cada mes. Para hacer esto, necesitas conocer con precisión cuáles son tus **ingresos** y **gastos mensuales**.
Cómo hacerlo:

- **Anota tus ingresos**: Escribe cuánto dinero ingresas cada mes. Esto puede incluir tu salario, cualquier ingreso secundario, y cualquier otro dinero que recibas regularmente.
- **Anota tus gastos fijos y variables**: Haz una lista detallada de todos tus gastos mensuales. Incluye tanto gastos fijos (como alquiler, servicios, transporte) como variables (como entretenimiento, comidas fuera de casa, compras impulsivas). Asegúrate de ser lo más preciso posible.

Ejemplo:

- Ingreso mensual: $1,000
- Gastos fijos: $700 (alquiler, servicios, transporte)
- Gastos variables: $200 (comidas fuera de casa, entretenimiento, ropa)
- Total, de gastos mensuales: $900

Resultado: En este ejemplo, tendrías $100 disponibles para ahorrar o destinar a otros objetivos financieros.

Paso 2: Define una meta de ahorro alcanzable

Ahora que sabes cuánto dinero tienes disponible después de cubrir tus gastos, el siguiente paso es definir una **meta de ahorro** que sea realista y alcanzable. Aunque tu presupuesto sea ajustado, es importante empezar con una cantidad que puedas mantener de manora constante cada mes.

Cómo hacerlo:

- **Empieza con una meta pequeña**: Si tu presupuesto es muy limitado, está bien

comenzar con una cantidad modesta. Lo importante es desarrollar el hábito del ahorro, por pequeño que sea.
- **Fija un porcentaje de tus ingresos**: Una buena estrategia es ahorrar un pequeño porcentaje de tus ingresos. Puede ser un 5% o un 10%, dependiendo de tu capacidad actual. Si tus ingresos son de $1,000, podrías empezar ahorrando $50 al mes (5%).

Ejemplo: Meta de ahorro mensual: $50 (5% de tus ingresos)

Paso 3: Haz ajustes en tus gastos para liberar dinero para el ahorro

Para poder cumplir con tu meta de ahorro mensual, puede que necesites hacer algunos **ajustes en tus gastos**. Este paso implica identificar áreas en las que puedas reducir o eliminar gastos innecesarios, sin comprometer tus necesidades básicas.

Cómo hacerlo:

- **Analiza tus gastos variables**: Revisa tus gastos variables (comidas fuera, entretenimiento, compras impulsivas) y busca oportunidades para recortar. Pregúntate si realmente necesitas hacer esas compras o si puedes reducir la frecuencia de ciertos gastos.
- **Ajustes prácticos**: Pequeños cambios pueden marcar una gran diferencia. Por ejemplo, si comes fuera de casa tres veces a la semana, podrías reducirlo a una vez y cocinar en casa el resto del tiempo.

Ejemplo:

- Gasto mensual en comidas fuera: $80
- Reducción a una comida fuera de casa por semana: $40 de ahorro mensual

Con solo reducir la frecuencia de comer fuera, ya habrías liberado $40 para ahorrar.

Paso 4: Utiliza un método de ahorro automático

Para facilitar el proceso de ahorro, es recomendable **automatizarlo**. De esta manera, el dinero destinado al ahorro se transfiere directamente a tu cuenta de ahorros sin que tengas que hacer un esfuerzo consciente cada mes.

Cómo hacerlo:

- **Configura una transferencia automática**: Si tu banco ofrece esta opción, configura una transferencia automática de tu cuenta corriente a tu cuenta de ahorros el día que recibes tu salario. Esto te asegurará que estás ahorrando antes de gastar.
- **Elige una cantidad fija**: Decide una cantidad fija que se transferirá cada mes. Puede ser la cantidad que definiste como tu meta de ahorro o una parte de tus ingresos que has decidido apartar para el ahorro.

Ejemplo: Transferencia automática mensual: $50 el primer día de cada mes a tu cuenta de ahorros.

Paso 5: Ahorra todo ingreso extra o inesperado

Una estrategia poderosa para aumentar tu capacidad de ahorro es destinar **todo ingreso extra o inesperado** directamente al ahorro. Este dinero puede venir de devoluciones de impuestos, bonos, regalos o cualquier otra fuente adicional.

Cómo hacerlo:

- **Establece una regla**: Cada vez que recibas dinero inesperado, decide ahorrar un porcentaje significativo de este. Si puedes, ahorra el 100% de este ingreso extra, ya que no lo tenías contemplado en tu presupuesto regular.
- **Aprovecha los ingresos ocasionales**: Por ejemplo, si recibes un bono en el trabajo o una devolución de impuestos, deposita esa cantidad en tu cuenta de ahorros antes de gastarla en cualquier otra cosa.

Ejemplo:

- Bono de fin de año: $200
- Ahorro del bono: 100% depositado en la cuenta de ahorros ($200 adicionales al plan de ahorro mensual)

Paso 6: Monitorea y ajusta tu plan de ahorro regularmente

Finalmente, para que tu plan de ahorro sea exitoso, es importante que lo **monitorees** de manera regular y hagas ajustes según sea necesario. Algunas veces pueden surgir cambios en tu situación financiera que requieran que aumentes o reduzcas tu capacidad de ahorro. Lo importante es ser flexible y seguir comprometido con tu objetivo.

Cómo hacerlo:

- **Revisa tu presupuesto cada mes**: Al final de cada mes, revisa si lograste cumplir con tu

meta de ahorro. Si no lo hiciste, evalúa qué ajustes puedes hacer para el próximo mes.
- **Aumenta el ahorro cuando sea posible**: Si descubres que puedes ahorrar más de lo planeado, ajusta tu plan para aumentar la cantidad ahorrada. Por ejemplo, si recibes un aumento de salario, podrías destinar una parte de ese aumento al ahorro automático.

Ejemplo:

- Mes 1: Meta de ahorro cumplida ($50 ahorrados)
- Mes 2: Reducción en gastos de transporte, lo que permite aumentar el ahorro a $70
- Mes 3: Se ajusta el plan de ahorro mensual a $70 para seguir mejorando la capacidad de ahorro.

Ejemplo práctico completo

Vamos a resumir un ejemplo de cómo podría verse un **plan de ahorro mensual** para alguien con un presupuesto limitado, siguiendo los pasos mencionados:

1. **Ingresos mensuales**: $1,000
2. **Gastos fijos**: $700 (alquiler, servicios, transporte)
3. **Gastos variables**: $200 (comidas fuera de casa, entretenimiento)
4. **Meta de ahorro**: $50 (5% del ingreso mensual)
5. **Ajuste en gastos variables**: Reducción de comidas fuera de casa ($40 ahorrados)
6. **Ahorro automático**: Configuración de transferencia automática de $50 cada mes.
7. **Ingresos adicionales**: Bono de fin de año de $200 ahorrado en su totalidad.

Total, de ahorro en un año (sin contar ingresos extra):

- $50 ahorrados al mes x 12 meses = $600 ahorrados en un año
- $200 adicionales de un bono = $800 ahorrados en total.

Crear un **plan de ahorro mensual** con un presupuesto limitado es completamente posible cuando sigues un enfoque estructurado y realista. Al identificar tus ingresos y gastos, hacer ajustes en áreas donde puedas reducir costos, y automatizar el ahorro, puedes lograr tus metas financieras, incluso si tus ingresos son modestos. Con disciplina y pequeñas cantidades, el ahorro se acumula con el tiempo, dándote una base sólida para el futuro financiero que deseas construir.

La Importancia de Diversificar los Ingresos

En la búsqueda de la estabilidad financiera, uno de los pilares más importantes es la **diversificación de los ingresos**. Muchas personas dependen exclusivamente de un solo flujo de ingresos, generalmente su salario, lo que las deja vulnerables ante cualquier imprevisto o cambio en su situación laboral. Si bien tener un empleo estable es fundamental, confiar en una sola fuente de ingresos puede limitar tu crecimiento financiero y ponerte en una posición de riesgo en caso de una crisis económica, una pérdida de empleo o una emergencia inesperada.

Diversificar los ingresos significa desarrollar múltiples fuentes de dinero, lo que te permite distribuir el riesgo y mejorar tu capacidad para alcanzar metas financieras a largo plazo. Al tener más de un flujo de ingresos, no solo reduces tu dependencia de un solo ingreso, sino que también abres la puerta a oportunidades de crecimiento, ahorros más rápidos y una mayor libertad financiera.

Este capítulo explorará las razones por las que es crucial diversificar tus ingresos, las formas en las que puedes hacerlo, y cómo una estrategia de ingresos diversificados puede proporcionarte mayor seguridad y flexibilidad. Desde obtener ingresos secundarios con trabajos adicionales, emprendimientos, hasta las inversiones, descubrirás que hay muchas maneras de crear una red de seguridad financiera, independientemente de tu situación actual.

Qué es la diversificación de ingresos y por qué es clave para la estabilidad financiera

La **diversificación de ingresos** es el proceso de generar dinero a partir de **múltiples fuentes** en lugar de depender de una sola. Para la mayoría de las personas, su principal y, a veces, única fuente de ingresos es el salario que reciben por su empleo. Aunque tener un trabajo estable es fundamental para mantener un flujo de efectivo constante, depender exclusivamente de un solo ingreso puede ser riesgoso, ya que cualquier evento inesperado, como la pérdida de empleo, una reducción salarial o una crisis económica, puede comprometer tu bienestar financiero.

Diversificar los ingresos significa crear una red de seguridad financiera al desarrollar otros flujos de dinero. Estos pueden incluir ingresos pasivos (como inversiones o rentas), ingresos secundarios (como trabajos adicionales o emprendimientos) o ingresos por hobbies que se convierten en fuentes de ganancia. El objetivo es que, si una de estas fuentes de ingresos falla o se ve afectada, tengas otras que continúen generando dinero, manteniendo así tu estabilidad financiera.

1. ¿Qué es la diversificación de ingresos?

En términos simples, la diversificación de ingresos consiste en **obtener dinero de diferentes fuentes** en lugar de depender de una única fuente, como un salario. Este concepto no solo se aplica a personas con altos ingresos o grandes patrimonios, sino que es accesible para cualquiera que busque mejorar su situación financiera y protegerse de riesgos económicos imprevistos.

Tipos de ingresos que puedes diversificar:

- **Ingresos activos**: Son aquellos que provienen directamente de tu trabajo o esfuerzo, como tu salario, un negocio propio, trabajos por contrato o proyectos freelance.
- **Ingresos pasivos**: Son aquellos que no requieren tu intervención constante para generar dinero. Ejemplos incluyen inversiones en bienes raíces, dividendos de acciones, regalías por libros, música, o ingresos por tener un negocio automatizado.
- **Ingresos secundarios**: Se refieren a cualquier otra fuente de dinero que no sea tu principal ingreso. Esto puede incluir trabajos secundarios, emprendimientos pequeños, servicios freelance o consultorías.

Ejemplo: Si trabajas en una empresa y tienes un salario fijo, eso representa tu ingreso principal. Sin embargo, decides invertir en bienes raíces y alquilar una propiedad, lo que te genera un flujo adicional de ingresos por alquiler. Además, inicias un pequeño negocio en línea que también te aporta ingresos adicionales. De esta manera, tienes **tres fuentes de ingresos** en lugar de depender solo de tu salario.

2. Por qué es clave para la estabilidad financiera

La **diversificación de ingresos** es una de las estrategias más poderosas para lograr la **estabilidad financiera** a largo plazo. Aquí te explicamos las principales razones por las que es esencial diversificar tus ingresos y cómo puede beneficiarte:

1. Reducción del riesgo financiero

Cuando solo tienes una fuente de ingresos, cualquier cambio en esa fuente, como la pérdida de empleo, una reducción de horas laborales o una crisis en tu industria, puede poner en riesgo tu estabilidad financiera. Al diversificar, reduces este riesgo porque no dependes completamente de un solo ingreso para cubrir tus gastos. Si una de tus fuentes de ingresos se ve afectada, otras pueden compensar la pérdida.

Ejemplo: Si tu empleo principal se ve afectado por recortes o despidos, pero tienes un ingreso por alquiler de una propiedad o un pequeño negocio que gestionas en paralelo, esa segunda fuente de ingresos puede ayudarte a mantener tu nivel de vida mientras buscas otro trabajo o recuperas tu ingreso principal.

2. Mayor capacidad para alcanzar metas financieras
Tener varias fuentes de ingresos te permite **acelerar** el proceso de ahorro y alcanzar tus metas financieras más rápido. Con ingresos adicionales, puedes pagar deudas, aumentar tus ahorros, invertir más y mejorar tu calidad de vida sin depender únicamente de un aumento de salario o promoción laboral.

Ejemplo: Si tu objetivo es ahorrar para un viaje o una inversión grande, depender solo de tu salario principal puede limitar la cantidad que puedes apartar mensualmente. Sin embargo, si tienes una segunda fuente de ingresos, como un trabajo freelance en tu tiempo libre, puedes destinar esos ingresos adicionales directamente a tus metas, alcanzándolas en menos tiempo.

3. Protección contra imprevistos

La vida está llena de **imprevistos**: una enfermedad, una reparación costosa, una emergencia familiar o incluso una crisis económica global pueden afectar tus ingresos y desestabilizarte financieramente. Al tener múltiples fuentes de ingresos, creas una red de seguridad que te protege contra estos eventos inesperados, permitiéndote continuar con tus compromisos financieros sin recurrir a deudas o préstamos.

Ejemplo: Si enfrentas una emergencia médica que te obliga a dejar de trabajar temporalmente, pero tienes un flujo de ingresos pasivo, como inversiones o rentas, ese dinero adicional puede ayudarte a cubrir los gastos médicos sin que tu vida financiera colapse.

4. Oportunidades de crecimiento financiero

La diversificación de ingresos no solo reduce el riesgo, sino que también te da la oportunidad de **crecer financieramente** al abrir nuevas fuentes de ingresos que pueden volverse altamente rentables. Algunas de estas nuevas fuentes de ingresos, como un negocio secundario o inversiones exitosas, pueden eventualmente superar tu fuente de ingresos principal y convertirse en el motor de tu estabilidad financiera a largo plazo.

Ejemplo: Comienzas un negocio en línea mientras trabajas en un empleo de tiempo completo. Con el tiempo, ese negocio crece lo suficiente como para generar más dinero que tu salario. Esto te permite tener la libertad de elegir si quieres continuar con tu trabajo principal o dedicarte completamente a tu negocio, brindándote más flexibilidad y oportunidades de crecimiento.

5. Mayor flexibilidad y libertad financiera

Al no depender exclusivamente de un solo trabajo o fuente de ingresos, logras una mayor **flexibilidad financiera**. Esto significa que puedes tomar decisiones más alineadas con tus valores, intereses y metas personales. Diversificar los ingresos te permite reducir la presión de tener que mantener un empleo específico o aceptar condiciones laborales poco favorables, porque tienes otras fuentes de dinero que te respaldan.

Ejemplo: Si tu empleo actual no te satisface o ya no es un ambiente que disfrutes, pero tienes otras fuentes de ingresos estables, puedes tomar la decisión de cambiar de trabajo o emprender un nuevo proyecto sin el estrés financiero que genera depender de un solo salario.

6. Creación de un legado financiero

Diversificar los ingresos no solo te beneficia en el corto plazo, sino que también te permite **crear un legado financiero** para el futuro. Al generar múltiples flujos de ingresos, puedes acumular más riqueza a lo largo del tiempo, lo que te permitirá tener una jubilación más segura, ayudar a tu familia o incluso dejar activos y recursos financieros para futuras generaciones.

Ejemplo: Si inviertes en propiedades que te generan ingresos por alquiler, estás creando un activo que no solo te proporciona dinero en el presente, sino que también puede ser heredado por tus hijos o vendido para generar ganancias significativas en el futuro.

La **diversificación de ingresos** es una estrategia fundamental para alcanzar y mantener la **estabilidad financiera**. Al crear múltiples fuentes de ingresos, reduces el riesgo de depender de un solo flujo de dinero, lo que te protege de imprevistos y te permite alcanzar tus metas financieras más rápido. Además, diversificar los ingresos te ofrece más flexibilidad, oportunidades de crecimiento y la posibilidad de construir un legado financiero a largo plazo. No importa cuál sea tu situación actual, siempre es posible empezar a explorar nuevas fuentes de ingresos que te den más seguridad y libertad en el futuro.

Fuentes de ingresos secundarias: inversiones, freelancing, negocios en línea

Cuando se trata de diversificar tus ingresos, una de las estrategias más efectivas es crear **fuentes de ingresos secundarias** que complementen tu fuente principal, como tu salario o trabajo estable. Estas fuentes de ingresos adicionales pueden variar según tus habilidades, intereses y el tiempo que tengas disponible. Entre las opciones más accesibles y populares se encuentran las **inversiones**, el **freelancing** y los **negocios en línea**. Cada una de estas alternativas ofrece oportunidades para generar dinero extra de manera flexible, ya sea de manera activa o pasiva.

En esta sección, exploraremos cómo puedes comenzar a desarrollar estas fuentes de ingresos y cómo pueden ayudarte a mejorar tu estabilidad financiera a largo plazo.

1. Inversiones: Genera ingresos pasivos con estrategias inteligentes

Las **inversiones** son una de las mejores maneras de generar ingresos pasivos, es decir, dinero que se genera sin que necesites trabajar activamente por él. Aunque a veces se piensa que solo las personas con grandes sumas de dinero pueden invertir, hoy en día existen opciones accesibles para casi cualquier presupuesto. La clave es **comenzar poco a poco**, entender bien el mercado y utilizar estrategias que te permitan hacer crecer tu dinero con el tiempo.

Tipos de inversiones comunes:

- **Acciones y bonos**: Invertir en acciones te permite convertirte en accionista de una empresa y beneficiarte del crecimiento de su valor o de los dividendos que paga a los inversores. Los bonos, por otro lado, son un tipo de inversión en el que prestas dinero a una entidad (gobierno o empresa) a cambio de recibir intereses.
- **Fondos de inversión**: Estos fondos agrupan el dinero de muchos inversores para comprar una variedad de activos, como acciones, bonos o bienes raíces. Los fondos mutuos o ETFs son una opción común, ya que permiten diversificar tus inversiones con menos riesgo.
- **Bienes raíces**: Invertir en propiedades, ya sea para venderlas o alquilarlas, puede generar ingresos pasivos. Si compras una propiedad para alquilar, puedes recibir ingresos constantes de los inquilinos, mientras que el valor de la propiedad puede aumentar con el tiempo.

Ventajas de las inversiones:

- **Generan ingresos pasivos**: Una vez que has invertido, el dinero empieza a trabajar para ti, generando rendimientos o ingresos recurrentes sin que tengas que hacer un esfuerzo constante.
- **Crecimiento a largo plazo**: Las inversiones, especialmente en el mercado de valores o bienes raíces, tienden a aumentar de valor con el tiempo, lo que te ayuda a acumular riqueza a largo plazo.

Ejemplo: Si decides invertir $100 mensualmente en un fondo de inversión que genera un rendimiento promedio del 7% anual, después de 10 años podrías haber acumulado más de $17,000 gracias al interés compuesto. Este dinero no solo representaría ahorros, sino una fuente de ingresos adicional.

2. Freelancing: Monetiza tus habilidades y trabaja de manera flexible

El **freelancing** se ha convertido en una fuente popular de ingresos secundarios, ya que te permite **monetizar tus habilidades** y trabajar de manera flexible. Si tienes habilidades en áreas como diseño gráfico, redacción, programación, marketing, consultoría o traducción, puedes ofrecer tus servicios a clientes en todo el mundo a través de plataformas de freelancing.

Cómo empezar en el freelancing:

- **Identifica tus habilidades**: El primer paso es hacer un inventario de las habilidades que tienes y que podrían ser útiles para otros. Estas pueden incluir habilidades técnicas, artísticas o de asesoría. Pregúntate qué servicios puedes ofrecer de manera independiente.
- **Crea un perfil en plataformas de freelancing**: Existen muchas plataformas en línea donde puedes encontrar clientes que buscan freelancers. Algunas de las más populares incluyen **Upwork, Fiverr, Freelancer, Toptal** y **Guru**. Crea un perfil atractivo destacando tus habilidades, experiencia y proyectos anteriores.
- **Construye una cartera**: Si eres nuevo en el freelancing, es útil construir una cartera con ejemplos de tu trabajo para mostrar a potenciales clientes. Esto aumenta tus posibilidades de conseguir trabajos mejor remunerados.

Ventajas del freelancing:

- **Flexibilidad total**: El freelancing te permite trabajar en tu propio horario y aceptar trabajos que se ajusten a tu disponibilidad. Esto lo convierte en una excelente fuente de ingresos secundarios, ya que puedes hacerlo en tus tiempos libres sin comprometer tu empleo principal.
- **Escalabilidad**: A medida que desarrollas una reputación y construyes relaciones con clientes, puedes aumentar tus tarifas y obtener trabajos más grandes, lo que te permite incrementar tus ingresos con el tiempo.

Ejemplo: Supongamos que eres diseñador gráfico y decides ofrecer tus servicios como freelancer. Si consigues trabajos pequeños, como diseñar logos o tarjetas de presentación, y cobras $200 por proyecto, podrías completar dos o tres proyectos al mes en tu tiempo libre, lo que sumaría entre $400 y $600 adicionales a tus ingresos mensuales.

3. Negocios en línea: Genera ingresos a través del comercio digital

El **negocio en línea** se ha convertido en una de las fuentes de ingresos secundarios más populares en la era digital. El comercio electrónico, la creación de contenido y la venta de productos o servicios en línea ofrecen oportunidades infinitas para generar ingresos de manera remota y escalable. Además, muchas plataformas y herramientas tecnológicas han simplificado el proceso de crear y gestionar un negocio en línea, haciéndolo accesible para cualquier persona, independientemente de su experiencia.

Tipos de negocios en línea:

- **Tienda en línea (e-commerce)**: Puedes vender productos físicos o digitales a través de una tienda en línea. Plataformas como **Shopify**, **Etsy** o **Amazon** permiten a los emprendedores vender productos sin necesidad de tener una tienda física. También puedes vender productos a través de redes sociales como Instagram o Facebook.
- **Infoproductos**: Si tienes conocimientos o experiencia en un tema específico, puedes crear y vender **infoproductos**, como cursos en línea, eBooks, tutoriales o plantillas. Este tipo de negocio requiere un esfuerzo inicial de creación, pero puede generar ingresos pasivos una vez que el producto está disponible para la venta.
- **Marketing de afiliación**: El marketing de afiliación consiste en promocionar productos o servicios de otras empresas y recibir una comisión por cada venta que se genere a través de tus recomendaciones. Esto es común entre bloggers, creadores de contenido y personas con una presencia en redes sociales.
- **Dropshipping**: Este modelo de negocio permite vender productos en línea sin necesidad de mantener inventario. Trabajas con proveedores que gestionan el envío de los productos directamente a los clientes, lo que reduce los costos iniciales y facilita la gestión.

Ventajas de los negocios en línea:

- **Escalabilidad y flexibilidad**: Los negocios en línea te permiten llegar a un público global y escalar tu operación sin grandes inversiones. Además, puedes gestionarlos desde cualquier lugar, lo que te ofrece flexibilidad.

- **Potencial de ingresos pasivos**: Si vendes productos digitales o trabajas con marketing de afiliación, puedes generar ingresos pasivos, ya que las ventas continúan ocurriendo sin que tengas que estar involucrado activamente en cada transacción.

Ejemplo: Si decides vender camisetas personalizadas en línea a través de Shopify o Amazon, puedes empezar con una pequeña inversión inicial y, a medida que construyes tu marca, tus ventas pueden crecer de forma exponencial. Al vender 100 camisetas al mes con una ganancia de $10 por cada una, podrías generar $1,000 adicionales al mes.

Cómo elegir la fuente de ingresos secundaria adecuada para ti

Elegir la **fuente de ingresos secundaria** que mejor se ajuste a tu situación depende de varios factores, como tus intereses, habilidades, tiempo disponible y el riesgo que estés dispuesto a asumir. Aquí algunos consejos para decidir cuál es la mejor opción para ti:

1. **Evalúa tus habilidades**: Si tienes habilidades específicas que puedes monetizar (como escritura, diseño, programación), el freelancing puede ser una opción ideal para ti. Si te interesan más los ingresos pasivos, considera invertir o explorar los negocios en línea.
2. **Considera tu tiempo disponible**: Si tienes poco tiempo libre, los ingresos pasivos (como las inversiones) o los negocios en línea que generen ingresos automáticos, como el dropshipping, podrían ser una mejor opción que el freelancing, que puede requerir más tiempo activo.

3. **Evalúa tu apetito por el riesgo**: Las inversiones, aunque ofrecen grandes oportunidades de ingresos, también pueden ser más riesgosas. Si prefieres empezar con algo de menor riesgo, los negocios en línea o el freelancing pueden ofrecer una curva de aprendizaje más gradual.

Desarrollar **fuentes de ingresos secundarias** como las inversiones, el freelancing o los negocios en línea no solo diversifica tus ingresos, sino que te proporciona flexibilidad, oportunidades de crecimiento y una mayor seguridad financiera. Con la amplia gama de opciones disponibles, cualquier persona puede encontrar una estrategia adecuada para su estilo de vida y metas financieras. Al comenzar con un ingreso adicional, poco a poco podrás mejorar tu estabilidad financiera y abrir la puerta a nuevas oportunidades a largo plazo.

Cómo empezar a generar ingresos pasivos

Los **ingresos pasivos** son una forma poderosa de diversificar tus fuentes de ingresos y alcanzar la estabilidad financiera, ya que te permiten generar dinero sin tener que trabajar activamente todo el tiempo. En lugar de intercambiar tu tiempo por dinero, como ocurre con un empleo tradicional, los ingresos pasivos provienen de inversiones o actividades que, una vez establecidas, requieren poco o ningún esfuerzo adicional para continuar produciendo ingresos.

Empezar a generar ingresos pasivos puede parecer intimidante al principio, pero con las estrategias adecuadas, cualquier persona puede construir una fuente de ingresos que trabaje para ellos a largo plazo. En esta sección, te explicaré los pasos y las opciones más accesibles para comenzar a generar ingresos pasivos de manera efectiva.

1. Define tus metas financieras y elige el tipo de ingreso pasivo adecuado

Antes de comenzar, es importante que definas **tus metas financieras** y que determines qué tipo de ingreso pasivo se adapta mejor a tu situación actual. Hay muchas formas de generar ingresos pasivos, desde inversiones hasta la creación de productos digitales, y cada una requiere diferentes niveles de inversión inicial, tiempo o esfuerzo.

Preguntas clave para definir tus metas:

- **¿Cuánto dinero quiero generar en ingresos pasivos?**: Define una cifra realista para lo que deseas lograr. Por ejemplo, ¿quieres generar $100 adicionales al mes o construir un ingreso que eventualmente reemplace tu salario?
- **¿Cuánto tiempo y dinero puedo invertir al inicio?**: Algunas estrategias de ingresos pasivos, como las inversiones, requieren capital inicial, mientras que otras, como la creación de contenido digital, requieren tiempo y habilidades. Evalúa tus recursos disponibles.
- **¿Cuál es mi tolerancia al riesgo?**: Algunas opciones de ingresos pasivos, como la inversión en acciones, implican más riesgos que otras, como alquilar una propiedad. Define cuánto riesgo estás dispuesto a asumir.

2. Explora las opciones más comunes para generar ingresos pasivos

Hay muchas maneras de comenzar a generar ingresos pasivos. A continuación, te presento algunas de las opciones más comunes y accesibles que puedes considerar, dependiendo de tus intereses y recursos.

1. Inversiones en el mercado de valores

Una de las formas más tradicionales de generar ingresos pasivos es a través de **inversiones en el mercado de valores**, especialmente mediante la compra de **acciones** que paguen **dividendos** o **fondos indexados**. Las acciones que pagan dividendos te ofrecen ingresos regulares en forma de pagos, mientras que los fondos indexados permiten diversificar tus inversiones sin necesidad de gestionar activamente un portafolio.

Cómo empezar:

- **Abre una cuenta de corretaje:** Para invertir en acciones o fondos, necesitarás abrir una cuenta en una plataforma de corretaje, como **Vanguard, Fidelity, E-Trade** o **Robinhood**.
- **Investiga sobre dividendos:** Si estás interesado en recibir ingresos regulares, busca acciones de empresas que ofrezcan dividendos constantes. También puedes invertir en fondos de inversión que se especializan en acciones con dividendos.
- **Empieza con pequeñas cantidades:** No necesitas grandes sumas para empezar. Puedes comenzar invirtiendo $100 o menos y aumentar tu inversión con el tiempo. El interés compuesto y los dividendos pueden hacer crecer tus ingresos pasivos con el tiempo.

Ejemplo: Si inviertes $1,000 en un fondo de acciones que paga un 4% de dividendos anuales, recibirás $40 cada año en ingresos pasivos. A medida que sigas invirtiendo y reinvirtiendo esos dividendos, tus ingresos aumentarán.

2. Propiedades en alquiler

Invertir en **bienes raíces** para generar ingresos por alquiler es otra estrategia común para generar ingresos pasivos. Aunque requiere una inversión inicial mayor y más gestión que otras opciones, una propiedad bien gestionada puede proporcionarte un flujo constante de dinero durante muchos años.

Cómo empezar:

- **Investiga el mercado inmobiliario**: Antes de comprar una propiedad, investiga áreas donde los precios sean accesibles y haya demanda de alquiler. Evalúa si es una zona en crecimiento, con buena infraestructura y demanda de vivienda.
- **Compra una propiedad para alquilar**: Una vez que hayas identificado una propiedad adecuada, puedes financiar la compra con un préstamo hipotecario si es necesario. Después de adquirir la propiedad, podrás alquilarla para generar ingresos mensuales.
- **Considera la gestión de la propiedad**: Si no tienes tiempo para gestionar la propiedad tú mismo, puedes contratar una empresa de gestión de propiedades que se encargue del mantenimiento y la relación con los inquilinos, permitiéndote generar ingresos pasivos sin tanto esfuerzo.

Ejemplo: Si compras una propiedad por $100,000 y la alquilas por $1,000 al mes, después de cubrir los costos (como la hipoteca, los impuestos y el mantenimiento), podrías generar un ingreso neto de

$300 al mes. A largo plazo, también podrías beneficiarte de la apreciación del valor de la propiedad.

3. Marketing de afiliación

El **marketing de afiliación** es una opción accesible para generar ingresos pasivos a través de **comisiones** por recomendar productos o servicios. Si tienes una presencia en línea, como un blog, canal de YouTube o redes sociales, puedes monetizar esas plataformas recomendando productos y ganando una comisión por cada venta que generes a través de tus enlaces de afiliado.

Cómo empezar:

- **Únete a programas de afiliación**: Existen muchas plataformas de marketing de afiliación, como **Amazon Affiliates**, **ClickBank** o **ShareASale**, que te permiten registrarte y comenzar a promocionar productos a cambio de comisiones.
- **Crea contenido de valor**: Para atraer tráfico y generar ventas a través de tus enlaces de afiliado, es necesario crear contenido útil y relevante. Esto puede incluir reseñas de productos, tutoriales o recomendaciones que agreguen valor a tu audiencia.
- **Promociona productos que conozcas**: Es recomendable que promuevas productos que hayas usado o que conozcas bien para generar confianza con tu audiencia. Esto aumenta las probabilidades de conversión.

Ejemplo: Si tienes un blog de tecnología y escribes una reseña sobre un nuevo modelo de teléfono, podrías incluir un enlace de afiliado. Si un lector hace clic en el enlace y compra el teléfono, recibirás una comisión del 5%, lo que puede sumar ingresos significativos si logras generar tráfico regular.

4. Crear y vender productos digitales

Otra manera de generar ingresos pasivos es creando **productos digitales**, como **eBooks, cursos en línea, plantillas, software** o **fotografías**. Una vez que has creado el producto, puedes venderlo de forma continua sin tener que hacer un esfuerzo constante para producir más unidades, lo que lo convierte en una excelente fuente de ingresos pasivos.

Cómo empezar:

- **Elige un nicho**: Identifica un área donde tengas conocimientos o habilidades que puedan ser útiles para otros. Por ejemplo, si eres experto en marketing digital, podrías crear un curso sobre cómo construir una estrategia de marketing en redes sociales.
- **Crea el producto digital**: Utiliza plataformas como **Udemy** para cursos en línea, **Amazon Kindle** para eBooks, o **Etsy** para vender plantillas, ilustraciones o cualquier otro producto digital que hayas creado.
- **Promoción y ventas**: Una vez que tu producto esté listo, es importante promocionarlo a través de redes sociales, correo electrónico o plataformas especializadas. Cada vez que alguien compre tu producto, recibirás ingresos sin necesidad de trabajo adicional.

Ejemplo: Si creas un eBook sobre consejos para mejorar la productividad y lo vendes por $10 en Amazon, podrías generar ingresos cada vez que alguien lo compre. Si vendes 50 copias al mes, generarías $500 en ingresos pasivos.

3. **Automatiza el proceso para que realmente sea pasivo**

Una de las claves para que los ingresos pasivos realmente **funcionen a largo plazo** es **automatizar** todo el proceso lo más posible. Esto asegura que no estés dedicando mucho tiempo activo para mantener las ganancias.

Cómo hacerlo:

- **Automatiza las inversiones**: Si estás invirtiendo en acciones o fondos, puedes configurar aportaciones automáticas mensuales desde tu cuenta corriente a tu cuenta de corretaje. De esta forma, estarás invirtiendo constantemente sin tener que pensar en ello.
- **Automatiza la venta de productos**: Si estás vendiendo productos digitales o participando en marketing de afiliación, asegúrate de utilizar plataformas que gestionen las ventas, entregas y pagos de manera automática.
- **Delegar tareas**: En el caso de propiedades en alquiler, contratar una empresa de gestión de propiedades puede asegurarte de que todo funcione sin tu intervención activa.

Generar **ingresos pasivos** es una de las estrategias más inteligentes para diversificar tus fuentes de ingresos y alcanzar la estabilidad financiera. Al invertir en acciones, propiedades, productos digitales o participar en el marketing de afiliación, puedes crear flujos de ingresos que continúen generando dinero con un esfuerzo mínimo una vez establecidos. La clave es empezar poco a poco, automatizar el proceso tanto como sea posible, y seguir incrementando tus fuentes de ingresos pasivos con el tiempo.

Ejemplos de ingresos adicionales que se pueden implementar con pocos recursos

Uno de los mayores obstáculos que las personas enfrentan al pensar en generar ingresos adicionales es la creencia de que necesitan mucho dinero, tiempo o experiencia para comenzar. Sin embargo, existen muchas formas de generar **ingresos secundarios** que requieren **pocos recursos iniciales** y pueden adaptarse a tu tiempo y habilidades. Estas oportunidades están diseñadas para ser accesibles, flexibles y escalables, lo que significa que puedes comenzar con una pequeña inversión de tiempo o dinero y aumentar gradualmente tu ingreso.

A continuación, te mostramos algunos ejemplos de ingresos adicionales que puedes empezar con recursos limitados, perfectos para mejorar tu **salud financiera** sin necesidad de grandes inversiones.

1. Freelancing: Ofrecer tus servicios profesionales en plataformas en línea

El **freelancing** es una de las maneras más accesibles de generar ingresos adicionales, ya que solo necesitas una conexión a internet y habilidades que puedas ofrecer a otras personas o empresas. Puedes ofrecer servicios en áreas como diseño gráfico, redacción, traducción, marketing digital, consultoría, edición de video, programación, entre otros.

Por qué es accesible:

- **Requiere pocos recursos iniciales**: No necesitas grandes inversiones de dinero. Si ya tienes una computadora y acceso a internet, estás listo para empezar.
- **Flexibilidad de horarios**: Puedes trabajar en tu tiempo libre, lo que hace que sea compatible con tu empleo principal o con otras responsabilidades.

Cómo empezar:

- **Regístrate en plataformas de freelancing**: Sitios como **Upwork**, **Fiverr**, **Freelancer** o **Workana** te permiten crear un perfil y empezar a buscar trabajos en línea que se ajusten a tus habilidades.
- **Crea una cartera de trabajos**: Si eres nuevo en el freelancing, es útil construir una cartera que muestre tus proyectos o trabajos anteriores. Esto te ayudará a atraer clientes.

Ejemplo: Si eres diseñador gráfico, puedes empezar creando logos o tarjetas de presentación para pequeños negocios. A medida que aumentas tu reputación y experiencia, podrás obtener trabajos más grandes y mejor pagados, lo que te permitirá escalar tus ingresos.

2. Venta de productos hechos a mano o artesanías

Si tienes talento para crear productos artesanales o hechos a mano, puedes convertir ese hobby en una fuente de ingresos. Desde joyería, ropa, decoraciones para el hogar hasta productos de cuidado personal, muchas personas están interesadas en productos únicos y personalizados, lo que crea una gran oportunidad de mercado.

Por qué es accesible:

- **Materiales iniciales asequibles**: Puedes comenzar con una inversión pequeña en materiales y fabricar productos a pequeña escala antes de expandirte.
- **Mercado en línea**: Gracias a plataformas como **Etsy**, **Amazon Handmade** o **Instagram**, puedes llegar a una audiencia global sin la necesidad de abrir una tienda física.

Cómo empezar:

- **Identifica tu producto y mercado**: Elige un producto que puedas fabricar de manera eficiente y que tenga demanda. Luego, investiga plataformas en línea para venderlo.
- **Crea una tienda en línea**: Configura una tienda en Etsy, Amazon o una página de redes sociales para promocionar tus productos. Asegúrate de tomar buenas fotos de los artículos y ofrecer descripciones detalladas para atraer a los compradores.

Ejemplo: Si te gusta hacer velas artesanales, puedes crear un pequeño inventario con materiales económicos y venderlas en Etsy. Si logras vender diez velas a la semana con una ganancia de $5 por vela, podrías generar $200 al mes.

3. Servicios de consultoría o asesoría en áreas de experiencia

Si tienes experiencia o conocimientos especializados en un área específica, puedes ofrecer **consultoría** o **asesoría** como una forma de generar ingresos adicionales. Esto es particularmente útil si tienes experiencia en campos como finanzas, marketing, gestión empresarial, recursos humanos o tecnología.

Por qué es accesible:

- **Requiere solo tu conocimiento:** No necesitas invertir en infraestructura o materiales, solo en tu experiencia. Si eres un experto en un tema, puedes ofrecer asesoría a personas o empresas que necesiten orientación en ese campo.
- **Consultas virtuales:** Puedes ofrecer tus servicios a través de videollamadas o reuniones en línea, lo que elimina la necesidad de una oficina física.

Cómo empezar:

- **Define tu nicho:** Identifica un área en la que tengas experiencia o conocimiento profundo. Puede ser en negocios, finanzas personales, marketing digital, entre otros.
- **Promociona tus servicios:** Puedes promocionar tus servicios de consultoría en redes sociales, LinkedIn o plataformas como **Clarity.fm** o **Upwork** para atraer clientes. Ofrece una primera consulta gratuita o a bajo costo para construir confianza con tus clientes potenciales.

Ejemplo: Si eres contador y tienes experiencia en la gestión de impuestos, puedes ofrecer consultoría a pequeñas ompresas o emprendedores para ayudarlos a optimizar sus declaraciones de impuestos. Con solo dos o tres clientes mensuales, podrías generar un ingreso adicional sin comprometer tu empleo principal.

4. Enseñar o tutorías en línea

Si tienes habilidades para enseñar o conocimientos en áreas específicas como matemáticas, idiomas, ciencias o música, puedes ofrecer **tutorías en línea**. Esto es una excelente manera de generar ingresos adicionales ayudando a estudiantes o personas que desean mejorar sus habilidades.

Por qué es accesible:

- **Herramientas gratuitas o económicas**: Puedes usar plataformas como **Zoom**, **Google Meet** o **Skype** para impartir clases sin necesidad de herramientas costosas.
- **Demanda constante**: Siempre hay estudiantes que buscan apoyo académico o personas que desean aprender nuevas habilidades, por lo que siempre habrá demanda.

Cómo empezar:

- **Identifica tu especialidad**: Define qué materias o habilidades puedes enseñar de manera efectiva. Por ejemplo, matemáticas para estudiantes de secundaria o clases de inglés para hablantes de otros idiomas.
- **Promociónate en plataformas de tutorías**: Puedes unirte a plataformas como **Preply**, **Chegg Tutors**, **Wyzant** o crear un perfil en redes sociales para ofrecer tus servicios de manera directa.

Ejemplo: Si ofreces clases de inglés a través de plataformas de tutoría en línea y cobras $15 por hora, con solo 5 horas a la semana podrías ganar $300 al mes. Con el tiempo, puedes aumentar tus horas de trabajo o tarifas a medida que construyes tu reputación.

5. Alquiler de habitaciones o espacios extra en casa

Si tienes espacio adicional en tu casa o departamento, puedes generar ingresos adicionales alquilando habitaciones o espacios a través de plataformas como **Airbnb** o **Vrbo**. Este tipo de alquileres a corto plazo es ideal si vives en una zona de interés turístico o tienes espacio disponible que no utilizas.

Por qué es accesible:

- **No necesitas comprar propiedades adicionales**: Puedes alquilar una habitación o incluso un espacio en el garaje sin necesidad de invertir en otra propiedad.
- **Flexibilidad**: Tú decides cuándo y cómo alquilar el espacio. Si no quieres inquilinos permanentes, puedes limitar el alquiler a estancias cortas durante temporadas turísticas o fines de semana.

Cómo empezar:

- **Regístrate en plataformas de alquiler**: Crea un perfil en plataformas como Airbnb, Vrbo o Booking.com. Asegúrate de proporcionar fotos atractivas y descripciones detalladas del espacio.
- **Define las reglas de la casa**: Establece reglas claras para los huéspedes y asegúrate de que el espacio esté bien preparado antes de cada estancia.

Ejemplo: Si alquilas una habitación en tu casa por $50 la noche y tienes 10 reservas al mes, podrías generar $500 adicionales sin comprometer tu tiempo, ya que el espacio estaba disponible de todos modos.

6. Marketing de afiliación

El **marketing de afiliación** es una opción perfecta para generar ingresos adicionales con poco o ningún gasto inicial. Puedes ganar dinero recomendando productos o servicios y obteniendo una comisión por cada venta que se realice a través de tus enlaces de afiliado. Todo lo que necesitas es una audiencia interesada en los productos que estás promocionando.

Por qué es accesible:

- **No necesitas inventario ni productos propios**: El marketing de afiliación te permite promocionar productos existentes sin la necesidad de gestionar inventarios o envíos.
- **Posibilidad de hacerlo desde casa**: Puedes promocionar productos a través de tu blog, redes sociales, canal de YouTube o boletines por correo electrónico.

Cómo empezar:

- **Únete a programas de afiliación**: Regístrate en programas como **Amazon Affiliates**, **ClickBank** o **Rakuten**. Luego selecciona productos que se alineen con tu nicho o tu audiencia.
- **Promociona de manera efectiva**: Comparte reseñas, recomendaciones o enlaces a productos a través de tus plataformas. Mientras más alcance tenga tu contenido, mayores serán las posibilidades de generar ingresos.

Ejemplo: Si tienes un blog de cocina y te afilias a Amazon, podrías ganar una comisión por recomendar utensilios de cocina o ingredientes. Si tus seguidores compran a través de tu enlace, recibirás una parte de la venta sin haber gestionado el producto directamente.

Existen múltiples maneras de generar **ingresos adicionales** con pocos recursos, lo que permite a cualquier persona mejorar su salud financiera sin grandes inversiones iniciales. Ya sea a través de freelancing, venta de productos, tutorías en línea, alquiler de espacios o marketing de afiliación, estas opciones ofrecen flexibilidad y una entrada adicional de dinero que puede ayudarte a alcanzar tus metas financieras más rápidamente. Lo importante es identificar una opción que se ajuste a tus habilidades, intereses y disponibilidad, y comenzar a desarrollarla paso a paso.

Cómo Obtener Ingresos Secundarios para Mejorar la Salud Financiera

En un mundo en constante cambio, depender de una única fuente de ingresos puede ser un riesgo financiero importante. Los imprevistos, como la pérdida de empleo, las emergencias económicas o los cambios en la industria, pueden afectar gravemente tu estabilidad financiera si solo tienes una vía para obtener dinero. Por ello, desarrollar **ingresos secundarios** se ha convertido en una estrategia fundamental para mejorar tu **salud financiera** y asegurar una mayor estabilidad a largo plazo.

Los **ingresos secundarios** son aquellos que generas de manera adicional a tu fuente de ingresos principal, ya sea a través de trabajos extras, proyectos freelance, inversiones o negocios. Estos ingresos no solo te permiten aumentar tu flujo de efectivo, sino que también ofrecen una mayor seguridad frente a crisis imprevistas. Además, los ingresos secundarios pueden ayudarte a alcanzar metas financieras más rápidamente, pagar deudas, crear un fondo de ahorro de emergencia o incluso construir una mayor libertad financiera.

En este capítulo, exploraremos diversas maneras en las que puedes empezar a generar ingresos secundarios, desde emprendimientos pequeños hasta trabajos freelance, y cómo aprovechar estos ingresos adicionales para mejorar tu **salud financiera**. Aprenderás a identificar oportunidades de ingresos complementarios que se ajusten a tu estilo de vida y a implementar estrategias para hacer que esos ingresos adicionales sean sostenibles y escalables.

Exploración de formas de crear fuentes de ingresos adicionales

A medida que más personas buscan mejorar su **salud financiera**, la necesidad de generar **ingresos adicionales** se ha vuelto cada vez más importante. La clave para diversificar tus ingresos y aumentar tu estabilidad financiera es explorar y descubrir nuevas formas de ganar dinero que se adapten a tus habilidades, intereses y disponibilidad de tiempo. Aunque la idea de crear fuentes de ingresos adicionales puede parecer abrumadora al principio, existen muchas maneras accesibles y escalables de lograrlo.

Este proceso de exploración implica identificar tus fortalezas, investigar oportunidades en el mercado y aprovechar tus recursos actuales. Desde pequeños emprendimientos hasta inversiones pasivas, este apartado te guiará a través de algunas de las principales formas de generar ingresos adicionales y cómo puedes empezar a ponerlas en práctica.

1. Identifica tus habilidades, intereses y recursos disponibles

El primer paso para crear fuentes de ingresos adicionales es **hacer un inventario** de tus habilidades, intereses y recursos actuales. Lo que ya sabes o disfrutas hacer puede convertirse en una gran oportunidad para generar ingresos adicionales, especialmente si puedes ofrecer esos servicios o productos a otras personas que los necesitan.

Preguntas clave para guiar esta exploración:

- **¿Qué habilidades tengo?**: Haz una lista de las habilidades que has desarrollado a lo largo de tu vida. Estas pueden ser tanto profesionales (diseño gráfico, redacción, consultoría) como personales (manualidades, cocina, organización).
- **¿Qué me apasiona?**: Es más probable que tengas éxito y te mantengas motivado en una fuente de ingresos secundaria si disfrutas lo que haces. Reflexiona sobre tus pasatiempos e intereses, ya que muchos de ellos pueden convertirse en oportunidades de negocio o servicios.
- **¿Qué recursos tengo disponibles?**: Evalúa los recursos que tienes a mano, como acceso a internet, un automóvil, una computadora o incluso espacio en tu hogar. Algunos de estos recursos pueden abrir puertas a nuevas oportunidades, como alquileres a corto plazo o la venta en línea.

Ejemplo: Si disfrutas la jardinería y tienes un pequeño jardín en casa, podrías considerar vender plantas o servicios de jardinería a tus vecinos o en mercados locales. Aprovechas una pasión y el recurso disponible (tu jardín) para generar ingresos adicionales.

2. Explora oportunidades en línea para ingresos digitales

El auge del internet ha creado un sinfín de oportunidades para generar **ingresos digitales**. El comercio en línea, la creación de contenido y los servicios digitales permiten a cualquier persona con acceso a internet generar ingresos sin necesidad de una infraestructura física o grandes inversiones iniciales.

Oportunidades digitales a explorar:

- **E-commerce**: Puedes vender productos físicos o digitales a través de plataformas como **Shopify, Etsy, o Amazon**. Si ya tienes una habilidad para crear productos, como ropa o joyería, puedes convertirla en una tienda en línea. También puedes revender productos de otros proveedores.
- **Creación de contenido**: Si disfrutas creando videos, escribiendo blogs o tomando fotos, puedes monetizar tu contenido en plataformas como **YouTube, Instagram, Medium** o **Twitch**. A medida que construyes una audiencia, puedes ganar dinero a través de anuncios, patrocinios o donaciones.
- **Cursos y tutoriales en línea**: Si tienes un conocimiento especializado en un tema (por ejemplo, marketing digital, fotografía, idiomas, programación), puedes crear cursos en línea y venderlos en plataformas como **Udemy, Skillshare o Teachable**.

Ejemplo: Si eres aficionado a la fotografía, podrías crear un curso básico de fotografía para principiantes y venderlo en Udemy. Una vez que el curso esté disponible, generará ingresos pasivos cada vez que alguien se inscriba.

3. Ingresos por inversiones: Empieza a invertir con pequeñas cantidades

Generar ingresos adicionales a través de **inversiones** no es solo para personas con grandes capitales. Hoy en día, existen muchas plataformas y herramientas que permiten a las personas invertir pequeñas cantidades y ver cómo su dinero crece con el tiempo. El **interés compuesto** y las inversiones pasivas son formas efectivas de crear una fuente de ingresos adicional que, aunque comienza con poco, puede generar rendimientos importantes a largo plazo.

Opciones de inversión a considerar:

- **Acciones y bonos**: Puedes empezar invirtiendo en acciones o bonos a través de plataformas como **Robinhood**, **Vanguard** o **Fidelity**, muchas de las cuales permiten empezar con montos pequeños. Invertir en acciones que paguen dividendos también puede generar ingresos pasivos a lo largo del tiempo.
- **Inversión en fondos indexados**: Los fondos indexados son una forma de invertir en una combinación de diferentes acciones o bonos, lo que reduce el riesgo y te permite diversificar tu portafolio con una sola inversión. Son ideales para quienes buscan una opción a largo plazo.
- **Crowdfunding inmobiliario**: Plataformas como **Fundrise** o **RealtyMogul** permiten a los inversionistas comprar participaciones en proyectos inmobiliarios con pequeñas cantidades, generando ingresos pasivos a través de alquileres o revalorización de propiedades.

Ejemplo: Si inviertes $100 mensuales en un fondo indexado con un rendimiento anual del 7%, después de 10 años habrás acumulado más de $17,000, gracias al poder del interés compuesto.

4. Ingresos por alquiler: Genera ingresos con los activos que ya tienes

Una excelente manera de generar ingresos adicionales es **alquilar** activos que ya posees y que no estás utilizando constantemente. Ya sea que tengas espacio adicional en tu casa, un automóvil o herramientas, el alquiler puede ser una forma rápida y eficaz de obtener ingresos sin necesidad de trabajar más horas.

Opciones de ingresos por alquiler:

- **Alquiler de habitaciones**: Plataformas como **Airbnb** o **Vrbo** te permiten alquilar habitaciones, apartamentos o incluso espacios en tu casa a turistas o personas que necesiten alojamiento temporal.
- **Alquiler de automóviles**: Si tienes un automóvil que no usas todo el tiempo, puedes alquilarlo a través de plataformas como **Turo** o **Getaround** y generar ingresos adicionales sin esfuerzo.
- **Alquiler de herramientas o equipos**: Si tienes herramientas de construcción, jardinería o tecnología que no utilizas con frecuencia, puedes alquilarlas a personas que las necesiten para proyectos específicos a través de plataformas como **Zilok**.

Ejemplo: Si tienes una habitación extra en tu casa y la alquilas en Airbnb por $50 la noche, con solo 10 noches reservadas al mes, podrías generar $500 adicionales sin mucho esfuerzo. Esto es especialmente útil si vives en una zona con alta demanda de turismo o eventos.

5. Exploración de trabajos secundarios o "side hustles"

Un **side hustle** o trabajo secundario es cualquier actividad que realizas fuera de tu empleo principal para ganar dinero extra. Estos trabajos pueden ser temporales o de medio tiempo, y son una excelente manera de obtener ingresos adicionales sin comprometer tu empleo principal. Además, muchos side hustles pueden convertirse en fuentes principales de ingresos si se escalan adecuadamente.

Opciones de trabajos secundarios:

- **Conducir para aplicaciones de transporte**: Plataformas como **Uber** o **Lyft** te permiten ganar dinero conduciendo en tu tiempo libre. Es una opción flexible, ya que puedes trabajar las horas que quieras y según tu disponibilidad.
- **Entregas a domicilio**: Servicios como **Uber Eats**, **DoorDash** o **Rappi** te permiten ganar dinero haciendo entregas de comida o productos. Puedes trabajar en tu tiempo libre y aumentar tus ingresos según la cantidad de entregas que hagas.
- **Ventas de productos o reventa**: Puedes comprar productos a precios de descuento y revenderlos a través de plataformas como **eBay**, **Facebook Marketplace** o **Mercado Libre**. Esto puede incluir ropa, tecnología usada o artículos de colección.

Ejemplo: Si decides conducir para Uber durante 10 horas a la semana y ganas $15 por hora, podrías generar $600 adicionales al mes. Esta fuente de ingresos es flexible y te permite ajustarla a tus necesidades y tiempo disponible.

6. Creación de productos digitales o infoproductos

Los **productos digitales** son una de las formas más escalables de generar ingresos adicionales. Estos productos requieren un esfuerzo inicial para crearlos, pero una vez que están disponibles en línea, pueden venderse de manera indefinida sin requerir un esfuerzo continuo. Además, con los productos digitales no tienes costos de envío ni inventario, lo que los convierte en una excelente opción de ingresos pasivos.

Ejemplos de productos digitales:

- **Cursos en línea**: Si tienes conocimientos en un área específica, como programación, marketing o fotografía, puedes crear un curso en línea y venderlo en plataformas como **Udemy, Skillshare o Teachable.**
- **Plantillas o recursos digitales**: Si tienes habilidades en diseño gráfico, puedes crear plantillas, como CVs, invitaciones o presentaciones, y venderlas en **Etsy** o **Creative Market**.

Ejemplo: Si creas un curso sobre "Cómo iniciar un negocio en línea" y lo vendes por $50 en Udemy, con 10 ventas al mes generarías $500 adicionales. A medida que el curso gana popularidad, las ventas pueden aumentar sin que tengas que realizar más trabajo.

Explorar diferentes formas de crear **fuentes de ingresos adicionales** no solo mejora tu salud financiera, sino que te permite descubrir nuevas oportunidades para crecer profesionalmente y generar más libertad económica. Ya sea a través de freelancing, inversiones, e-commerce, alquiler de activos o la creación de productos digitales, el mundo está lleno de posibilidades accesibles para quienes buscan diversificar sus ingresos. Lo más importante es empezar poco a poco, identificar tus fortalezas y aprovechar las herramientas y recursos disponibles para crear un flujo de ingresos adicional que pueda escalar con el tiempo.

Ejercicio práctico: define tus habilidades y recursos para obtener ingresos secundarios

El primer paso para generar ingresos secundarios es identificar qué habilidades y recursos ya tienes a tu disposición. Este ejercicio práctico te guiará a través de un proceso de **autoanálisis** para determinar tus fortalezas, intereses y herramientas disponibles, y cómo puedes convertirlos en una fuente de ingresos adicionales. Definir estas áreas te ayudará a enfocar tus esfuerzos de manera eficiente y elegir las oportunidades que mejor se adapten a tu perfil y estilo de vida.

El objetivo de este ejercicio es que, al final, tengas una lista clara de habilidades, intereses y recursos que puedas aprovechar para empezar a generar ingresos secundarios. Vamos a trabajar paso a paso para ayudarte a estructurar esta información de manera efectiva.

Paso 1: Define tus habilidades actuales

Para comenzar, haz un inventario de todas tus **habilidades**. Estas pueden ser profesionales o personales, y no necesariamente tienen que estar relacionadas con tu trabajo principal. Muchas habilidades que desarrollamos a lo largo de nuestra vida pueden ser valiosas para generar ingresos secundarios, aunque no siempre nos demos cuenta de su potencial.

Instrucciones:

- **Haz una lista de habilidades**: Tómate unos minutos para escribir todas las habilidades que tengas. No te límites a aquellas que usas en tu trabajo diario; también incluye las habilidades que has aprendido en pasatiempos o que has desarrollado a través de la experiencia personal.

Categorías para pensar en tus habilidades:

1. **Habilidades técnicas**: Programación, diseño gráfico, edición de video, marketing digital, etc.
2. **Habilidades creativas**: Escritura, arte, música, manualidades, fotografía.
3. **Habilidades interpersonales**: Comunicación, liderazgo, asesoría, enseñanza.
4. **Habilidades prácticas**: Cocina, jardinería, reparaciones, bricolaje.

Ejemplo:

- **Habilidades técnicas**: Conocimiento en redes sociales y marketing digital.
- **Habilidades creativas**: Fotografía y edición de imágenes.
- **Habilidades interpersonales**: Enseñanza de idiomas y tutorías.
- **Habilidades prácticas**: Reparaciones básicas del hogar.

Paso 2: Evalúa tus intereses y pasiones

Después de identificar tus habilidades, es importante considerar tus **intereses y pasiones**. Si encuentras una fuente de ingresos que no solo sea rentable, sino que también disfrutes, es más probable que te mantengas motivado y tengas éxito. Esto puede incluir actividades que haces en tu tiempo libre o temas que te apasionan aprender o enseñar a otros.

Instrucciones:

- **Haz una lista de tus intereses:** ¿Qué actividades disfrutas hacer en tu tiempo libre? ¿Qué temas te apasionan y te gustaría compartir con otros? Piensa en las áreas en las que podrías convertir tu pasión en una fuente de ingresos.

Categorías para pensar en tus intereses:

1. **Pasatiempos:** Jardinería, cocina, deportes, escritura creativa.
2. **Intereses educativos:** Historia, tecnología, ciencias, negocios.
3. **Intereses creativos:** Pintura, diseño, escritura, música.

Ejemplo:

- Disfrutas la fotografía como pasatiempo y te gustaría monetizarla vendiendo fotos o enseñando técnicas a otros.
- Tienes pasión por la cocina y disfrutas crear nuevas recetas; podrías considerar la creación de contenido culinario para blogs o redes sociales.

Paso 3: Identifica los recursos que tienes a tu disposición

El siguiente paso es evaluar los **recursos físicos y tecnológicos** que ya tienes y que podrías utilizar para generar ingresos adicionales. A veces, estos recursos están más cerca de lo que pensamos, y no es necesario hacer grandes inversiones iniciales para empezar a ganar dinero.

Instrucciones:

- **Haz una lista de los recursos disponibles:** Enumera todos los recursos que ya posees y que podrían ser útiles para generar ingresos. Piensa en herramientas, espacios, tecnología o incluso contactos que puedan ser aprovechados.

Categorías para pensar en tus recursos:

1. **Recursos físicos:** Herramientas, un automóvil, espacio adicional en casa, equipo de fotografía.
2. **Recursos tecnológicos:** Computadora, acceso a internet, software, cámaras.
3. **Redes y contactos:** Gente que conoces en tu campo, amigos o familiares que podrían necesitar servicios.

Ejemplo:

- **Recursos físicos:** Un automóvil que puedes utilizar para hacer entregas o alquilar en plataformas como Uber o Turo.
- **Recursos tecnológicos:** Una computadora y acceso a internet que podrías usar para ofrecer servicios freelance, como redacción o diseño gráfico.
- **Espacio en casa:** Tienes una habitación extra que podrías alquilar a través de Airbnb.

Paso 4: Combina tus habilidades, intereses y recursos

Ahora que has identificado tus habilidades, intereses y recursos, es momento de **combinar estos elementos** para descubrir cómo podrías usarlos para generar ingresos adicionales. Este es el paso en el que alineas lo que sabes hacer, lo que disfrutas y lo que tienes disponible con oportunidades específicas de ingresos secundarios.

Instrucciones:

- **Piensa en ideas de ingresos que combinen tus habilidades, intereses y recursos.** Reflexiona sobre las formas en que puedes aprovechar lo que has escrito en los pasos anteriores para crear fuentes de ingresos adicionales.

Ejemplo de combinación:

- **Habilidad**: Fotografía.
- **Interés**: Creación de contenido visual y edición de fotos.
- **Recurso**: Cámara profesional y computadora con software de edición.
- **Oportunidad de ingresos**: Ofrecer servicios de fotografía freelance para eventos o vender fotos en bancos de imágenes en línea (Shutterstock, Adobe Stock).

Otro ejemplo:

- **Habilidad**: Enseñanza de idiomas.
- **Interés**: Ayudar a otros a aprender nuevas lenguas.
- **Recurso**: Computadora y acceso a internet.
- **Oportunidad de ingresos**: Ofrecer clases particulares de inglés o español en plataformas de tutoría en línea (Preply, iTalki).

Paso 5: Prioriza las oportunidades según el tiempo disponible y la rentabilidad

Finalmente, es importante priorizar las **oportunidades** que has identificado de acuerdo con tu **tiempo disponible** y su **potencial de rentabilidad**. Algunas fuentes de ingresos pueden ser más fáciles de implementar a corto plazo, mientras que otras pueden requerir más tiempo o recursos para comenzar.

Instrucciones:

- **Clasifica tus ideas:** Coloca las ideas que has generado en una tabla según dos factores clave: cuánto tiempo tienes disponible para dedicar a la actividad y cuál es su potencial para generar ingresos.
- **Decide cuáles oportunidades explorar primero:** Basándote en tu análisis, selecciona una o dos oportunidades para empezar a implementarlas de inmediato.

Ejemplo de clasificación:

Oportunidad de ingresos	Tiempo requerido	Potencial de ingresos
Fotografía freelance	Medio	Alto
Tutorías de idiomas	Bajo	Medio
Venta de fotos en línea	Bajo	Medio
Alquiler de habitación	Bajo	Alto

En este caso, podrías empezar con el alquiler de una habitación u ofrecer tutorías de idiomas, ya que requieren menos tiempo inicial y tienen un potencial de ingresos rápido.

Este ejercicio te ayudará a **identificar tus habilidades, intereses y recursos disponibles** para generar ingresos adicionales, y a explorar las oportunidades que se alinean con ellos. Al tener una visión clara de lo que puedes hacer, lo que disfrutas y lo que ya tienes a tu disposición, podrás elegir las fuentes de ingresos secundarios que sean más viables y efectivas para tu situación actual. Lo importante es comenzar con lo que tienes y poco a poco escalar tus esfuerzos para mejorar tu estabilidad financiera.

Problemas de Salud Relacionados con la Inestabilidad Financiera

La **inestabilidad financiera** no solo afecta nuestras cuentas bancarias y nuestra capacidad para alcanzar metas económicas, sino que también tiene un impacto profundo en nuestra **salud física y mental**. La preocupación constante por el dinero, el estrés relacionado con las deudas y la incertidumbre sobre el futuro financiero pueden desencadenar una serie de problemas de salud que, si no se abordan, pueden afectar gravemente la calidad de vida.

El **estrés financiero** es uno de los principales factores que contribuyen a enfermedades como la ansiedad, la depresión, los trastornos del sueño y hasta enfermedades cardiovasculares. Cuando las finanzas personales están fuera de control, se crea un ciclo vicioso donde el estrés financiero empeora la salud física y mental, lo que a su vez puede dificultar aún más la capacidad de mejorar la situación económica.

En este capítulo, exploraremos cómo la inestabilidad financiera impacta la salud en diversas formas, desde el estrés crónico hasta la incapacidad de acceder a servicios de salud esenciales. También analizaremos estrategias para romper este ciclo y cómo una buena gestión financiera puede no solo mejorar tu estabilidad económica, sino también tu bienestar general.

Cómo el estrés financiero afecta la salud mental y física

El **estrés financiero** es una de las formas de estrés más comunes en la vida moderna, y sus efectos van mucho más allá de la preocupación por el dinero. Cuando las personas enfrentan dificultades económicas, como deudas abrumadoras, incertidumbre laboral o falta de ingresos suficientes para cubrir sus necesidades básicas, el cuerpo y la mente reaccionan a esta presión de diversas maneras. El impacto del estrés financiero en la **salud mental y física** es profundo y, si no se aborda a tiempo, puede dar lugar a problemas de salud graves que afectan la calidad de vida en general.

A continuación, exploraremos cómo el estrés financiero afecta la salud mental y física, y por qué es crucial tomar medidas para reducir su impacto.

1. Impacto en la salud mental

El **estrés financiero** está estrechamente relacionado con varios problemas de **salud mental**, que pueden variar desde trastornos leves de ansiedad hasta depresión severa. La preocupación constante por el dinero genera una carga emocional y psicológica que puede afectar la forma en que las personas piensan, sienten y se comportan en su vida cotidiana.

Principales efectos en la salud mental:

1.1. Ansiedad y preocupación constante

Cuando las personas no tienen control sobre sus finanzas, la **ansiedad** se convierte en un estado mental constante. La preocupación sobre cómo pagar facturas, cubrir deudas o enfrentar emergencias financieras puede provocar una sensación de temor constante, lo que a su vez genera problemas como insomnio, irritabilidad y dificultades para concentrarse.

Ejemplo: Una persona que está endeudada y no tiene suficiente dinero para cubrir los pagos mínimos mensuales puede experimentar una ansiedad abrumadora que afecta su capacidad de concentrarse en el trabajo o disfrutar de momentos con su familia. La preocupación constante por el dinero puede llevar a la falta de sueño, lo que empeora la situación mental.

1.2. Depresión

El estrés financiero también está vinculado a la **depresión**, especialmente cuando las personas sienten que no hay salida a su situación económica. La falta de esperanza, combinada con la presión financiera, puede llevar a un estado de ánimo bajo, pérdida de interés en actividades que antes se disfrutaban y una sensación de desesperanza que puede ser difícil de superar sin apoyo.

Ejemplo: Alguien que ha perdido su empleo y no puede encontrar una nueva fuente de ingresos puede sentirse impotente y deprimido, ya que la falta de dinero no solo afecta su bienestar financiero, sino también su autoestima y sentido de propósito.

1.3. Estrés crónico

El estrés financiero es una fuente de **estrés crónico**, lo que significa que está presente de manera continua en la vida de una persona. Este tipo de estrés, cuando se prolonga durante meses o años, puede tener efectos devastadores en la salud mental, provocando fatiga emocional, irritabilidad extrema, sentimientos de fracaso y, en casos severos, pensamientos suicidas.

Ejemplo: Una persona que ha estado luchando con deudas de tarjetas de crédito durante años puede experimentar una sensación constante de agobio. Incluso cuando intenta hacer cambios en su estilo de vida, la carga de las deudas crea un estrés que parece imposible de aliviar, afectando su bienestar emocional.

2. Impacto en la salud física

El estrés financiero no solo afecta la mente; también tiene consecuencias graves en el **cuerpo**. Cuando el cerebro percibe una amenaza, como la inseguridad financiera, activa una respuesta de "lucha o huida" que desencadena una serie de reacciones físicas. Si esta respuesta se activa constantemente debido al estrés prolongado, puede afectar gravemente la salud física.

Principales efectos en la salud física:

2.1. Enfermedades cardiovasculares

El **estrés crónico** relacionado con las dificultades financieras puede aumentar el riesgo de desarrollar **enfermedades cardiovasculares**. Cuando estamos bajo estrés constante, el cuerpo libera hormonas como el cortisol y la adrenalina, lo que puede elevar la presión arterial y aumentar la frecuencia cardíaca. Con el tiempo, estos efectos pueden contribuir al desarrollo de problemas cardíacos, como hipertensión, infartos y accidentes cerebrovasculares.

Ejemplo: Una persona que está constantemente preocupada por cómo cubrir los gastos mensuales puede desarrollar presión arterial alta debido al estrés prolongado. Si no se trata, esta presión arterial elevada puede derivar en problemas cardíacos graves.

2.2. Problemas gastrointestinales

El estrés financiero también puede afectar el **sistema digestivo**. El estrés crónico puede provocar síntomas físicos como dolor de estómago, acidez, indigestión e incluso síndrome del intestino irritable (SII). Las personas bajo presión financiera tienden a descuidar su alimentación, lo que agrava aún más los problemas digestivos.

Ejemplo: Una persona que experimenta dificultades económicas puede sufrir frecuentes dolores de estómago debido al estrés, y podría empeorar si adopta malos hábitos alimenticios, como saltarse comidas o consumir alimentos poco saludables debido a la falta de tiempo o dinero.

2.3. Sistema inmunológico debilitado

El estrés financiero crónico también debilita el **sistema inmunológico**, lo que hace que el cuerpo sea más vulnerable a enfermedades comunes, como resfriados y gripes, y a condiciones más graves. Cuando el cuerpo está constantemente bajo estrés, no puede defenderse adecuadamente contra infecciones, lo que aumenta la frecuencia y gravedad de las enfermedades.

Ejemplo: Alguien que está bajo un estrés financiero constante puede notar que se enferma más seguido o tarda más en recuperarse de enfermedades comunes, como resfriados o infecciones, debido a la debilidad de su sistema inmunológico.

2.4. Problemas de sueño e insomnio

El **insomnio** es uno de los síntomas físicos más comunes del estrés financiero. Las preocupaciones sobre el dinero pueden hacer que sea difícil conciliar el sueño o permanecer dormido durante la noche, lo que provoca fatiga, falta de energía y una disminución del rendimiento general. La falta de sueño prolongada también agrava otros problemas de salud, como la depresión y las enfermedades cardíacas.

Ejemplo: Una persona que se queda despierta por la noche pensando en cómo pagar las cuentas del mes siguiente puede desarrollar insomnio crónico. Con el tiempo, la falta de sueño afecta su capacidad de tomar decisiones, lo que puede empeorar aún más su situación financiera y de salud.

El ciclo del estrés financiero y la salud

El estrés financiero y los problemas de salud física y mental están **interconectados** en un ciclo negativo. Cuando una persona está bajo una presión financiera extrema, su salud física y mental se deteriora, lo que a su vez hace que sea más difícil gestionar sus finanzas. Este ciclo puede perpetuarse durante años si no se aborda de manera efectiva.

El ciclo funciona de la siguiente manera:

1. La inestabilidad financiera genera estrés y ansiedad.
2. El estrés prolongado afecta negativamente la salud física y mental.
3. Los problemas de salud dificultan la capacidad de tomar decisiones financieras correctas.
4. Los problemas financieros empeoran aún más, generando más estrés y agravando los problemas de salud.

El **estrés financiero** no solo impacta la estabilidad económica de una persona, sino que tiene consecuencias graves para su salud mental y física. Desde la ansiedad y la depresión hasta enfermedades cardiovasculares y problemas digestivos, el estrés financiero prolongado puede destruir tanto el bienestar emocional como físico. Romper este ciclo requiere no solo mejorar la gestión financiera, sino también adoptar estrategias para cuidar de la salud mental y física, como buscar apoyo emocional, practicar el autocuidado y aprender técnicas para reducir el estrés.

Reconocer los síntomas de la ansiedad financiera

La **ansiedad financiera** es una forma específica de ansiedad que surge como resultado de las preocupaciones y temores relacionados con el dinero. Al igual que otros tipos de ansiedad, puede manifestarse de manera física, mental y emocional, afectando la calidad de vida de las personas y su capacidad para tomar decisiones financieras saludables. Reconocer los síntomas de la ansiedad financiera es el primer paso para abordarla de manera efectiva y comenzar a trabajar en soluciones que ayuden a mejorar tanto tu bienestar económico como emocional.

A menudo, las personas que sufren ansiedad financiera no son conscientes de la magnitud de su estrés, ya que tienden a normalizar sus preocupaciones diarias sobre el dinero. Este tipo de ansiedad puede manifestarse de maneras sutiles pero persistentes, y si no se maneja adecuadamente, puede empeorar con el tiempo, afectando no solo tus finanzas, sino también tu salud mental y física.

A continuación, exploraremos los principales síntomas de la ansiedad financiera y cómo reconocerlos en tu vida diaria.

1. Preocupación constante por el dinero

Uno de los síntomas más comunes de la **ansiedad financiera** es la **preocupación constante por el dinero**. Esto implica que, sin importar tu situación económica actual, siempre sientes que algo podría salir mal, o que nunca tienes suficiente para cubrir tus necesidades. Esta preocupación puede ser abrumadora y puede interferir con tu capacidad para concentrarte en otras áreas de tu vida, como el trabajo, la familia o el ocio.

Ejemplos de preocupación constante:

- **Pensamientos recurrentes sobre deudas**: Te encuentras pensando repetidamente en las deudas que tienes que pagar, incluso cuando no estás trabajando en ellas activamente.
- **Preocupación por gastos futuros**: Te preocupa cómo vas a afrontar futuros pagos o emergencias, como facturas médicas o reparaciones del hogar, aunque aún no hayan ocurrido.
- **Inseguridad sobre tu capacidad para cubrir lo esencial**: Sientes que no importa cuánto ganes, siempre estás en riesgo de no poder cubrir tus necesidades básicas, como alimentos, vivienda o servicios.

Ejemplo: Una persona con ansiedad financiera puede revisar obsesivamente sus cuentas bancarias, anticipando un gasto inesperado o temiendo que no tendrá suficiente para pagar las facturas, incluso si aún faltan días para que esas facturas sean pagaderas.

2. Evitación de la gestión financiera

La **evitación** es un síntoma común en las personas que experimentan ansiedad financiera. Cuando los problemas financieros parecen demasiado abrumadores, muchas personas tienden a evitar cualquier cosa relacionada con el dinero, como revisar el estado de su cuenta bancaria, pagar facturas o incluso abrir correos relacionados con finanzas. Aunque esta evitación puede parecer una forma de protegerse del estrés, en realidad empeora la situación financiera y aumenta la ansiedad a largo plazo.

Señales de evitación financiera:

- **No revisar el correo o estado de cuenta**: Evitas abrir correos electrónicos o cartas relacionadas con deudas, facturas o el banco porque te genera demasiada ansiedad enfrentarte a ellos.
- **Retrasar decisiones financieras**: Postergas decisiones importantes relacionadas con el dinero, como crear un presupuesto, renegociar una deuda o buscar ayuda financiera, debido al temor de enfrentar la realidad económica.
- **Evitar hablar sobre dinero**: Te sientes incómodo hablando de tu situación financiera con amigos, familiares o tu pareja, prefiriendo evitar cualquier conversación relacionada con el dinero.

Ejemplo: Alguien con ansiedad financiera podría dejar de abrir sus extractos bancarios o ignorar las facturas que llegan por correo, retrasando el pago hasta que sea inevitable, lo que puede aumentar las multas por pagos atrasados y empeorar su situación financiera.

3. Sentimientos de culpa o vergüenza relacionados con el dinero

Otro síntoma común de la ansiedad financiera es experimentar **sentimientos de culpa** o **vergüenza** relacionados con el manejo del dinero. Las personas con ansiedad financiera a menudo se sienten responsables por su situación, incluso cuando esta está fuera de su control, como en el caso de una crisis económica o una emergencia médica. Esta culpa puede llevar a una falta de autoestima y una sensación de fracaso, especialmente si comparan su situación con la de los demás.

Cómo se manifiestan los sentimientos de culpa o vergüenza:

- **Autoculpa por decisiones pasadas**: Te culpas constantemente por errores financieros del pasado, como gastar en exceso, no haber ahorrado lo suficiente o haber tomado decisiones de inversión equivocadas.
- **Vergüenza de la situación actual**: Te sientes avergonzado de tu situación financiera, lo que te lleva a ocultar tus problemas a los demás o evitar pedir ayuda.
- **Comparación negativa con otros**: Te comparas constantemente con personas que parecen tener más éxito financiero, lo que genera sentimientos de inferioridad y vergüenza.

Ejemplo: Una persona que está luchando por pagar sus deudas puede sentirse avergonzada al ver a sus amigos o compañeros de trabajo disfrutando de vacaciones o comprando cosas nuevas, lo que refuerza la sensación de fracaso personal.

4. Problemas físicos relacionados con el estrés financiero

El **estrés financiero** también puede manifestarse a través de una serie de **síntomas físicos**. La ansiedad constante puede afectar el cuerpo de diferentes maneras, desde problemas de sueño hasta dolores de cabeza o enfermedades recurrentes. Estos síntomas físicos a menudo empeoran a medida que el estrés financiero se intensifica.

Principales síntomas físicos relacionados con la ansiedad financiera:

- **Problemas de sueño**: Te cuesta conciliar el sueño o te despiertas en medio de la noche pensando en tus problemas económicos. El insomnio o la falta de sueño son signos claros de que la ansiedad financiera está afectando tu salud.
- **Fatiga constante**: Te sientes agotado o fatigado incluso cuando no has hecho mucho esfuerzo físico. La fatiga es una respuesta común al estrés crónico, incluido el estrés financiero.
- **Dolores de cabeza o tensión muscular**: El estrés puede causar dolores de cabeza frecuentes, migrañas o tensión muscular en el cuello y los hombros, ya que el cuerpo reacciona a la presión constante.
- **Problemas digestivos**: El estrés prolongado puede afectar el sistema digestivo, provocando indigestión, acidez estomacal o malestar general.

Ejemplo: Una persona con ansiedad financiera puede tener dificultades para dormir por la noche, lo que resulta en una fatiga extrema durante el día. Además, puede sufrir dolores de cabeza frecuentes debido al estrés constante por su situación económica.

5. Comportamientos impulsivos o irracionales con el dinero

El estrés financiero también puede llevar a **comportamientos impulsivos o irracionales** relacionados con el dinero. A pesar de que la ansiedad financiera genera una gran preocupación por la falta de dinero, algunas personas, como mecanismo de afrontamiento, pueden gastar en exceso o tomar decisiones financieras precipitadas en un intento de reducir su ansiedad. Estos comportamientos suelen tener el efecto contrario, agravando la situación económica y aumentando el nivel de estrés.

Señales de comportamientos impulsivos o irracionales:

- **Gastos impulsivos**: Aunque te preocupas constantemente por el dinero, realizas compras impulsivas para sentir alivio temporal, lo que empeora la situación económica.
- **Toma de decisiones financieras precipitadas**: Haces inversiones o tomas préstamos sin investigar adecuadamente, esperando resolver rápidamente tus problemas financieros, pero terminas complicándolos más.
- **Procrastinación financiera**: En lugar de enfrentar los problemas financieros, optas por gastar en cosas que no necesitas como una forma de distraerte de la realidad.

Ejemplo: Una persona que está lidiando con una gran cantidad de deuda de tarjeta de crédito puede, en un momento de ansiedad, gastar en artículos de lujo o hacer una compra impulsiva, esperando sentir alivio emocional, solo para empeorar su situación financiera al final del mes.

Reconocer los síntomas de la ansiedad financiera es el primer paso para abordar este problema de manera efectiva. Desde la preocupación constante y la evitación financiera hasta los síntomas físicos y emocionales, la ansiedad financiera puede manifestarse de muchas formas, afectando tanto la salud mental como física de quienes la experimentan. Al identificar estos síntomas, puedes comenzar a tomar medidas para reducir el impacto del estrés financiero en tu vida, lo que te permitirá gestionar mejor tus finanzas y, en última instancia, mejorar tu bienestar general.

Ejercicios para reducir el estrés financiero: técnicas de respiración, organización financiera, pedir ayuda profesional

El **estrés financiero** puede ser abrumador y afectar tanto tu salud mental como física, pero existen ejercicios prácticos y estrategias que pueden ayudarte a manejarlo de manera efectiva. A través de técnicas que combinan el manejo del estrés emocional con acciones concretas para organizar tus finanzas, puedes reducir la presión que sientes y empezar a recuperar el control de tu bienestar financiero. En esta sección, exploraremos **técnicas de respiración** para calmar la ansiedad, la **organización financiera** para poner en orden tus finanzas y la importancia de **pedir ayuda profesional** cuando sea necesario.

Estos ejercicios no solo te ayudarán a sentirte mejor emocionalmente, sino que también te permitirán abordar tu situación financiera con una mentalidad más clara y enfocada, lo que es crucial para salir adelante de manera efectiva.

1. Técnicas de respiración para reducir la ansiedad financiera

Las **técnicas de respiración** son una forma efectiva y rápida de reducir la **ansiedad financiera** en el momento. Cuando experimentas estrés por el dinero, tu cuerpo puede entrar en un estado de alerta, lo que puede provocar una aceleración del ritmo cardíaco, respiración superficial y tensión muscular. Al practicar ejercicios de respiración, puedes calmar tu sistema nervioso y reducir estos síntomas físicos de estrés.

Técnicas de respiración simples que puedes probar:

1.1. Respiración diafragmática (respiración profunda)

La **respiración diafragmática**, también conocida como respiración profunda, es una técnica que involucra respirar profundamente desde el abdomen en lugar del pecho. Esto ayuda a reducir la tensión, desacelerar el ritmo cardíaco y enviar señales de calma a tu cerebro.

Cómo hacerlo:

1. Siéntate en una posición cómoda o recuéstate.
2. Coloca una mano sobre tu pecho y otra sobre tu abdomen.
3. Inhala lentamente por la nariz, permitiendo que el aire llene tu abdomen. Tu mano en el abdomen debería elevarse, mientras que la mano sobre tu pecho debería mantenerse relativamente inmóvil.
4. Exhala lentamente por la boca, soltando todo el aire y sintiendo cómo tu abdomen se relaja.
5. Repite este proceso durante 5-10 minutos, concentrándote en la lentitud y profundidad de cada respiración.

Beneficio: La respiración diafragmática activa el sistema nervioso parasimpático, lo que promueve la relajación y reduce los síntomas físicos del estrés financiero, como la tensión muscular o el aumento del ritmo cardíaco.

1.2. Técnica 4-7-8

La técnica de respiración **4-7-8** es un método simple que promueve la calma al regular el ritmo de la respiración, ayudando a reducir la ansiedad. Es especialmente útil si te sientes abrumado por una situación financiera estresante.

Cómo hacerlo:

1. Siéntate en una posición cómoda con la espalda recta.
2. Inhala profundamente por la nariz contando hasta 4.
3. Mantén la respiración durante 7 segundos.
4. Exhala completamente por la boca durante 8 segundos.
5. Repite el ciclo entre 4 y 8 veces, o hasta que sientas que tu cuerpo se relaja.

Beneficio: Al mantener y regular la respiración de manera controlada, puedes reducir la respuesta del cuerpo al estrés, desacelerando el ritmo cardíaco y calmando la mente. Esto es ideal cuando enfrentas pensamientos abrumadores sobre tu situación financiera.

2. Organización financiera para reducir el estrés

Una de las principales causas del **estrés financiero** es la sensación de que tus finanzas están fuera de control. A menudo, el caos financiero puede aumentar la ansiedad y la preocupación, pero al implementar un sistema de **organización financiera**, puedes reducir ese estrés y obtener una visión clara de tu situación actual. Organizar tus finanzas implica crear un plan estructurado para gestionar tus ingresos, gastos, deudas y ahorros.

Estrategias de organización financiera que puedes implementar:

2.1. Crea un presupuesto claro y realista

El primer paso para organizar tus finanzas es crear un **presupuesto** que refleje tus ingresos y gastos de manera clara. Tener un plan escrito te ayudará a ver exactamente a dónde va tu dinero y dónde puedes hacer ajustes para mejorar tu situación financiera.

Cómo hacerlo:

1. **Haz una lista de tus ingresos**: Escribe todas las fuentes de ingresos que recibes cada mes.
2. **Haz una lista de tus gastos**: Divide tus gastos en dos categorías: esenciales (alquiler, alimentación, transporte) y no esenciales (entretenimiento, suscripciones).
3. **Ajusta según sea necesario**: Si tus gastos no esenciales son demasiado altos en comparación con tus ingresos, identifica áreas en las que puedas reducir gastos para destinar más dinero al ahorro o al pago de deudas.

Beneficio: Tener un presupuesto bien definido te permitirá tomar decisiones financieras informadas, reduciendo la sensación de incertidumbre y ansiedad. Además, te ayudará a evitar gastos impulsivos y a priorizar tus necesidades básicas.

2.2. Establece un plan de pago de deudas

Las **deudas** son una fuente importante de estrés financiero. Tener un plan estructurado para pagarlas puede aliviar la ansiedad y hacer que sientas que estás progresando hacia la estabilidad financiera. Existen dos enfoques comunes para pagar las deudas:

- **Método avalancha**: Prioriza las deudas con las tasas de interés más altas para ahorrar en el total de los intereses pagados.
- **Método bola de nieve**: Comienza pagando las deudas más pequeñas para obtener victorias rápidas y motivarte.

Cómo hacerlo:

1. Haz una lista de todas tus deudas, incluyendo el saldo pendiente, la tasa de interés y el pago mínimo.
2. Elige un método (avalancha o bola de nieve) y comprométete a hacer pagos adicionales a la deuda que estés priorizando mientras mantienes los pagos mínimos en las demás.
3. A medida que liquides una deuda, pasa al siguiente objetivo en tu lista.

Beneficio: Tener un plan estructurado para pagar las deudas te proporciona una sensación de control sobre tu situación financiera, lo que reduce la incertidumbre y la ansiedad.

2.3. Crea un fondo de emergencia

Uno de los mejores antídotos contra la **ansiedad financiera** es tener un **fondo de emergencia** que te proteja contra gastos imprevistos. Este fondo te permitirá enfrentar emergencias sin necesidad de endeudarte más o preocuparte por cómo pagar gastos inesperados.

Cómo hacerlo:

1. Establece una meta para tu fondo de emergencia. La mayoría de los expertos recomiendan ahorrar entre tres y seis meses de gastos básicos.
2. Aparta una cantidad mensual fija para contribuir a tu fondo de emergencia. Aunque sean cantidades pequeñas, lo importante es ser constante.
3. Mantén tu fondo de emergencia en una cuenta separada, preferiblemente en una cuenta de ahorros, para que no sea fácil de usar para otros fines.

Beneficio: Saber que tienes dinero reservado para emergencias te proporcionará tranquilidad, reduciendo el estrés relacionado con el miedo a gastos imprevistos.

3. Pedir ayuda profesional para reducir el estrés financiero

Finalmente, una de las formas más efectivas de reducir el estrés financiero es **buscar ayuda profesional**. A menudo, la carga de intentar manejar todo por tu cuenta puede intensificar la ansiedad. Los **asesores financieros** y **terapeutas** están capacitados para ayudarte a gestionar tanto los aspectos financieros como emocionales de tu situación.

Opciones para pedir ayuda profesional:

3.1. Asesoría financiera

Un **asesor financiero** puede ayudarte a analizar tu situación financiera y crear un plan sólido para mejorarla. Ellos pueden guiarte en la creación de presupuestos, planes de pago de deudas e inversiones. Su experiencia te permitirá tomar decisiones más informadas y reducir la incertidumbre que genera el estrés financiero.

Cómo hacerlo:

1. Investiga y encuentra un asesor financiero con experiencia en tus áreas de preocupación, ya sea pago de deudas, inversión o planificación de gastos.
2. Agenda una consulta para discutir tu situación financiera actual y recibir recomendaciones personalizadas.
3. Sigue el plan sugerido por tu asesor y asegúrate de revisar tus finanzas periódicamente con su ayuda.

Beneficio: Tener a un profesional que te guíe en la toma de decisiones financieras te permitirá sentir más control sobre tu situación económica y reducir la ansiedad.

3.2. Terapia financiera o terapia cognitivo-conductual (TCC)

La **terapia financiera** o la **terapia cognitivo-conductual (TCC)** pueden ayudarte a lidiar con los aspectos emocionales de la ansiedad financiera. Estas terapias te enseñan a identificar pensamientos negativos y patrones de comportamiento relacionados con el dinero, y a reemplazarlos con estrategias más saludables y racionales.

Cómo hacerlo:

1. Busca un terapeuta especializado en ansiedad financiera o un terapeuta cognitivo-conductual que trabaje con temas de dinero.
2. Durante las sesiones, trabaja en identificar las creencias limitantes o pensamientos negativos que tienes sobre el dinero.
3. Aplica las estrategias y ejercicios aprendidos para mejorar tu relación con el dinero y reducir el estrés asociado.

Beneficio: La terapia te ayudará a gestionar las emociones y pensamientos que agravan tu estrés financiero, dándote herramientas para manejar mejor la ansiedad.

El **estrés financiero** puede parecer una carga insuperable, pero con las técnicas adecuadas, como la **respiración profunda**, la **organización financiera** y el **apoyo profesional**, puedes reducir significativamente la ansiedad y recuperar el control de tu bienestar financiero. Al implementar estas estrategias, te estarás preparando para enfrentar los desafíos económicos con mayor confianza y calma, lo que no solo mejorará tus finanzas, sino también tu salud mental y física.

Beneficios de la Estabilidad Financiera

Alcanzar la **estabilidad financiera** es mucho más que simplemente tener dinero en el banco o vivir sin deudas. Se trata de experimentar una **tranquilidad mental** y una **seguridad emocional** que permite vivir la vida con menos preocupaciones, mayor libertad y la capacidad de planificar un futuro próspero. La estabilidad financiera te proporciona el control sobre tus decisiones económicas, lo que te permite enfocarte en metas más grandes, en lugar de preocuparte constantemente por sobrevivir financieramente.

Este estado de estabilidad también genera una serie de **beneficios tangibles e intangibles** que impactan directamente tu bienestar emocional, físico y social. Desde mejorar tus relaciones personales hasta aumentar tu capacidad para enfrentar imprevistos con confianza, la estabilidad financiera no solo te da una mejor calidad de vida, sino también la libertad de tomar decisiones alineadas con tus valores y objetivos a largo plazo.

En este capítulo, exploraremos en detalle los beneficios de la estabilidad financiera, cómo afecta positivamente cada aspecto de tu vida y cómo te permite alcanzar un equilibrio entre el presente y el futuro. Ya no se trata solo de evitar las crisis financieras, sino de disfrutar de una vida plena y enfocada en el crecimiento personal y profesional.

Cómo la estabilidad financiera mejora la calidad de vida

La **estabilidad financiera** es uno de los pilares fundamentales para alcanzar una **mejor calidad de vida**. No se trata únicamente de tener suficiente dinero, sino de vivir con la tranquilidad que brinda el saber que tus necesidades están cubiertas y que puedes enfrentar imprevistos sin caer en crisis. Al liberar tu mente de la preocupación constante por el dinero, te abres a nuevas oportunidades para mejorar tu bienestar físico, emocional y social.

La estabilidad financiera te permite disfrutar de la vida de manera más plena, sin estar atado a las preocupaciones diarias sobre cómo llegar a fin de mes. A continuación, exploraremos cómo esta estabilidad influye positivamente en diferentes aspectos de tu vida y cómo puede transformarla para mejor.

1. Reducción del estrés y mejora de la salud mental

Una de las principales formas en que la estabilidad financiera mejora la calidad de vida es mediante la **reducción del estrés**. Cuando tienes tus finanzas en orden y cuentas con un plan para el futuro, desaparece la incertidumbre sobre cómo pagar las facturas o qué hacer en caso de una emergencia. Esto reduce significativamente la **ansiedad financiera**, lo que a su vez tiene un impacto directo en tu salud mental.
Impacto en la salud mental:

- **Menos preocupaciones diarias**: Con la estabilidad financiera, ya no te preocupas constantemente por cada gasto. Sabes que tienes un control sobre tus finanzas, lo que te permite tomar decisiones económicas de manera más calmada y razonable.
- **Mejora en la toma de decisiones**: Al tener menos estrés por el dinero, tu mente está más clara para tomar decisiones acertadas en otras

áreas de tu vida. Puedes enfocarte en tus metas y proyectos sin la constante carga mental que generan las dificultades económicas.

Ejemplo: Una persona con estabilidad financiera puede dormir mejor por la noche, sabiendo que tiene un fondo de emergencia y un presupuesto sólido que le permite cubrir sus gastos. Esto reduce la ansiedad y mejora su bienestar general.

2. Mayor libertad y flexibilidad en la vida

La **estabilidad financiera** te brinda una sensación de **libertad y flexibilidad** que es difícil de alcanzar cuando tus finanzas están fuera de control. Ya no te sientes atrapado en situaciones que no te satisfacen, como un trabajo que no disfrutas o una rutina que no te permite crecer. Con una base financiera sólida, tienes la opción de tomar decisiones importantes en tu vida basadas en lo que realmente quieres, en lugar de lo que te obliga tu situación económica.

Formas en que la estabilidad financiera ofrece libertad:

- **Capacidad para elegir**: Puedes cambiar de trabajo, emprender un negocio o dedicar tiempo a estudiar algo nuevo sin el temor de quedarte sin ingresos, ya que cuentas con ahorros o inversiones que te respaldan.
- **Menos presión en decisiones importantes**: Tomar decisiones de vida como mudarte, viajar o incluso cambiar de carrera es más fácil cuando tus finanzas están en orden. No tienes que elegir entre lo que quieres hacer y lo que puedes permitirte hacer.

Ejemplo: Una persona que ha logrado estabilidad financiera puede decidir dejar su trabajo para emprender un proyecto personal o tomar un año sabático para viajar, sin el miedo a quedarse sin recursos para sostenerse durante ese tiempo.

3. Mejora de las relaciones personales

El estrés financiero no solo afecta a la persona que lo experimenta, sino que también puede tensar las **relaciones personales**, especialmente en el hogar. Las preocupaciones económicas suelen ser una de las principales causas de conflicto entre parejas y familias. Por otro lado, la estabilidad financiera contribuye a relaciones más saludables y armoniosas, ya que elimina una fuente de tensión constante y permite a las personas disfrutar más del tiempo que pasan juntas.

Impacto en las relaciones personales:

- **Menos discusiones por dinero**: Con las finanzas bajo control, las discusiones sobre dinero se reducen considerablemente, lo que mejora la comunicación y fortalece las relaciones familiares y de pareja.
- **Más tiempo de calidad**: Al no estar constantemente preocupado por el dinero, puedes dedicar más tiempo y energía a tus relaciones. Puedes planificar actividades, viajes o simplemente pasar tiempo de calidad con tus seres queridos sin el estrés de pensar en los gastos.

Ejemplo: Una pareja que ha logrado estabilidad financiera puede hablar más abiertamente sobre sus metas y hacer planes conjuntos para el futuro, como comprar una casa o ahorrar para la educación de sus hijos, sin que el dinero sea una fuente de conflictos constantes.

4. Capacidad para planificar y alcanzar metas a largo plazo

Cuando tienes estabilidad financiera, puedes enfocarte en **establecer y alcanzar metas a largo plazo**, como ahorrar para la jubilación, comprar una propiedad o invertir en la educación de tus hijos. Esto te permite tener una visión más clara del futuro y tomar decisiones estratégicas que te acerquen a tus objetivos. Además, con una base financiera sólida, puedes hacer frente a los desafíos imprevistos sin que estos desvíen tu camino hacia tus metas.

Ventajas de la planificación financiera a largo plazo:

- **Ahorros e inversiones más consistentes**: Con una mayor estabilidad, puedes contribuir de manera constante a tus ahorros y a tus inversiones, lo que te acerca más a tus metas a largo plazo.
- **Mayor enfoque en tus prioridades**: Al tener tus finanzas organizadas, puedes concentrarte en lo que realmente importa para tu futuro, como ahorrar para la jubilación, comprar una propiedad o iniciar un negocio.

Ejemplo: Una persona que ha logrado estabilidad financiera puede empezar a ahorrar de manera consistente para la compra de una casa, sabiendo que sus otros gastos están cubiertos y que cuenta con un fondo de emergencia en caso de imprevistos.

5. Mejor salud física y bienestar general

El impacto positivo de la estabilidad financiera también se extiende a la **salud física**. Al eliminar el estrés financiero, reduces el riesgo de desarrollar enfermedades relacionadas con el estrés, como hipertensión, problemas cardíacos y trastornos del sueño. Además, contar con una base financiera sólida te permite invertir más en tu bienestar físico, como tener acceso a atención médica de calidad, una mejor alimentación y la capacidad de hacer ejercicio de manera regular.

Mejora en la salud física:

- **Menos enfermedades relacionadas con el estrés**: Al no estar constantemente bajo presión financiera, tu cuerpo no experimenta los efectos negativos del estrés crónico, lo que reduce el riesgo de enfermedades relacionadas con la salud mental y física.
- **Acceso a una atención médica adecuada**: Con estabilidad financiera, es más fácil acceder a servicios médicos preventivos y de calidad, lo que mejora tu bienestar general. Puedes ir al médico cuando lo necesites sin preocuparte por los costos o retrasar tratamientos por falta de dinero.

Ejemplo: Una persona financieramente estable puede permitirse tener un seguro médico adecuado y acceder a atención médica regular, previniendo problemas de salud graves antes de que se conviertan en algo más difícil de tratar.

La **estabilidad financiera** tiene un impacto profundo en la **calidad de vida**. Desde la reducción del estrés y la mejora de la salud mental y física, hasta el fortalecimiento de las relaciones personales y la libertad de tomar decisiones importantes sin miedo, contar con una base financiera sólida te permite disfrutar de una vida más plena y satisfactoria. Al trabajar para lograr la estabilidad financiera, no solo estás asegurando un mejor manejo de tu dinero, sino también un futuro más equilibrado y lleno de oportunidades.

La conexión entre la tranquilidad financiera y el bienestar emocional

La **tranquilidad financiera** y el **bienestar emocional** están profundamente conectados. Cuando las finanzas personales están en orden, existe una sensación de **seguridad** y **control** que se refleja positivamente en el estado emocional de las personas. Al contrario, la inestabilidad financiera puede desencadenar una serie de emociones negativas, como ansiedad, miedo y frustración, que afectan la calidad de vida.

La tranquilidad financiera, que es el resultado de una gestión eficaz del dinero, ofrece una plataforma sólida para que las personas vivan sin la presión constante de la incertidumbre económica. Esta paz mental permite que las emociones estén más equilibradas, que las decisiones se tomen con mayor claridad y que el estrés relacionado con las finanzas no interfiera con otros aspectos importantes de la vida. A continuación, analizaremos cómo la tranquilidad financiera impacta directamente el **bienestar emocional**, mejorando significativamente la salud mental y la calidad de vida.

1. Reducción de la ansiedad y el miedo

Uno de los efectos más notables de la **tranquilidad financiera** es la **reducción de la ansiedad** relacionada con el dinero. Las preocupaciones constantes sobre cómo pagar las facturas, saldar deudas o enfrentar emergencias imprevistas generan un alto nivel de ansiedad que afecta la salud mental. Sin embargo, cuando las finanzas están bien gestionadas y se cuenta con un colchón financiero para emergencias, esta ansiedad disminuye considerablemente.

Cómo la estabilidad reduce la ansiedad:

- **Menos incertidumbre**: Al tener un plan financiero y un fondo de emergencia, ya no sientes que cualquier imprevisto puede desestabilizar tu vida. Sabes que, aunque ocurra algo inesperado, tienes los recursos para enfrentarlo.
- **Sensación de control**: La tranquilidad financiera te permite sentir que tienes el control de tu vida económica. Esto reduce el miedo al futuro, ya que te has preparado para diferentes escenarios y estás mejor equipado para manejarlos.

Ejemplo: Una persona que ha alcanzado estabilidad financiera no se preocupa constantemente por perder su trabajo o enfrentar una emergencia médica, ya que ha ahorrado y tiene un plan financiero que le permite afrontar estas situaciones sin entrar en pánico.

2. Mejora del estado de ánimo y la autoestima

La tranquilidad financiera también tiene un impacto positivo en el **estado de ánimo** y la **autoestima**. Cuando las personas logran poner en orden sus finanzas, experimentan una sensación de logro y competencia que mejora su percepción de sí mismas. Este sentimiento de éxito no solo proviene del aumento en los ahorros o la reducción de deudas, sino también del hecho de que han tomado el control de una parte crucial de su vida.

Beneficios emocionales de la tranquilidad financiera:

- **Mayor autoestima**: Sentirte capaz de gestionar tu dinero te proporciona un sentido de competencia y confianza en ti mismo. Esto mejora tu autoestima y te hace sentir que puedes alcanzar otras metas personales y profesionales.
- **Estado de ánimo positivo**: La reducción del estrés financiero y la sensación de seguridad permiten que tu estado de ánimo sea más positivo y estable. Esto también afecta tu perspectiva general de la vida, haciéndote más optimista y abierto a nuevas oportunidades.

Ejemplo: Una persona que ha saldado sus deudas y ha creado un plan de ahorro consistente experimenta un aumento en su autoestima, ya que ha superado un obstáculo importante. Este logro genera una mentalidad más optimista y proactiva en otras áreas de su vida.

3. Mayor enfoque y claridad mental

El **estrés financiero** puede nublar la mente y dificultar la toma de decisiones claras, tanto en la vida personal como en la profesional. Por el contrario, cuando las finanzas están bajo control, hay una mayor **claridad mental** que permite tomar decisiones más racionales y estratégicas. Esta claridad también ayuda a enfocar la atención en metas a largo plazo, ya que la preocupación por las necesidades inmediatas se reduce.

Cómo la tranquilidad financiera mejora la claridad mental:

- **Menos distracciones emocionales**: Cuando no estás abrumado por el estrés económico, puedes dedicar más tiempo y energía a proyectos y decisiones importantes, como tu carrera, tu educación o tus relaciones.
- **Toma de decisiones estratégicas**: La tranquilidad financiera permite que tomes decisiones más informadas y estratégicas, ya que no estás bajo la presión emocional del corto plazo. Esto te ayuda a construir una base más sólida para el futuro.

Ejemplo: Una persona que ha alcanzado estabilidad financiera puede planificar una transición laboral o invertir en su educación sin la presión de tener que tomar decisiones apresuradas debido a la falta de dinero. Esto mejora su capacidad para pensar a largo plazo y enfocarse en objetivos más grandes.

4. Mayor capacidad para disfrutar el presente

Cuando tus finanzas están en orden, no solo tienes una mejor perspectiva hacia el futuro, sino que también te permite **disfrutar del presente**. La tranquilidad financiera elimina la carga de las preocupaciones diarias sobre el dinero, lo que te da la libertad emocional para concentrarte en las experiencias y relaciones que realmente importan. La capacidad de disfrutar el presente, sin el peso de las preocupaciones financieras, mejora tu calidad de vida y bienestar emocional.

Cómo la estabilidad financiera facilita disfrutar el presente:

- **Menos preocupaciones diarias**: Sabes que tienes un plan financiero sólido, lo que te

permite relajarte más y disfrutar de las pequeñas cosas, como pasar tiempo con amigos y familiares, sin que las preocupaciones económicas nublen esos momentos.
- **Capacidad para planificar actividades placenteras**: Tener finanzas estables te permite planificar y disfrutar de actividades recreativas o vacaciones sin el miedo de comprometer tus necesidades básicas o caer en deudas.

Ejemplo: Una persona con estabilidad financiera puede disfrutar de una cena con amigos o una salida familiar sin la preocupación constante de cómo afectarán estos gastos a sus finanzas. Esta capacidad para disfrutar del presente mejora su bienestar emocional y sus relaciones personales.

5. Reducción de la tensión en las relaciones personales

El estrés financiero es una de las principales causas de conflicto en las **relaciones personales**, ya sea con la pareja, la familia o los amigos. Sin embargo, la tranquilidad financiera reduce significativamente estos conflictos, lo que contribuye a relaciones más armoniosas y saludables. Cuando el dinero deja de ser una fuente de tensión, las personas pueden concentrarse en disfrutar de su tiempo juntas y en construir conexiones más fuertes y significativas.

Cómo la tranquilidad financiera mejora las relaciones:

- **Menos conflictos por dinero**: Cuando las finanzas están en orden, es menos probable que surjan discusiones relacionadas con el dinero, lo que reduce las tensiones y mejora la comunicación.

- **Más confianza y apertura**: La seguridad financiera fomenta la confianza en las relaciones, ya que ambas partes se sienten más seguras sobre su futuro financiero y pueden planificar metas conjuntas sin miedo.

Ejemplo: Una pareja con estabilidad financiera puede hablar abiertamente sobre sus metas y deseos sin que el dinero sea un tema de discusión o conflicto constante. Esto refuerza la confianza y mejora la comunicación en la relación.

La **tranquilidad financiera** tiene un impacto directo y positivo en el **bienestar emocional**. Desde la reducción del estrés y la ansiedad hasta la mejora de la autoestima y las relaciones personales, contar con estabilidad financiera permite vivir de manera más plena y disfrutar del presente sin la constante presión de las preocupaciones económicas. Al mejorar la claridad mental, el estado de ánimo y la capacidad de tomar decisiones estratégicas, la tranquilidad financiera no solo proporciona seguridad, sino también una plataforma para crecer y alcanzar metas mayores en la vida.

Ejemplos de cómo una buena gestión financiera abre oportunidades

La **buena gestión financiera** no solo tiene el objetivo de evitar problemas económicos, sino que también abre la puerta a una serie de **oportunidades** que pueden mejorar considerablemente tu calidad de vida. Cuando manejas tus finanzas de manera responsable y efectiva, estás en una mejor posición para aprovechar momentos clave, tomar decisiones importantes y alcanzar metas que de otro modo podrían parecer inalcanzables.

La buena gestión financiera te permite crear una base sólida desde la cual puedes construir tu futuro, ya sea a través de inversiones, emprendimientos o nuevas experiencias. A continuación, exploraremos algunos ejemplos específicos de cómo una gestión financiera eficiente puede abrir nuevas oportunidades en diferentes aspectos de la vida.

1. Inversiones que generan ingresos pasivos

Una de las principales oportunidades que se abre al gestionar bien tus finanzas es la posibilidad de **invertir** y generar **ingresos pasivos**. Al controlar tus gastos, ahorrar de manera consistente y tener un presupuesto claro, puedes empezar a destinar una parte de tus ingresos hacia inversiones. Estas inversiones, como acciones, bonos, bienes raíces o fondos indexados, te permiten hacer que tu dinero trabaje para ti, generando ingresos adicionales sin que tengas que estar involucrado activamente.

Ejemplo:

- Una persona que ha gestionado sus finanzas de manera adecuada y ha ahorrado lo suficiente puede invertir en un fondo indexado o en una propiedad para alquilar. Con el tiempo, las rentas o los rendimientos de las inversiones generan ingresos adicionales, lo que aumenta su estabilidad financiera sin requerir un esfuerzo continuo.
- Al invertir $200 al mes en un fondo de acciones que genera un 7% de rendimiento anual, esta persona puede ver cómo sus ahorros crecen exponencialmente gracias al interés compuesto. Después de 10 años, podría haber

acumulado más de $34,000, una cantidad que podría usar para otras oportunidades financieras o personales.

2. Oportunidades para emprender un negocio propio

La estabilidad financiera y una buena gestión del dinero también te dan la **libertad** y **confianza** para **emprender**. Muchas personas sueñan con iniciar su propio negocio, pero no tienen los recursos financieros para hacerlo. Cuando tus finanzas están en orden, tienes la capacidad de tomar riesgos calculados y destinar parte de tus ahorros o ingresos adicionales para poner en marcha un proyecto empresarial, lo que podría convertirse en una fuente de ingresos significativa en el futuro.

Ejemplo:

- Una persona que ha gestionado bien sus finanzas y ha acumulado un fondo de emergencia suficiente puede decidir dejar su trabajo actual para dedicarse a tiempo completo a su negocio de consultoría, sabiendo que tiene un respaldo financiero para los primeros meses.
- Otra persona puede destinar parte de sus ahorros a crear una tienda en línea sin necesidad de financiamiento externo. Con el control adecuado de sus gastos iniciales, puede ir reinvirtiendo las ganancias en el crecimiento del negocio, logrando una mayor independencia económica con el tiempo.

3. Aprovechar oportunidades de educación y desarrollo personal

Una buena gestión financiera también te permite **invertir en ti mismo** a través de la educación y el desarrollo personal. Con unas finanzas bien gestionadas, puedes financiar cursos, certificaciones o incluso estudios avanzados que aumenten tu valor en el mercado laboral o te proporcionen las herramientas necesarias para un cambio de carrera. Además, la educación puede abrir la puerta a nuevas oportunidades profesionales, mejores salarios y un crecimiento personal que no habrías alcanzado sin esa inversión inicial.

Ejemplo:

- Una persona que ha gestionado sus finanzas con éxito puede permitirse pagar por un programa de maestría o una certificación profesional que le ayudará a avanzar en su carrera o a cambiar de industria. Aunque esta inversión educativa puede requerir tiempo y esfuerzo, los beneficios a largo plazo son evidentes: un mejor salario, mayores oportunidades de ascenso y un crecimiento profesional más rápido.
- Otra persona puede optar por inscribirse en cursos de desarrollo personal, como liderazgo o habilidades técnicas, lo que le abre nuevas puertas para posiciones de responsabilidad o proyectos que antes no estaban a su alcance.

4. Oportunidades para comprar una propiedad

Uno de los logros más importantes que se pueden alcanzar gracias a una buena gestión financiera es la **compra de una propiedad**. Al mantener tus deudas bajo control, ahorrar consistentemente y planificar tus gastos, estarás en una mejor posición para acceder a un crédito hipotecario o comprar una vivienda sin comprometer tu estabilidad económica. Comprar una propiedad no solo representa un hito importante, sino que también es una inversión que puede generar valor a largo plazo.

Ejemplo:

- Una persona que ha gestionado bien su dinero, manteniendo un buen historial crediticio y ahorrando para el pago inicial de una casa, puede acceder a un crédito hipotecario con tasas de interés favorables. Esto le permite comprar una propiedad que no solo le proporcionará un lugar para vivir, sino también un activo que puede aumentar de valor con el tiempo.
- Otra persona puede aprovechar su estabilidad financiera para adquirir una propiedad en una zona en crecimiento, lo que podría resultar en una apreciación significativa del valor de la vivienda en el futuro.

5. Planificación de viajes y experiencias de vida enriquecedoras

La buena gestión financiera también abre la puerta a **experiencias enriquecedoras**, como viajar o participar en actividades recreativas que de otro modo podrían no ser asequibles. Cuando tienes un plan financiero sólido, puedes destinar una parte de tus ingresos a disfrutar del presente sin que esto comprometa tu estabilidad económica a largo plazo. Planificar viajes o actividades de ocio no solo mejora tu bienestar, sino que también amplía tus horizontes y te permite disfrutar de la vida con mayor plenitud.

Ejemplo:

- Una persona que ha controlado sus gastos y ha planificado adecuadamente sus finanzas pueden permitirse realizar el viaje de sus sueños sin endeudarse. Esta experiencia puede enriquecer su vida de muchas maneras, al ofrecerle la oportunidad de explorar nuevas culturas, relajarse y desconectar del estrés diario.
- Otra persona puede usar sus ahorros para participar en retiros de bienestar, cursos de arte o actividades recreativas que fomentan su crecimiento personal y emocional, sabiendo que estas experiencias no afectarán negativamente sus finanzas.

6. Capacidad para ayudar a los demás o contribuir a causas benéficas

Una vez que has alcanzado estabilidad financiera, también puedes tener la oportunidad de **ayudar a los demás** o **contribuir a causas benéficas** que te importen. Con un buen manejo del dinero, puedes ofrecer apoyo financiero a familiares o amigos en momentos de necesidad, o incluso donar a organizaciones que promuevan causas que te interesen, lo que añade un sentido de propósito y satisfacción a tu vida.

Ejemplo:

- Una persona con buena gestión financiera puede ofrecer ayuda a un amigo cercano que está pasando por un momento difícil, sin que esto afecte su propia estabilidad económica. Esta capacidad para apoyar a otros es una de las mayores ventajas de tener finanzas saludables.

- Del mismo modo, alguien que ha alcanzado estabilidad financiera puede donar parte de sus ingresos a una causa que le apasione, como la educación o la salud, sabiendo que está marcando una diferencia positiva en la sociedad sin comprometer su futuro financiero.

La **buena gestión financiera** no solo ofrece tranquilidad y seguridad, sino que también abre un mundo de **oportunidades** que pueden transformar tu vida de muchas maneras. Desde invertir para generar ingresos pasivos hasta emprender un negocio, comprar una propiedad o financiar tu desarrollo personal, la estabilidad económica te permite aprovechar momentos clave y alcanzar metas que antes parecían fuera de tu alcance. Al gestionar tu dinero de manera efectiva, no solo te aseguras un futuro más estable, sino también la posibilidad de disfrutar de un presente más pleno y satisfactorio.

Ejercicio práctico: visualiza tu vida con estabilidad financiera

El primer paso para alcanzar la **estabilidad financiera** es **visualizar** lo que significaría para ti vivir sin preocupaciones económicas. La visualización es una técnica poderosa que te permite imaginar un futuro ideal, enfocándote en los detalles de lo que lograrás cuando tus finanzas estén bajo control. Este ejercicio práctico te ayudará a definir tus **metas financieras** y a visualizar los beneficios que experimentarás cuando alcances la estabilidad económica que deseas.

Este ejercicio no solo es una herramienta de motivación, sino también una forma de **planificación estratégica**. Al visualizar cómo se verá tu vida con estabilidad financiera, puedes comenzar a identificar los pasos que necesitas tomar para hacer realidad esa visión. A través de esta práctica, estarás creando una imagen mental clara que te guiará en el proceso de mejorar tus finanzas y te motivará a seguir adelante.

Paso 1: Encuentra un lugar tranquilo para visualizar

Antes de comenzar este ejercicio, encuentra un lugar tranquilo donde puedas relajarte y estar libre de distracciones. Tómate unos minutos para ponerte en una posición cómoda, cerrar los ojos y respirar profundamente para despejar tu mente.

Instrucciones:

1. Siéntate o recuéstate en un lugar donde te sientas cómodo y relajado.
2. Cierra los ojos y toma varias respiraciones profundas. Inhala lentamente por la nariz, llena tu abdomen de aire y exhala suavemente por la boca.
3. Permite que tu mente se calme y concéntrate en la idea de una vida donde tus finanzas están completamente bajo control.

Paso 2: Visualiza cómo se siente vivir con estabilidad financiera

Imagina cómo te sentirías si ya hubieras alcanzado la **estabilidad financiera**. Visualiza ese futuro donde tus finanzas están ordenadas, tus deudas están pagadas y tienes ahorros suficientes para enfrentar cualquier imprevisto. Piensa en las **emociones** que experimentarías en ese momento.

Preguntas para guiar tu visualización:

- **¿Cómo te sientes emocionalmente sabiendo que tienes estabilidad financiera?**: Imagina la tranquilidad que sentirías al no tener que preocuparte por pagar deudas o enfrentar gastos inesperados. Piensa en la paz mental y la seguridad que esto te brindaría.
- **¿Qué tipo de decisiones puedes tomar ahora que tus finanzas están bajo control?**: Reflexiona sobre la libertad que tendrías para tomar decisiones importantes sin estar limitado por el dinero. Por ejemplo, podrías planificar un cambio de carrera, iniciar un proyecto personal o incluso tomarte un tiempo libre para viajar o aprender algo nuevo.
- **¿Cómo ha mejorado tu bienestar emocional y físico?**: Imagina cómo tu salud y bienestar han mejorado al haber eliminado el estrés financiero. Visualiza cómo duermes mejor, te sientes más relajado y disfrutas más de la vida cotidiana.

Ejemplo: Visualiza cómo te despiertas cada mañana con la seguridad de que tus facturas están cubiertas, que tienes ahorros en el banco y que cualquier imprevisto no pondrá en riesgo tu estabilidad. Te sientes en paz, sabiendo que puedes enfocarte en tus metas personales y profesionales sin la carga del estrés financiero.

Paso 3: Visualiza tus relaciones y cómo han mejorado

La **estabilidad financiera** no solo mejora tu situación económica, sino que también afecta positivamente tus relaciones personales. Imagina cómo han cambiado tus **relaciones** ahora que ya no tienes preocupaciones constantes sobre el dinero.

Preguntas para guiar tu visualización:

- **¿Cómo han mejorado tus relaciones con tu pareja, familia o amigos?**: Piensa en cómo la ausencia de discusiones sobre dinero ha mejorado la comunicación y la armonía en tus relaciones. Visualiza momentos de conexión más profunda, como compartir cenas, salidas o planes sin la tensión del dinero.
- **¿Cómo te sientes al poder contribuir más a tu comunidad o ayudar a seres queridos?**: Si para ti es importante ayudar a los demás, visualiza cómo la estabilidad financiera te permite apoyar causas que te importan o brindar ayuda a amigos o familiares en momentos de necesidad.

Ejemplo: Imagina una relación de pareja más tranquila, donde ambos se sienten seguros y pueden hablar abiertamente sobre sus planes futuros sin la preocupación constante por las finanzas. Visualiza también cómo puedes disfrutar de salidas y actividades con amigos sin sentir la presión de los gastos.

Paso 4: Visualiza tus logros y metas cumplidas

Ahora, piensa en las **metas financieras** que habrás logrado gracias a tu buena gestión del dinero. Imagina los **logros** que ahora son una realidad gracias a tu disciplina y planificación.

Preguntas para guiar tu visualización:

- **¿Qué metas financieras has logrado?**: Visualiza metas concretas que ya has alcanzado, como haber saldado todas tus deudas, haber comprado una propiedad, haber

invertido en tu educación o haber acumulado un fondo de ahorro considerable.
- **¿Cómo te sientes al haber alcanzado estas metas?**: Piensa en la satisfacción y el orgullo que sientes por haber alcanzado estos logros. Visualiza cómo tu vida ha mejorado como resultado de tu disciplina financiera.

Ejemplo: Imagina haber pagado todas tus deudas y sentirte libre de esa carga. O bien, visualiza cómo te sientes al haber ahorrado lo suficiente para realizar un viaje de tus sueños o haber invertido en tu negocio propio, que ahora está en crecimiento. Sientes una gran satisfacción al ver cómo tus esfuerzos han dado frutos.

Paso 5: Visualiza cómo manejas imprevistos con confianza

Finalmente, imagina cómo enfrentas los **imprevistos financieros** ahora que tienes estabilidad. En lugar de sentir miedo o ansiedad, te sientes preparado y capaz de manejar cualquier desafío económico que pueda surgir.

Preguntas para guiar tu visualización:

- **¿Cómo enfrentas los gastos inesperados o las emergencias?**: Visualiza cómo, cuando ocurre un imprevisto, simplemente recurres a tu fondo de emergencia o ajustas tu presupuesto sin que esto afecte negativamente tu vida diaria.
- **¿Cómo te sientes al saber que estás preparado para el futuro?**: Reflexiona sobre la confianza que tienes en tu capacidad para enfrentar lo inesperado sin perder la tranquilidad.

Ejemplo: Imagina que surge una reparación inesperada en tu hogar. En lugar de entrar en pánico, accedes a tu fondo de emergencia y cubres el gasto sin preocupaciones. Te sientes seguro de que, gracias a tu buena gestión financiera, estos eventos no afectan tu estabilidad.

Paso 6: Anota tu visualización y establece acciones concretas

Después de completar tu visualización, abre los ojos y toma algunos minutos para **anotar** lo que has visualizado. Este paso es crucial para que puedas pasar de la **imaginación** a la **acción**. Reflexiona sobre las sensaciones y los logros que has visualizado y tradúcelos en metas y pasos concretos que puedes comenzar a implementar hoy.

Instrucciones:

1. **Escribe una descripción detallada** de lo que visualizaste: tus emociones, los logros, cómo han mejorado tus relaciones y cómo manejas el dinero de manera tranquila.
2. **Identifica las acciones necesarias**: A partir de tu visualización, define qué cambios necesitas hacer en tu vida financiera actual para alcanzar esa visión. Esto puede incluir crear un presupuesto, aumentar tus ahorros, invertir o buscar asesoramiento financiero.
3. **Establece un plan a corto y largo plazo**: Establece metas financieras claras, tanto a corto plazo (por ejemplo, crear un fondo de emergencia) como a largo plazo (por ejemplo, invertir para la jubilación o pagar una casa).

Ejemplo: Si en tu visualización te viste con un fondo de emergencia de $10,000, escribe cuánto necesitas ahorrar cada mes para alcanzar esa meta y cuáles son los ajustes que harás en tus gastos actuales para lograrlo.

Este ejercicio práctico de **visualización** te ayudará a imaginar una vida con **estabilidad financiera** y a comprender cómo esta estabilidad puede transformar tu bienestar emocional, tus relaciones y tu capacidad para manejar imprevistos. Al visualizar tu vida ideal y los beneficios de una buena gestión financiera, podrás identificar los pasos concretos que necesitas dar para hacer de esa visión una realidad. La visualización es solo el comienzo; lo más importante es actuar de manera coherente con tus metas para lograr la tranquilidad financiera que deseas.

Cómo Desarrollar e Implementar un Plan Financiero

El éxito financiero no es el resultado de la suerte, sino de una **planificación estratégica** y constante. Un **plan financiero** es una herramienta esencial que te permite gestionar tu dinero de manera eficiente, alcanzar tus metas económicas y construir una base sólida para tu futuro. Desarrollar e implementar un plan financiero efectivo te proporcionará un **mapa claro** para manejar tus ingresos, controlar tus gastos, ahorrar, invertir y reducir tus deudas, todo con el propósito de mejorar tu estabilidad económica y emocional.

Tener un plan financiero no solo te permite establecer **metas claras y alcanzables**, sino que también te ayuda a tomar decisiones informadas en cada paso de tu vida económica. Ya sea que quieras pagar deudas, ahorrar para una gran compra, o invertir para tu futuro, un plan financiero es la clave para transformar tus hábitos financieros en un proceso organizado y eficiente.

En este capítulo, aprenderás cómo desarrollar un plan financiero paso a paso y, lo más importante, cómo **implementarlo** con éxito en tu vida diaria. Desde la creación de un presupuesto hasta la definición de metas a corto, mediano y largo plazo, este plan se convertirá en tu guía para tomar control total de tus finanzas y encaminarte hacia la **libertad financiera**.

Qué es un plan financiero y por qué todos deberían tener uno

Un **plan financiero** es una **estrategia organizada** que te permite gestionar tu dinero de manera efectiva para alcanzar tus objetivos económicos a corto, mediano y largo plazo. En su esencia, un plan financiero es un **mapa** que te guía hacia tus metas, ya sea que quieras pagar tus deudas, ahorrar para un proyecto, comprar una casa, invertir para el futuro o simplemente mejorar tu calidad de vida al reducir el estrés financiero. Este plan incluye un análisis detallado de tus ingresos, gastos, ahorros, deudas e inversiones, y te proporciona una estructura para tomar decisiones informadas sobre cómo administrar tus recursos.

Tener un plan financiero no es solo para las personas con grandes ingresos o riqueza. **Todos** deben tener uno, independientemente de su nivel de ingresos, porque un plan te ayuda a tomar control de tu situación financiera, sin importar cuán sencilla o compleja sea. Al establecer un plan financiero, no solo estás diseñando un esquema para gestionar tu dinero, sino que también estás preparando el terreno para tomar decisiones proactivas y evitar problemas comunes como el endeudamiento excesivo o la falta de ahorros.

1. Qué incluye un plan financiero

Un plan financiero típico aborda varios aspectos clave que conforman la estructura de tus finanzas personales. Estos son los elementos básicos que forman parte de un plan financiero:

- **Ingresos**: El dinero que recibes de tus trabajos, inversiones o cualquier otra fuente. En tu plan, es importante tener claridad sobre cuáles son tus fuentes de ingreso y cómo puedes optimizarlas.
- **Gastos**: Los desembolsos de dinero que realizas cada mes, desde las necesidades básicas como vivienda y alimentos, hasta los gastos discrecionales como entretenimiento o

compras personales. Un plan financiero te ayuda a identificar en qué estás gastando y cómo reducir gastos innecesarios.
- **Ahorros**: El dinero que apartas para objetivos futuros o emergencias. Un plan financiero te enseña cómo destinar una parte de tus ingresos para el ahorro, lo cual es crucial para la estabilidad financiera.
- **Deudas**: Todo lo que debes, incluyendo préstamos, tarjetas de crédito o hipotecas. Tu plan financiero debe incluir una estrategia para reducir y eventualmente eliminar estas deudas.
- **Inversiones**: El dinero que destinas a crecer a largo plazo, ya sea en acciones, bonos, bienes raíces o cualquier otro tipo de inversión. Un buen plan financiero incluye la planificación para la inversión con el objetivo de hacer crecer tu patrimonio.
- **Metas financieras**: Estos son los objetivos que te propones alcanzar a través de tu plan, como saldar deudas, ahorrar para la jubilación, comprar una casa o emprender un negocio.

2. Por qué todos deberían tener un plan financiero

El simple hecho de tener un plan financiero transforma tu relación con el dinero. Aquí te explico algunas de las razones más importantes por las que **todos**, sin importar su situación económica, deberían tener uno:

2.1. Ayuda a tomar control de tus finanzas

Muchas personas sienten que el dinero simplemente "se va" cada mes sin saber exactamente cómo o por qué. Un plan financiero te permite **tomar el control** de tus finanzas al darte un panorama claro de dónde viene tu dinero y en qué se gasta. En lugar de sentir que tu dinero te controla, un plan financiero te permite controlar tu dinero de manera más intencional y consciente.

Ejemplo: Una persona que gana $2,000 al mes, pero no tiene un plan financiero puede encontrarse viviendo de cheque en cheque sin saber cómo termina sin ahorros cada mes. Sin embargo, al crear un plan financiero, puede identificar áreas donde está gastando de más (por ejemplo, comer fuera o gastos impulsivos) y redistribuir esos fondos a ahorros o pago de deudas.

2.2. Te ayuda a establecer y alcanzar metas financieras

Un plan financiero te proporciona una estructura clara para **establecer metas financieras** y trabajar para alcanzarlas de manera eficiente. Estas metas pueden variar, desde crear un fondo de emergencia hasta ahorrar para un gran objetivo, como comprar una casa, financiar la educación de tus hijos o planificar la jubilación. Tener un plan te permite dividir estas metas en pasos manejables, lo que hace que sean mucho más alcanzables.

Ejemplo: Si tu meta es ahorrar $10,000 en tres años, un plan financiero te permitirá establecer cuánto necesitas ahorrar cada mes y cómo ajustar tus gastos para que puedas cumplir ese objetivo.

2.3. Te prepara para enfrentar imprevistos

Los imprevistos financieros, como emergencias médicas, reparaciones importantes en el hogar o una pérdida de empleo, pueden ser devastadores si no tienes un **fondo de emergencia** o un plan para enfrentarlos. Un plan financiero incluye una estrategia para crear un fondo de emergencia, lo que te proporciona seguridad y la capacidad de manejar estos imprevistos sin necesidad de recurrir a deudas.

Ejemplo: Una persona que tiene un fondo de emergencia de seis meses de gastos gracias a su plan financiero podrá enfrentar la pérdida temporal de empleo sin endeudarse, mientras que alguien que no tiene ese colchón podría caer rápidamente en problemas financieros graves.

2.4. Reduce el estrés financiero y mejora el bienestar emocional

El estrés financiero es una de las principales causas de ansiedad y problemas emocionales. No saber si tendrás suficiente dinero para cubrir tus necesidades puede generar angustia constante. Tener un plan financiero no solo te ayuda a administrar tu dinero, sino que también reduce el estrés relacionado con las finanzas. Al tener un plan claro, te sientes más **tranquilo y seguro**, lo que mejora tu bienestar emocional en general.

Ejemplo: Alguien con un plan financiero puede dormir mejor por la noche, sabiendo que tiene un presupuesto sólido y que está trabajando hacia sus metas, en lugar de preocuparse constantemente por cómo pagar las cuentas del próximo mes.

2.5. Te ayuda a evitar el endeudamiento innecesario

Un plan financiero efectivo te enseña a vivir dentro de tus posibilidades y a evitar el **endeudamiento innecesario**. Al saber exactamente cuánto puedes gastar sin comprometer tus metas o recurrir a tarjetas de crédito, puedes reducir la tentación de endeudarte por encima de lo que puedes pagar. Esto no solo mejora tu situación económica en el presente, sino que también te protege de problemas financieros a largo plazo.

Ejemplo: Una persona con un plan financiero puede determinar cuánto puede gastar en unas vacaciones sin endeudarse, ajustando su presupuesto mensual o destinando una parte de sus ahorros específicamente para ese fin, en lugar de poner todo en una tarjeta de crédito.

2.6. Fomenta la disciplina y la planificación a largo plazo

Un plan financiero fomenta la **disciplina** y el **pensamiento a largo plazo**. En lugar de tomar decisiones impulsivas o enfocarse solo en las necesidades inmediatas, un plan te enseña a pensar en el futuro. Con una estructura clara y metas definidas, te vuelves más disciplinado con tus hábitos de gasto y ahorro, lo que te coloca en una mejor posición para enfrentar los retos financieros futuros.

Ejemplo: Una persona que ha implementado un plan financiero no solo piensa en los próximos meses, sino en cómo sus decisiones actuales impactarán su vida dentro de cinco o diez años, permitiéndole planificar mejor para el futuro.

Un **plan financiero** es mucho más que un simple presupuesto; es un **mapa** que te guía hacia la estabilidad económica y te ayuda a alcanzar tus metas financieras con confianza y seguridad. Todos, independientemente de su nivel de ingresos, deberían tener uno, ya que proporciona control, reduce el estrés y abre la puerta a nuevas oportunidades. Tener un plan te permite no solo manejar tus finanzas de manera efectiva, sino también prepararte para el futuro con una mentalidad proactiva y estratégica.

Cómo empezar un plan financiero desde cero

Crear un **plan financiero desde cero** puede parecer intimidante al principio, especialmente si nunca has tenido un esquema claro para manejar tu dinero. Sin embargo, el proceso es más sencillo de lo que parece y te proporcionará una guía invaluable para organizar tus finanzas y alcanzar tus metas económicas. Desarrollar un plan financiero no requiere grandes conocimientos de finanzas, sino una combinación de **disciplina**, **objetivos claros** y el uso eficiente de los recursos que ya tienes.

A continuación, te guiaré paso a paso para que puedas comenzar a construir tu plan financiero desde cero, sin importar tu situación económica actual. Este plan te ayudará a gestionar tus ingresos y gastos, ahorrar, pagar deudas, invertir y estar preparado para imprevistos.

Paso 1: Evalúa tu situación financiera actual

El primer paso para empezar un plan financiero es tener una visión clara de tu **situación financiera actual**. Antes de establecer metas o comenzar a organizar tu dinero, es fundamental que sepas exactamente en qué punto te encuentras, cuánto dinero ganas, en qué lo gastas y qué deudas tienes.

Cómo hacerlo:

- **Reúne toda la información** sobre tus ingresos, gastos y deudas. Haz una lista detallada de:

- **Ingresos mensuales**: Incluye tu salario, ingresos adicionales por trabajos extras, inversiones, etc.
- **Gastos mensuales**: Enumera todos tus gastos fijos (alquiler, servicios, transporte) y variables (comidas fuera, entretenimiento, etc.).
- **Deudas**: Anota todas las deudas que tienes, desde préstamos personales hasta tarjetas de crédito, incluyendo las tasas de interés y pagos mínimos.
- **Ahorros y activos**: Identifica cuánto dinero tienes ahorrado y cualquier activo (inversiones, propiedad) que pueda ayudarte a aumentar tu patrimonio.

Ejemplo: Una persona con un ingreso mensual de $2,500, gastos de $2,200 y deudas de tarjetas de crédito de $5,000 a un interés del 20% tiene un panorama claro de su situación financiera inicial. Este ejercicio es clave para comprender cuánto margen tiene y cómo puede mejorar su posición.

Paso 2: Establece metas financieras claras

Una vez que tienes una visión clara de tu situación actual, el siguiente paso es definir **metas financieras**. Tener metas claras es fundamental para que puedas saber hacia dónde estás dirigiendo tus esfuerzos. Estas metas pueden ser a **corto plazo** (de 6 meses a un año), a **mediano plazo** (de 1 a 5 años) o a **largo plazo** (más de 5 años).

Cómo hacerlo:

- **Define tus metas a corto plazo**: Estas metas pueden incluir crear un fondo de emergencia, reducir tus deudas o establecer un

presupuesto. Son objetivos rápidos y alcanzables que te proporcionan una base sólida para tu plan financiero.
- **Establece metas a mediano y largo plazo**: Piensa en metas más grandes, como ahorrar para la compra de una casa, invertir para tu jubilación, pagar toda tu deuda o emprender un negocio. Estas metas requerirán más tiempo y planificación, pero son esenciales para construir un futuro financiero sólido.

Ejemplo: Una persona podría establecer como meta a corto plazo ahorrar $1,000 en un fondo de emergencia dentro de los próximos seis meses. A mediano plazo, su objetivo podría ser reducir su deuda de tarjeta de crédito en un 50% en dos años. A largo plazo, podría proponerse ahorrar para la entrada de una vivienda.

Paso 3: Crea un presupuesto realista

El siguiente paso es **crear un presupuesto** que te ayude a gestionar tus ingresos y controlar tus gastos de manera eficiente. Un presupuesto es una herramienta que te permitirá saber exactamente cuánto puedes gastar cada mes, cuánto debes destinar al ahorro y cuánto necesitas para pagar deudas o cumplir con otros objetivos.

Cómo hacerlo:

- **Divide tu presupuesto en categorías**: Asigna tus ingresos mensuales a diferentes categorías, como vivienda, transporte, alimentación, entretenimiento, ahorros y pago de deudas. Sé realista sobre cuánto necesitas gastar en cada categoría y asegúrate de que tu presupuesto refleje tu situación actual.

- **Prioriza el ahorro y el pago de deudas**: Un buen presupuesto no solo se enfoca en cubrir tus gastos, sino en destinar una parte de tus ingresos al ahorro y al pago de deudas. Esto te ayudará a avanzar hacia la estabilidad financiera a largo plazo.

Ejemplo: Si ganas $2,500 al mes, podrías destinar $800 a vivienda, $200 a transporte, $400 a alimentos, $100 a entretenimiento, $300 a ahorro y $500 al pago de deudas. Este presupuesto te permite cumplir con tus necesidades mientras ahorras y reduces tus obligaciones financieras.

Paso 4: Establece un fondo de emergencia

Uno de los pilares de cualquier plan financiero exitoso es tener un **fondo de emergencia**. Este fondo te protege en caso de que enfrentes gastos inesperados, como una emergencia médica, la pérdida de empleo o reparaciones en el hogar. Si no cuentas con un fondo de emergencia, podrías verte obligado a endeudarte en momentos de crisis, lo que dificultaría tu estabilidad financiera.

Cómo hacerlo:

- **Define cuánto necesitas ahorrar**: Un fondo de emergencia ideal debe cubrir entre tres y seis meses de gastos esenciales. Si tus gastos mensuales son de $2,000, tu fondo debería tener entre $6,000 y $12,000. Si eso parece inalcanzable ahora, comienza con metas más pequeñas, como ahorrar $500 o $1,000 para emergencias menores.
- **Aparta dinero cada mes**: Destina una parte de tus ingresos a tu fondo de emergencia,

incluso si es una pequeña cantidad al principio. La clave es ser consistente.

Ejemplo: Si decides apartar $100 al mes, en 10 meses tendrás $1,000 en tu fondo de emergencia. Aunque parezca poco, es un buen comienzo para enfrentar imprevistos sin necesidad de recurrir a deudas.

Paso 5: Paga tus deudas de manera estratégica

Las **deudas** pueden ser una gran barrera para alcanzar la estabilidad financiera, pero con un plan, puedes reducirlas gradualmente y eventualmente eliminarlas. El objetivo es pagar las deudas de manera estratégica, enfocándote en aquellas que tienen los intereses más altos o aquellas que generan más estrés.

Cómo hacerlo:

- **Haz una lista de tus deudas**: Escribe todas las deudas que tienes, incluidas las tarjetas de crédito, préstamos estudiantiles, préstamos personales, etc., y ordénalas por la tasa de interés o el saldo.
- **Utiliza el método de la avalancha o la bola de nieve**:
    o **Avalancha**: Paga primero las deudas con las tasas de interés más altas, mientras realizas los pagos mínimos en las demás.
    o **Bola de nieve**: Paga primero las deudas más pequeñas para obtener un impulso de motivación al ver que eliminas saldos rápidamente.

Ejemplo: Si tienes una deuda de tarjeta de crédito de $5,000 al 20% de interés y un préstamo personal de $3,000 al 10%, podrías priorizar la tarjeta de crédito con el método de avalancha. O bien, si prefieres el método de la bola de nieve, podrías pagar primero el préstamo personal por ser una cantidad menor.

Paso 6: Comienza a ahorrar e invertir

Una vez que hayas establecido tu presupuesto y estés trabajando en la reducción de tus deudas, el siguiente paso es empezar a **ahorrar e invertir**. Ahorrar te ayudará a cumplir tus metas a corto plazo, mientras que invertir te permitirá hacer crecer tu dinero a largo plazo.

Cómo hacerlo:

- **Empieza a ahorrar para metas específicas**: Además de tu fondo de emergencia, puedes empezar a ahorrar para otras metas como vacaciones, la compra de un automóvil o una casa.
- **Invierte a largo plazo**: Si no tienes deudas grandes y ya has establecido un fondo de emergencia, comienza a invertir en acciones, bonos, fondos indexados o bienes raíces. Las inversiones permiten que tu dinero crezca con el tiempo y te acerque a la libertad financiera.

Ejemplo: Si has ahorrado lo suficiente para un fondo de emergencia, puedes destinar $200 al mes a un fondo de inversión de bajo riesgo que te permita ganar intereses o rendimientos a largo plazo.

Empezar un **plan financiero desde cero** no requiere grandes cantidades de dinero ni conocimientos complejos, sino una combinación de **organización, disciplina y metas claras**. Al evaluar tu situación actual, establecer un presupuesto realista, ahorrar para emergencias, pagar deudas de manera estratégica y comenzar a invertir, estarás construyendo una base sólida que te permitirá alcanzar la estabilidad financiera y lograr tus objetivos a largo plazo. Lo más importante es dar el primer paso, y con el tiempo, verás cómo tu situación financiera mejora y te proporciona la tranquilidad y las oportunidades que buscas.

Comprensión de los diferentes tipos de gastos y cómo planificarlos: fijos, variables, ahorro

Uno de los componentes más importantes de un plan financiero es entender cómo administrar tus **gastos** de manera efectiva. Los gastos que realizas pueden dividirse en tres grandes categorías: **gastos fijos**, **gastos variables** y **ahorros**. Cada uno de ellos juega un papel clave en tu bienestar financiero y, al comprender sus diferencias y planificarlos adecuadamente, podrás gestionar mejor tu dinero y mantener el control de tus finanzas.

Saber **cómo planificar estos tipos de gastos** es esencial para evitar sorpresas y asegurarte de que siempre estás preparado para tus necesidades financieras, desde el pago de tus facturas mensuales hasta la creación de un fondo de ahorro para emergencias o inversiones. A continuación, te explicaré en qué consisten estos gastos y cómo puedes planificarlos para construir un presupuesto equilibrado y efectivo.

1. Gastos fijos

Los **gastos fijos** son aquellos que no cambian de un mes a otro, o que varían muy poco, y son normalmente esenciales para el mantenimiento de tu estilo de vida. Estos gastos son **predecibles**, lo que significa que puedes planificarlos fácilmente dentro de tu presupuesto mensual.

Ejemplos de gastos fijos:

- Alquiler o hipoteca
- Pagos de préstamos
- Servicios básicos (agua, electricidad, gas)
- Seguro médico o de automóvil
- Pago de deudas (si tiene una cantidad mensual fija)

Cómo planificar los gastos fijos:

- **Asigna una parte de tus ingresos para cubrirlos**: Debido a que los gastos fijos son predecibles, puedes asignar una parte de tus ingresos para cubrir estos costos cada mes. Asegúrate de que estos gastos esenciales estén cubiertos antes de destinar dinero a otros gastos o ahorros.
- **Automatiza los pagos**: Para evitar olvidar pagos importantes y evitar multas o intereses, configura **pagos automáticos** para tus gastos fijos. Esto garantizará que tus pagos se realicen a tiempo, reduciendo el riesgo de incurrir en gastos adicionales por retrasos.

Ejemplo: Si tu alquiler es de $800 al mes y tus servicios básicos suman $200, ya sabes que cada mes necesitarás al menos $1,000 para cubrir estos gastos. Al tener estos montos claros y previsibles, puedes planificarlos y evitar sorpresas.

2. Gastos variables

Los **gastos variables** son aquellos que cambian de un mes a otro y dependen de tus hábitos de consumo y decisiones diarias. A diferencia de los gastos fijos, estos no son completamente predecibles, pero son necesarios para mantener tu calidad de vida. Estos gastos pueden incluir necesidades, pero también muchos de ellos son gastos discrecionales, es decir, no esenciales, que puedes ajustar según tu situación financiera.

Ejemplos de gastos variables:

- Alimentación (compras de supermercado y comer fuera)
- Transporte (gasolina, transporte público, mantenimiento de vehículos)
- Entretenimiento (salidas al cine, suscripciones de streaming)
- Ropa y compras personales
- Vacaciones o actividades recreativas

Cómo planificar los gastos variables:

- **Define límites para cada categoría:** Aunque los gastos variables cambian de mes a mes, puedes establecer **límites** para cada categoría según tu situación financiera. Esto te ayudará a controlar tus gastos sin sentir que estás gastando de más.
- **Monitorea y ajusta según sea necesario:** Debido a que estos gastos pueden variar, es útil llevar un registro de ellos mes a mes para asegurarte de que no estás superando tus límites. Si notas que un mes gastas más de lo planeado en alguna categoría, puedes ajustar otros gastos para equilibrar tu presupuesto.

Ejemplo: Si sueles gastar $400 al mes en alimentación, pero un mes decides comer fuera con más frecuencia y el gasto sube a $500, puedes ajustar el presupuesto de otras categorías, como reducir el gasto en entretenimiento ese mes, para compensar y no excederte.

3. Ahorro

El **ahorro** es una parte esencial de cualquier plan financiero sólido. Ahorrar te permite prepararte para imprevistos, alcanzar metas importantes y garantizar tu estabilidad financiera a largo plazo. El ahorro puede dividirse en diferentes tipos, según los objetivos específicos que tengas, como un fondo de emergencia, ahorro para una compra importante o inversión a largo plazo.

Tipos de ahorro:

- **Fondo de emergencia**: Un fondo de emergencia debe cubrir al menos de tres a seis meses de tus gastos esenciales. Este fondo te protegerá en caso de que enfrentes una emergencia inesperada, como una pérdida de empleo o una reparación importante.
- **Ahorro para metas a corto plazo**: Estos son ahorros que destinas para metas más inmediatas, como unas vacaciones, la compra de un automóvil o la remodelación de tu hogar.
- **Ahorro para inversión o jubilación**: Estos son ahorros a largo plazo que están destinados a inversiones o a tu retiro. La idea es hacer que el dinero trabaje para ti a lo largo del tiempo, aumentando tus ingresos futuros.

Cómo planificar el ahorro:

- **Establece un porcentaje de tus ingresos**: Un principio básico es destinar un **porcentaje fijo** de tus ingresos al ahorro cada mes. Un buen

objetivo es empezar con el 10% de tus ingresos y aumentar esta cantidad a medida que puedas. Si es posible, automatiza el proceso para que una parte de tu salario se transfiera directamente a una cuenta de ahorro.
- **Prioriza el fondo de emergencia**: Si aún no tienes un fondo de emergencia, este debería ser tu primera prioridad. Una vez que hayas establecido un fondo sólido, puedes destinar más recursos a ahorros para metas a corto y largo plazo.

Ejemplo: Si tu ingreso mensual es de $2,500 y decides ahorrar el 10%, estarías destinando $250 al mes a tu fondo de emergencia o a otras metas. Si ya tienes un fondo de emergencia, podrías dividir ese ahorro entre diferentes objetivos, como invertir para la jubilación o ahorrar para una compra importante.

Cómo equilibrar gastos fijos, variables y ahorros en tu presupuesto

Una vez que hayas identificado tus gastos fijos, variables y de ahorro, el siguiente paso es **equilibrar estos elementos en tu presupuesto mensual**. El objetivo es asignar tus ingresos de manera que puedas cubrir tus gastos esenciales, controlar tus gastos variables y seguir ahorrando para el futuro.

Estrategias para equilibrar tu presupuesto:

- **Haz que los ahorros sean una prioridad**: A menudo, las personas ahorran solo si les sobra dinero al final del mes, pero una mejor estrategia es ahorrar **primero** y luego ajustar tus gastos variables según lo que quede. De

esta manera, siempre estarás destinando una parte de tus ingresos al ahorro.
- **Ajusta los gastos variables según tus necesidades**: Si en un mes tienes gastos inesperados o decides destinar más dinero al ahorro, puedes ajustar los gastos variables, como comer fuera o entretenimiento, para asegurarte de que no te desvíes de tu plan.
- **Revisa tu presupuesto periódicamente**: Las circunstancias financieras cambian, por lo que es importante revisar tu presupuesto regularmente y hacer los ajustes necesarios para asegurarte de que sigue siendo efectivo y alineado con tus metas.

Comprender los **diferentes tipos de gastos** —fijos, variables y ahorro— y saber **cómo planificarlos** es esencial para mantener un control efectivo de tus finanzas. Los gastos fijos deben cubrirse de manera constante, los gastos variables pueden ajustarse según tus necesidades y circunstancias, y el ahorro debe ser una prioridad en tu plan financiero. Al equilibrar estos tres elementos, te aseguras de que estás cubriendo tus necesidades, disfrutando de tus deseos y construyendo una base sólida para tu futuro económico.

Ejercicio: crea un plan financiero personalizado

Desarrollar un **plan financiero personalizado** te permitirá gestionar tus finanzas de manera estructurada y eficiente, con metas claras y pasos específicos adaptados a tu situación particular. Este ejercicio te guiará paso a paso para construir un plan financiero que se ajuste a tus ingresos, gastos, deudas y metas personales. Al final de este proceso, tendrás un plan que te ayudará a tomar control de tu dinero, ahorrar, pagar deudas y alcanzar tus objetivos a corto, mediano y largo plazo.

Este ejercicio está diseñado para que puedas **evaluar tu situación financiera actual**, establecer metas realistas y poner en práctica un presupuesto ajustado a tus necesidades. La clave de un plan financiero exitoso es la **personalización**: debe adaptarse a tu estilo de vida, tus ingresos y tus prioridades.

Paso 1: Evalúa tu situación financiera actual

Antes de comenzar a planificar, necesitas tener una visión clara de dónde te encuentras financieramente. Este paso implica recopilar información sobre tus **ingresos, gastos, deudas** y **activos** actuales.
Instrucciones:

- **Reúne tus ingresos**: Escribe todas las fuentes de ingresos que recibes mensualmente, ya sea salario, ingresos adicionales, inversiones o trabajos temporales.
- **Haz una lista de tus gastos**: Enumera todos tus gastos fijos (alquiler, hipoteca, servicios) y variables (alimentación, entretenimiento, transporte). Divide los gastos esenciales de los discrecionales.
- **Anota tus deudas**: Identifica todas las deudas que tienes, incluidas tarjetas de crédito, préstamos personales o estudiantiles. Asegúrate de anotar las tasas de interés y los pagos mínimos mensuales.
- **Revisa tus ahorros y activos**: Identifica cuánto tienes ahorrado en efectivo o en cuentas de ahorro, y enumera cualquier activo que puedas tener, como inversiones, propiedades, etc.

Ejemplo: Si tienes un ingreso mensual de $2,500, un total de gastos fijos de $1,200, gastos variables de $500 y deudas de $4,000 con un pago mensual de $300, esta información te dará un panorama claro de tu situación actual y qué áreas necesitas ajustar.

Paso 2: Establece tus metas financieras

Una vez que has evaluado tu situación actual, es momento de establecer **metas claras** que guiarán tu plan financiero. Estas metas deben ser específicas, alcanzables y con plazos definidos. Puedes dividirlas en metas a **corto**, **mediano** y **largo plazo**.

Instrucciones:

- **Define metas a corto plazo (6 meses a 1 año)**: Estas pueden incluir crear un fondo de emergencia, reducir gastos o pagar pequeñas deudas.
- **Establece metas a mediano plazo (1 a 5 años)**: Estas metas suelen ser más ambiciosas y podrían incluir reducir la deuda en un 50%, ahorrar para un viaje o hacer una inversión importante.
- **Fija metas a largo plazo (más de 5 años)**: Estas metas pueden estar relacionadas con la compra de una casa, ahorrar para la jubilación o iniciar un negocio propio.

Ejemplo: A corto plazo, podrías fijar la meta de ahorrar $1,000 en seis meses. A mediano plazo, podrías proponerte pagar el 50% de tus deudas en dos años, y a largo plazo, ahorrar $30,000 para la entrada de una casa en cinco años.

Paso 3: Crea un presupuesto personalizado

El siguiente paso es **crear un presupuesto** que te permita gestionar tus ingresos de manera eficiente y asegurarte de que estás destinando dinero tanto para cubrir tus necesidades como para cumplir tus metas.

Instrucciones:

- **Divide tus ingresos en categorías**: Asigna tus ingresos a las siguientes categorías:
    - Gastos fijos: Alquiler, servicios, pagos de préstamos.
    - Gastos variables: Alimentación, transporte, entretenimiento.
    - Ahorro: Fondo de emergencia, ahorro para metas específicas.
    - Deudas: Pagos mínimos y adicionales para reducir deudas.
- **Establece límites para tus gastos variables**: Si tienes problemas para mantenerte dentro de tus límites de gastos variables (como el entretenimiento), asigna una cantidad fija y ajústala según sea necesario cada mes.
- **Prioriza el ahorro y la reducción de deudas**: Asegúrate de que una parte de tu ingreso esté dedicada al ahorro y al pago de deudas. Si es posible, establece pagos automáticos para asegurarte de que no omites ninguna contribución.

Ejemplo: Con un ingreso de $2,500, podrías asignar $1,200 para gastos fijos, $400 para gastos variables, $300 para pago de deudas y $200 para ahorro. Esto te permitirá mantener un equilibrio entre tus gastos, pago de deudas y ahorro para el futuro.

Paso 4: Construye un fondo de emergencia

Un **fondo de emergencia** es crucial para cualquier plan financiero. Este fondo te protegerá en caso de gastos imprevistos o emergencias, como reparaciones del hogar, emergencias médicas o pérdida de empleo.

Instrucciones:

- **Establece una meta para tu fondo de emergencia**: Idealmente, deberías tener entre 3 y 6 meses de gastos esenciales ahorrados. Si esto parece inalcanzable, comienza con una meta más pequeña, como ahorrar $500 o $1,000.
- **Aparta dinero cada mes**: Asigna una cantidad mensual específica a tu fondo de emergencia, incluso si es pequeña al principio. Lo importante es ser constante.

Ejemplo: Si tus gastos esenciales son de $1,500 al mes, podrías aspirar a tener un fondo de emergencia de $4,500 a $9,000. Si empiezas ahorrando $150 al mes, en menos de tres años habrás alcanzado tu meta mínima.

Paso 5: Diseña un plan para reducir deudas

La **reducción de deudas** es fundamental para alcanzar la estabilidad financiera. Un plan para pagar tus deudas de manera estratégica te permitirá liberarte de obligaciones financieras y ahorrar dinero en intereses.

Instrucciones:

- **Elige un método para pagar deudas**: Puedes utilizar el método de la avalancha (pagar primero las deudas con los intereses más altos) o el método de la bola de nieve (pagar

primero las deudas más pequeñas para generar impulso).
- **Asigna una parte de tu ingreso**: Cada mes, destina una cantidad fija a los pagos de deudas. Si es posible, realiza pagos adicionales a la deuda prioritaria para acelerar su liquidación.

Ejemplo: Si tienes una tarjeta de crédito con una deuda de $4,000 al 20% de interés, y un préstamo personal de $2,000 al 10%, podrías priorizar la tarjeta de crédito utilizando el método de la avalancha, pagando el doble del pago mínimo hasta liquidarla.

Paso 6: Comienza a ahorrar para metas específicas
Una vez que hayas establecido un fondo de emergencia y tengas un plan para reducir tus deudas, puedes comenzar a **ahorrar para metas específicas**, como unas vacaciones, la compra de un automóvil o una inversión a largo plazo.

Instrucciones:

- **Define una meta específica**: Decide cuál es tu objetivo de ahorro y cuánto necesitas para alcanzarlo.
- **Determina el plazo**: Decide en cuánto tiempo quieres alcanzar esa meta.
- **Calcula cuánto necesitas ahorrar cada mes**: Divide la cantidad total entre los meses que te quedan para cumplir con tu objetivo.

Ejemplo: Si deseas ahorrar $5,000 para unas vacaciones dentro de dos años, necesitarás ahorrar $208 al mes para alcanzar esa meta. Asegúrate de que esta cantidad está incluida en tu presupuesto mensual.

Paso 7: Revisa y ajusta tu plan regularmente

Tu plan financiero no es estático; debe ser **revisado y ajustado** regularmente para adaptarse a los cambios en tu vida, tus ingresos y tus metas. Al revisar tu plan cada mes o cada trimestre, te asegurarás de que sigues en el camino correcto hacia tus objetivos.

Instrucciones:

- **Revisa tu presupuesto cada mes**: Evalúa si te mantuviste dentro de tus límites de gasto y si estás alcanzando tus metas de ahorro. Si gastaste más de lo planeado, ajusta tus gastos variables para el próximo mes.
- **Haz ajustes según sea necesario**: Si recibes un aumento salarial, puedes aumentar tus ahorros o destinar más dinero al pago de deudas. Si tus ingresos disminuyen, ajusta tus gastos variables para mantener el equilibrio en tu presupuesto.

Ejemplo: Si después de tres meses te das cuenta de que has estado gastando más en entretenimiento de lo que habías presupuestado, puedes reducir esa categoría y aumentar la cantidad destinada al ahorro o a la reducción de deudas.

Crear un **plan financiero personalizado** te proporciona una guía clara y específica para gestionar tu dinero de manera más efectiva. A través de este ejercicio, podrás evaluar tu situación actual, establecer metas claras, diseñar un presupuesto equilibrado, crear un fondo de emergencia

Cómo Crear un Control de Ingresos y Egresos

La **gestión financiera** efectiva comienza con la capacidad de **controlar** y **monitorear** tus ingresos y egresos de manera clara y organizada. Tener un **control de ingresos y egresos** es esencial para comprender el flujo de dinero en tu vida diaria, identificar patrones de gasto, reconocer oportunidades para ahorrar y evitar el sobreendeudamiento. Este control te permite tomar decisiones informadas y te ayuda a asegurarte de que tus gastos no exceden tus ingresos, lo que es crucial para alcanzar la estabilidad financiera.

Sin un seguimiento adecuado de tus entradas y salidas de dinero, es fácil perder el control, gastar más de lo que ganas o no darte cuenta de a dónde se va tu dinero. Un control de ingresos y egresos no solo es una herramienta para prevenir problemas financieros, sino también una base para construir un presupuesto efectivo, planificar inversiones y ahorrar de manera estratégica.

En este capítulo, exploraremos cómo puedes crear un sistema de **control de ingresos y egresos** que se ajuste a tus necesidades y estilo de vida. Te enseñaremos cómo registrar cada entrada y salida de dinero, cómo analizar tus patrones de gasto y cómo utilizar esta información para optimizar tu presupuesto y lograr una mejor gestión de tus finanzas personales.

La importancia de tener un registro detallado de las finanzas

Llevar un **registro detallado de las finanzas** es un pilar fundamental para cualquier persona que aspire a lograr una **gestión financiera efectiva**. Un registro preciso y actualizado te proporciona una visión clara de tus ingresos y egresos, lo que es esencial para tomar decisiones informadas sobre cómo administrar tu dinero. A través de este proceso, puedes identificar patrones de gasto, reconocer áreas donde puedes ahorrar y asegurarte de que tus hábitos financieros estén alineados con tus metas a corto, mediano y largo plazo.

Tener un control riguroso de tus finanzas es una herramienta poderosa para alcanzar la **estabilidad económica**. Sin un registro detallado, es fácil perder de vista a dónde se va tu dinero, lo que puede llevar a gastos excesivos, endeudamiento y la imposibilidad de alcanzar tus objetivos financieros. Además, este seguimiento no solo te permite gestionar mejor tu dinero día a día, sino que también te prepara para eventos futuros, como emergencias o grandes inversiones.

1. Claridad y control sobre tu situación financiera

Llevar un registro detallado de tus ingresos y egresos te da una visión clara y precisa de tu **situación financiera actual**. Esto te permite entender de manera concreta cuánto dinero entra cada mes y en qué se está gastando, eliminando cualquier incertidumbre o suposición.

Beneficios de la claridad financiera:

- **Evitar el gasto excesivo**: Sin un registro adecuado, es fácil subestimar la cantidad que gastas en cosas pequeñas, como salidas, comidas o entretenimiento. Un registro detallado te ayuda a identificar estas fugas de dinero y tomar acciones para reducir gastos innecesarios.

- **Mejor toma de decisiones**: Cuando sabes exactamente cuánto dinero tienes disponible, puedes tomar decisiones informadas sobre grandes compras, inversiones o ajustes en tu estilo de vida, evitando sorpresas o dificultades financieras imprevistas.

Ejemplo: Al revisar tu registro detallado de finanzas, podrías darte cuenta de que estás gastando $200 al mes en café o comidas fuera de casa, una cantidad que, sin control, podría estar afectando tus objetivos de ahorro o pago de deudas.

2. Identificación de patrones y hábitos financieros

Un registro financiero detallado te permite identificar **patrones de gasto** que podrían estar afectando tu capacidad de ahorrar o pagar deudas. A menudo, son los gastos pequeños y regulares los que tienen el mayor impacto en tus finanzas, pero estos pueden pasar desapercibidos si no los registras.

Cómo el registro ayuda a identificar patrones:

- **Identificación de gastos innecesarios**: Al analizar tu registro, puedes descubrir hábitos de gasto que no considerabas problemáticos pero que, sumados a lo largo del mes, representan una parte considerable de tu presupuesto. Esto te permite ajustar y tomar medidas para cambiar esos hábitos.
- **Reconocimiento de fluctuaciones en tus ingresos**: Si tus ingresos varían de un mes a otro (por ejemplo, si trabajas por cuenta propia o en trabajos temporales), llevar un registro

detallado te permite planificar con más precisión y asegurarte de que los meses de mayores ingresos cubren los de menores ingresos.

Ejemplo: Al llevar un registro detallado, podrías notar que los fines de semana gastas considerablemente más en entretenimiento que durante la semana, lo que afecta tu capacidad de cumplir con tus metas de ahorro. Esta información te permitirá ajustar esos hábitos.

3. Mejora de la planificación y el presupuesto

Uno de los mayores beneficios de tener un registro detallado de tus finanzas es que te facilita la creación y seguimiento de un **presupuesto realista**. Cuando sabes exactamente cuánto ganas y gastas, puedes hacer ajustes en tiempo real, modificando tu presupuesto según sea necesario para asegurarte de que estás en el camino correcto hacia tus objetivos financieros.

Cómo el registro mejora la planificación:

- **Presupuesto más preciso**: Con un registro actualizado, puedes ajustar las cifras de tu presupuesto para reflejar tus ingresos y egresos reales, en lugar de depender de estimaciones que pueden estar alejadas de la realidad.
- **Mejor planificación para metas a largo plazo**: Un registro financiero te permite saber cuánto puedes destinar al ahorro o a la inversión, lo que facilita la planificación de metas importantes como la compra de una casa, la educación de tus hijos o tu jubilación.

Ejemplo: Si tienes una meta de ahorrar $500 al mes, pero tus gastos variables fluctúan, un registro detallado te permite ajustar tu presupuesto mes a mes para garantizar que siempre destines la cantidad necesaria a tus ahorros, sin excederte en otras áreas.

4. Reducción del estrés financiero

Tener un control claro y detallado de tus ingresos y egresos también reduce significativamente el **estrés financiero**. La incertidumbre acerca de las finanzas es una de las principales fuentes de ansiedad en la vida diaria, y no saber exactamente cuánto dinero tienes disponible puede llevar a decisiones impulsivas o mal informadas.

Cómo el registro reduce el estrés:

- **Tranquilidad mental**: Saber con precisión cuáles son tus obligaciones financieras y tener un plan claro para cumplir con ellas elimina gran parte de la ansiedad que surge cuando no tienes control sobre tu dinero.
- **Preparación para imprevistos**: Un registro detallado te permite prever imprevistos financieros. Si tienes claro cuánto puedes ahorrar o gastar, estarás mejor preparado para enfrentar situaciones inesperadas sin que esto afecte tu estabilidad financiera.

Ejemplo: Al tener un registro financiero actualizado, puedes prever con tiempo cuándo podrías necesitar hacer ajustes, como en un mes con más gastos por eventos especiales o una emergencia médica, lo que te da más tranquilidad para planificar.

5. Mejora en la toma de decisiones a largo plazo

Un registro financiero detallado no solo es útil para las decisiones del día a día, sino que también tiene un impacto profundo en tu **planificación a largo plazo**. Este registro te proporciona los datos necesarios para tomar decisiones más estratégicas sobre tu futuro, como inversiones, grandes compras o la planificación de tu jubilación.

Cómo el registro facilita decisiones a largo plazo:

- **Evaluación de tu capacidad de ahorro**: Al llevar un control de tus finanzas, puedes determinar cuánto estás ahorrando realmente cada mes y si necesitas ajustar tus hábitos para alcanzar tus metas a largo plazo, como la compra de una casa o la jubilación.
- **Información para invertir**: Si decides comenzar a invertir, ya sea en el mercado de valores, en bienes raíces u otras oportunidades, un registro detallado te proporcionará la información necesaria para saber cuánto puedes permitirte invertir sin comprometer tus necesidades diarias.

Ejemplo: Si quieres invertir en un fondo indexado o empezar a planificar tu retiro, un registro detallado te permite ver si tienes suficiente dinero para empezar a invertir sin descuidar otras áreas clave, como tu fondo de emergencia o el pago de deudas.

Llevar un **registro detallado de las finanzas** es una práctica esencial para cualquier persona que quiera tomar control de su situación económica. Este registro no solo te proporciona claridad sobre tus ingresos y egresos, sino que también te ayuda a identificar patrones de gasto, mejorar tu presupuesto, reducir el estrés y tomar decisiones estratégicas para tu futuro financiero. Un seguimiento adecuado de tus finanzas es la clave para lograr una mayor estabilidad económica y alcanzar tus metas a largo plazo con confianza.

Herramientas para controlar los ingresos y egresos: apps, hojas de cálculo, agendas

El **control de ingresos y egresos** es una pieza clave para la gestión efectiva de tus finanzas personales. Afortunadamente, hoy en día existen numerosas **herramientas** que pueden ayudarte a registrar y monitorear tus movimientos financieros de manera precisa y sencilla. Utilizar una herramienta adecuada te permitirá no solo llevar un control detallado de tu dinero, sino también hacer un seguimiento continuo de tus gastos, planificar mejor tu presupuesto y mantenerte enfocado en tus metas financieras.

Las opciones que tienes para gestionar tus ingresos y egresos varían desde herramientas digitales como **aplicaciones móviles** y **hojas de cálculo**, hasta métodos más tradicionales como el uso de **agendas** o cuadernos. La clave es elegir la herramienta que mejor se ajuste a tus necesidades, hábitos y nivel de comodidad. A continuación, exploraremos las principales opciones disponibles y cómo puedes utilizarlas de manera efectiva.

1. Aplicaciones móviles para controlar ingresos y egresos

Las **aplicaciones móviles** son una de las herramientas más populares para gestionar finanzas personales, ya que ofrecen una solución rápida, sencilla y accesible desde cualquier lugar. Muchas aplicaciones están diseñadas específicamente para ayudar a los usuarios a controlar sus ingresos, gastos, deudas y ahorros de manera organizada y visualmente atractiva.

Ventajas de las apps financieras:

- **Automatización**: Algunas aplicaciones se pueden conectar a tus cuentas bancarias para registrar automáticamente los ingresos y egresos, eliminando la necesidad de ingresar la información manualmente.
- **Categorías personalizadas**: La mayoría de las apps permiten crear categorías personalizadas para tus gastos (alimentación, transporte, entretenimiento) y obtener reportes claros sobre dónde se está destinando tu dinero.
- **Alertas y recordatorios**: Muchas apps te permiten configurar recordatorios para pagar facturas, realizar ahorros o verificar el estado de tus finanzas, lo que te ayuda a mantenerte al día con tus metas.

Aplicaciones populares para controlar ingresos y egresos:

- **Mint**: Una de las apps más conocidas, Mint te permite conectar todas tus cuentas financieras en un solo lugar. Te ofrece un panorama completo de tus ingresos, egresos, deudas y ahorros, y genera reportes detallados de tus patrones de gasto.
- **YNAB (You Need A Budget)**: YNAB es ideal para quienes buscan mejorar sus hábitos de ahorro. Su enfoque se basa en asignar un propósito a cada dólar que recibes, lo que te obliga a ser más consciente de cómo gastas tu dinero.

- **PocketGuard**: PocketGuard te muestra cuánto dinero puedes gastar "sin culpa" después de haber cubierto tus necesidades y compromisos, lo que la hace ideal para quienes quieren un control diario de sus finanzas.

Ejemplo: Usando una app como Mint, podrías recibir notificaciones cuando te acerques al límite de gasto que has fijado para la categoría de entretenimiento, ayudándote a ajustar tu comportamiento financiero de manera inmediata.

2. Hojas de cálculo (Excel o Google Sheets)

Las **hojas de cálculo** son una opción flexible y detallada para quienes prefieren un enfoque más personalizado y estructurado para controlar sus finanzas. Con herramientas como **Excel** o **Google Sheets**, puedes diseñar un sistema que se ajuste a tus necesidades específicas, permitiendo un seguimiento meticuloso de tus ingresos, egresos y ahorro.

Ventajas de las hojas de cálculo:

- **Personalización total**: Puedes crear tus propias categorías, fórmulas y tablas según tus necesidades. Las hojas de cálculo son extremadamente versátiles y pueden adaptarse a cualquier tipo de plan financiero.
- **Visualización de datos**: Las hojas de cálculo te permiten generar gráficos y tablas que te ayudan a visualizar mejor tus hábitos financieros, lo que te proporciona una representación clara de tu flujo de dinero a lo largo del tiempo.
- **Análisis detallado**: Al ser más manual que una app, puedes analizar cada categoría de

manera más profunda, adaptando tu presupuesto y registrando cambios mes a mes.

Cómo usar una hoja de cálculo para controlar ingresos y egresos:

1. **Crea columnas para ingresos y egresos**: Empieza con dos secciones principales: una para tus ingresos y otra para tus gastos. Asegúrate de desglosar tus gastos en categorías como alimentación, transporte, entretenimiento, ahorro y deudas.
2. **Registra cada transacción**: Anota cada ingreso y cada gasto a medida que ocurra. Incluye detalles como la fecha, la descripción y la cantidad.
3. **Crea fórmulas para calcular totales y diferencias**: Usa fórmulas para calcular el total de tus ingresos, el total de tus egresos y la diferencia entre ambos. Esto te dará una visión clara de cuánto dinero te queda disponible cada mes.

Ejemplo: Con una hoja de cálculo en Google Sheets, podrías diseñar un sistema mensual donde ingresas todos tus gastos e ingresos. Al final del mes, podrías generar un gráfico que te muestre claramente si estás gastando demasiado en una categoría específica, como alimentación, y ajustar tu presupuesto para el mes siguiente.

3. Agendas y cuadernos de registro

Para quienes prefieren un enfoque más **tradicional** y disfrutan del proceso de escritura a mano, utilizar una **agenda** o **cuaderno** puede ser una excelente opción para registrar sus finanzas. Este método es ideal para quienes encuentran más fácil reflexionar y organizar sus ideas cuando escriben, y es una herramienta efectiva para controlar ingresos y egresos de forma más consciente.

Ventajas de las agendas y cuadernos:

- **Toma de conciencia**: Escribir tus transacciones a mano puede hacer que seas más consciente de cada gasto, lo que te ayuda a tener una relación más directa con tu dinero.
- **Reflexión personal**: Al anotar a mano tus finanzas, puedes añadir notas o reflexiones personales sobre tus hábitos de gasto, lo que te permite identificar no solo patrones, sino también las emociones o impulsos detrás de ellos.
- **Flexibilidad y simplicidad**: Una agenda o cuaderno no requiere conexión a internet, aplicaciones o herramientas digitales, lo que lo convierte en una opción simple y siempre accesible.

Cómo usar una agenda o cuaderno para controlar ingresos y egresos:

1. **Crea un sistema simple de columnas**: Divide las páginas en dos secciones: una para los ingresos y otra para los egresos. Anota cada entrada y salida de dinero a medida que ocurre.
2. **Añade categorías**: Para mayor organización, divide los egresos en categorías como alimentos, transporte, entretenimiento, ahorro y deudas.
3. **Haz un resumen semanal o mensual**: Al final de cada semana o mes, suma todos los ingresos y egresos para ver si lograste

mantener el equilibrio o si necesitas ajustar tus hábitos financieros.

Ejemplo: Si prefieres llevar tus finanzas en una agenda, podrías utilizar una libreta dedicada exclusivamente a tus ingresos y gastos, anotando cada transacción al final del día. Este proceso manual te permite estar más en contacto con tus decisiones financieras, lo que te ayuda a desarrollar una mayor disciplina.

Comparación de las herramientas

Herramienta	Ventajas	Limitaciones
Apps	Automatización, gráficos claros, accesibilidad móvil.	Algunas requieren conexión a bancos; puede ser menos personal.
Hojas de cálculo	Total, personalización, análisis detallado, gráficos.	Requiere mayor esfuerzo manual y conocimientos básicos de fórmulas.
Agendas/cuadernos	Método tradicional, mayor conciencia al escribir a mano.	Menos visualización de datos; no incluye funciones automáticas.

El **control de ingresos y egresos** es fundamental para lograr una gestión financiera efectiva, y la elección de la herramienta adecuada depende de tus preferencias y estilo de vida. Las **aplicaciones móviles** ofrecen rapidez y automatización, las **hojas de cálculo** brindan una mayor personalización y detalle, mientras que las **agendas** y cuadernos permiten un enfoque más consciente y tradicional. La clave es elegir la herramienta que mejor se ajuste a tus necesidades y que puedas utilizar de manera constante, ya que la consistencia es lo que te permitirá mejorar tu control financiero a largo plazo.

Ejercicio práctico: diseñar tu propio control de finanzas

Crear tu propio sistema para llevar el **control de ingresos y egresos** es una herramienta fundamental para organizar tus finanzas, identificar oportunidades de ahorro y mantenerte enfocado en tus metas financieras. Este ejercicio te guiará paso a paso para diseñar un control de finanzas **personalizado**, adaptado a tus necesidades, preferencias y estilo de vida. Ya sea que elijas usar una aplicación, una hoja de cálculo o un cuaderno, este sistema te permitirá visualizar mejor cómo se mueve tu dinero y tomar decisiones más informadas para alcanzar la estabilidad financiera.

Al final de este ejercicio, tendrás un sistema funcional para registrar tus ingresos, gastos, ahorros y deudas, así como un esquema claro para hacer ajustes según sea necesario.

Paso 1: Elige la herramienta adecuada

Lo primero que debes hacer es **elegir la herramienta** que mejor se ajuste a tus necesidades y estilo de vida. La clave es elegir un método que te resulte cómodo y que puedas utilizar de manera consistente. Tienes varias opciones, entre las que se incluyen:

- **Aplicaciones móviles**: Si prefieres la automatización y la accesibilidad desde cualquier lugar.
- **Hojas de cálculo**: Ideal si te gusta personalizar tu sistema y prefieres una visión más detallada.

- **Agendas o cuadernos**: Perfecto para quienes disfrutan de escribir a mano y prefieren un enfoque más tradicional.

Ejemplo: Si eres alguien que siempre tiene el teléfono a mano, optar por una aplicación financiera como Mint o YNAB puede ser una opción ideal. Si prefieres llevar el control de manera manual, podrías optar por una hoja de cálculo en Excel o simplemente un cuaderno donde anotes tus transacciones diarias.

Paso 2: Define tus categorías de ingresos y egresos

Una vez que hayas elegido la herramienta que utilizarás, es importante que **definas las categorías** que usarás para registrar tus ingresos y egresos. Estas categorías te permitirán organizar y agrupar tus transacciones de manera lógica.

Instrucciones:

- **Ingresos**: Enumera todas las fuentes de ingreso que recibes regularmente, como el salario, ingresos por trabajo adicional, comisiones, inversiones, etc.
- **Egresos fijos**: Incluye gastos que no varían de un mes a otro, como alquiler o hipoteca, servicios básicos, seguros, pagos de préstamos.
- **Egresos variables**: Registra aquellos gastos que pueden cambiar mes a mes, como alimentación, transporte, entretenimiento, ropa, regalos, entre otros.
- **Ahorro e inversiones**: No olvides incluir tus ahorros como una categoría más de egreso, ya que destinar dinero al ahorro debe ser una parte esencial de tu control financiero.

Ejemplo: Supón que tus ingresos provienen únicamente de tu salario mensual y que tus egresos incluyen gastos fijos como la renta ($800), transporte ($200), alimentación ($300) y entretenimiento ($150). En este caso, crearás categorías para cada uno de estos gastos, lo que te permitirá registrar cuánto gastas mensualmente en cada área.

Paso 3: Crea un formato de registro simple y funcional

El siguiente paso es **crear el formato de registro** que utilizarás para monitorear tus ingresos y egresos. Dependiendo de la herramienta que hayas elegido, este formato puede ser digital o en papel. El formato debe ser fácil de usar y claro, para que puedas seguirlo todos los días sin dificultad.

Cómo hacerlo:

- **Aplica las categorías**: Organiza el formato de manera que haya una columna o sección para cada categoría (ingresos, egresos fijos, egresos variables y ahorro).
- **Incluye campos clave**: Asegúrate de incluir campos para:
  o La **fecha** de cada transacción.
  o La **descripción** del ingreso o gasto (por ejemplo, "pago de servicios" o "venta freelance").
  o El **monto** exacto de cada transacción.
  o La **categoría** a la que pertenece (alimentación, transporte, etc.).
- **Calcula totales**: Tu formato debe permitirte sumar fácilmente los ingresos y egresos al final de cada semana o mes, de manera que puedas ver el total de cada categoría.

Ejemplo: Si decides utilizar una hoja de cálculo en Excel, puedes crear columnas para la fecha, descripción, monto y categoría. Al final del mes, puedes utilizar fórmulas para sumar tus ingresos y egresos, de modo que sepas exactamente cuánto has ganado y gastado.

Paso 4: Registra todas tus transacciones diariamente

El éxito de cualquier sistema financiero depende de la **consistencia**. Por lo tanto, debes asegurarte de registrar todas tus transacciones **diariamente** o, al menos, de forma semanal. Esto evitará que te olvides de registrar gastos pequeños que, al acumularse, podrían desestabilizar tu presupuesto.

Instrucciones:

- **Registra cada ingreso o gasto al momento**: Anota cada transacción tan pronto como ocurra, ya sea que estés utilizando una aplicación, una hoja de cálculo o un cuaderno. Esto te ayudará a evitar errores u omisiones.
- **Revisa y ajusta**: Al final de cada semana, revisa tus registros y verifica si estás cumpliendo con tu presupuesto o si necesitas hacer ajustes.

Ejemplo: Si compras un café por $5, anótalo en la categoría de alimentación o entretenimiento inmediatamente. Este hábito de registrar todo al momento te ayudará a ser más consciente de tus gastos diarios.

Paso 5: Analiza tus patrones de gasto

Después de haber registrado tus ingresos y egresos durante al menos un mes, es momento de **analizar los patrones de gasto** para identificar áreas en las que podrías mejorar. Esto te permitirá ajustar tu presupuesto y ser más consciente de en qué estás gastando tu dinero.

Instrucciones:

- **Revisa cada categoría**: Observa cuánto estás gastando en cada categoría (por ejemplo, alimentación, entretenimiento, transporte). Compara esos gastos con los límites que habías establecido en tu presupuesto inicial.
- **Identifica áreas de mejora**: Si descubres que estás gastando más de lo planeado en una categoría, como comer fuera, determina cómo podrías reducir ese gasto para no desestabilizar tus finanzas.

Ejemplo: Si te das cuenta de que estás gastando $100 más de lo presupuestado en salidas al cine o restaurantes, podrías decidir reducir esas salidas a una vez al mes y destinar esa diferencia al ahorro o a pagar deudas.

Paso 6: Ajusta tu plan financiero según sea necesario

Un sistema de control de finanzas no es estático, debe adaptarse a tus circunstancias y metas financieras. Después de analizar tus patrones de gasto, es probable que necesites hacer ajustes para mantener tu presupuesto bajo control o para mejorar tus hábitos financieros.

Instrucciones:

- **Ajusta las categorías de gasto**: Si alguna categoría de gastos variables, como entretenimiento o transporte, está por encima del presupuesto, ajusta esa categoría para los próximos meses y busca maneras de reducir esos gastos.
- **Redirige ingresos**: Si tus ingresos aumentan o disminuyen, ajusta tu presupuesto para reflejar ese cambio. Si recibes un aumento salarial, destina una parte extra a tus ahorros o a pagar deudas.

Ejemplo: Después de revisar tu control de finanzas, podrías ajustar tu presupuesto de entretenimiento de $150 a $100, y destinar esos $50 adicionales a un fondo de emergencia o a reducir tus deudas.

Este ejercicio práctico te guía para **diseñar un control de finanzas personalizado**, que te permitirá gestionar tus ingresos y egresos de manera efectiva y alineada con tus metas. La clave para el éxito es la **consistencia**: registra cada transacción y revisa tu control de finanzas regularmente para asegurarte de que estás cumpliendo con tu presupuesto y tomando decisiones informadas. Con el tiempo, este sistema te proporcionará una mayor claridad financiera y te ayudará a alcanzar la estabilidad económica que deseas.

Cómo Crear un Control de Gastos

El **control de gastos** es una de las herramientas más poderosas para mejorar tus finanzas personales y mantener el equilibrio entre tus ingresos y egresos. Sin un sistema adecuado para monitorear y gestionar cómo gastas tu dinero, es fácil perder el control y terminar gastando más de lo que ganas. Un control de gastos efectivo no solo te permite mantener un presupuesto equilibrado, sino también identificar oportunidades de ahorro, reducir gastos innecesarios y asegurarte de que cada dólar que ganas está trabajando a tu favor.

Crear un control de gastos no es simplemente registrar cada transacción, sino comprender cómo y por qué gastas tu dinero. Esta práctica te ayuda a volverte más consciente de tus hábitos financieros y te permite tomar decisiones informadas que te acercarán a tus objetivos financieros a corto y largo plazo.

En este capítulo, exploraremos los pasos necesarios para establecer un **control de gastos eficiente**, las herramientas que puedes utilizar y cómo implementar estrategias prácticas para gestionar tu dinero de manera más inteligente. Aprenderás a identificar patrones de consumo, evitar fugas financieras y crear un sistema que te permita gastar de manera más consciente y planificada.

La diferencia entre controlar gastos y ser tacaño

Una de las principales preocupaciones que surge cuando hablamos de **controlar gastos** es la idea de que puede significar ser **tacaño** o vivir una vida restringida. Sin embargo, hay una diferencia significativa entre **controlar tus finanzas** de manera consciente y responsable y caer en el extremo de ser tacaño. Controlar gastos significa tomar decisiones informadas sobre cómo administrar tu dinero, asegurándote de que cada gasto esté alineado con tus **valores y objetivos financieros**. Ser tacaño, por otro lado, implica una actitud excesivamente restrictiva y negativa hacia el gasto, donde el ahorro se prioriza a cualquier costo, incluso sacrificando el bienestar o las experiencias de vida.

Es importante entender esta distinción porque el **objetivo de controlar los gastos** no es privarte de vivir plenamente, sino hacer que tus decisiones financieras sean más conscientes y eficientes. Un control adecuado de tus gastos te permite tener claridad sobre cómo usas tu dinero, evitar el derroche y asegurarte de que tus recursos se destinan a lo que realmente importa para ti, sin caer en una mentalidad de escasez.

1. Controlar gastos: equilibrio y consciencia financiera

Controlar tus gastos no significa que debes dejar de disfrutar de las cosas que te gustan, sino más bien que decides en qué gastar tu dinero de forma **estratégica** y **consciente**. Cuando controlas tus gastos, tienes claro qué es prioritario para ti y qué no lo es. Es decir, aprendes a distinguir entre lo necesario, lo que realmente disfrutas y lo que podría considerarse un derroche o un gasto innecesario.

Características de controlar los gastos:

- **Establecer prioridades**: Controlar gastos implica dirigir tu dinero hacia aquello que más valoras, ya sea tu bienestar personal, experiencias, ahorro para el futuro o metas a largo plazo. No se trata de privarte de lo que disfrutas, sino de gastar con un propósito.

- **Presupuesto flexible**: Un control de gastos eficiente te permite tener un presupuesto claro, pero con flexibilidad para disfrutar de experiencias o compras importantes para ti, sin descuidar tus objetivos financieros.
- **Decisiones inteligentes**: La base del control de gastos está en la toma de decisiones informadas. Esto significa que evalúas conscientemente en qué gastas tu dinero, basándote en tu situación financiera y tus metas, sin caer en extremos de ahorro.

Ejemplo: Controlar los gastos podría significar optar por llevar comida preparada al trabajo la mayor parte de los días, pero también permitirte cenar en un restaurante con amigos una vez a la semana. Es una decisión equilibrada que te permite ahorrar sin sacrificar del todo los momentos que disfrutas.

2. Ser tacaño: exceso de restricción y mentalidad de escasez

Por otro lado, ser tacaño implica llevar el control de los gastos a un nivel extremo, en el cual **evitas cualquier tipo de gasto** que no sea absolutamente necesario, independientemente de si esto afecta tu calidad de vida o tus relaciones personales. Las personas tacañas suelen tener una mentalidad de **escasez**, donde el ahorro se prioriza por encima de todo, incluso a costa del bienestar personal o el disfrute de la vida.

Características de ser tacaño:

- **Sacrificar experiencias y bienestar**: Las personas tacañas tienden a evitar cualquier tipo de gasto, incluso aquellos que podrían mejorar su calidad de vida o brindarles felicidad. Se enfocan exclusivamente en ahorrar, aun cuando pueden permitirse gastar.
- **Mentalidad de escasez**: La tacañería proviene de un miedo constante a quedarse sin dinero o perder el control financiero, lo que genera una actitud negativa hacia el gasto en general. Este enfoque limita no solo el disfrute personal, sino también las oportunidades de crecimiento financiero.
- **Evitar inversiones en bienestar**: Las personas tacañas a menudo evitan inversiones que podrían ser beneficiosas para su futuro, como gastar en salud, educación o experiencias que enriquezcan su vida.

Ejemplo: Ser tacaño podría significar rechazar cualquier salida social porque consideras que es un gasto innecesario, o negarte a hacer pequeñas inversiones en cosas que mejorarían tu bienestar diario, como una buena alimentación o descanso, solo por ahorrar unos pocos dólares.

3. Controlar gastos: enfocarse en el valor, no solo en el precio

Una de las diferencias clave entre controlar los gastos y ser tacaño es el enfoque en el **valor** en lugar del **precio**. Cuando controlas tus gastos, no solo te fijas en el costo de algo, sino en lo que ese gasto te aporta a largo plazo. Aprender a valorar la **calidad** sobre la cantidad o la conveniencia es una forma más equilibrada de gestionar tu dinero sin caer en una mentalidad de ahorro excesivo.

Cómo enfocarse en el valor te ayuda a controlar gastos:

- **Inversiones inteligentes**: Cuando controlas tus gastos, haces compras que, aunque puedan ser más caras en el corto plazo, aportan mayor valor a largo plazo. Por ejemplo, invertir en un electrodoméstico de buena calidad que durará años en lugar de comprar uno más barato que se descomponga rápidamente.
- **Gastar en experiencias**: Gastar en experiencias, como un viaje o una salida especial, puede tener un impacto positivo en tu bienestar emocional y crear recuerdos valiosos. Al controlar los gastos, permites asignar dinero a estas experiencias mientras mantienes tus finanzas bajo control.

Ejemplo: En lugar de comprar la opción más barata de algo (como ropa o tecnología), controlar los gastos podría significar invertir en artículos de calidad que duren más tiempo y te generen mayor satisfacción, aunque cuesten más inicialmente.

4. Ser tacaño: ahorrar a corto plazo, pero perder a largo plazo

Ser tacaño puede parecer beneficioso a corto plazo porque implica ahorrar en cada oportunidad posible, pero a menudo resulta **contraproducente** a largo plazo. Las decisiones basadas en el ahorro extremo pueden llevar a **malas inversiones**, gastos adicionales o pérdida de oportunidades para mejorar tu bienestar o crecer financieramente.

Cómo ser tacaño puede ser contraproducente:

- **Evitar el mantenimiento o cuidados importantes**: Las personas tacañas suelen evitar gastar en mantenimiento, reparaciones o cuidados esenciales, lo que puede generar costos mucho mayores en el futuro. Por ejemplo, retrasar el mantenimiento del automóvil puede llevar a una reparación mucho más costosa más adelante.
- **Perder oportunidades de inversión**: A menudo, ser tacaño implica no gastar en oportunidades de crecimiento personal o financiero, como educación, viajes que amplían horizontes o inversiones que podrían generar retornos a largo plazo.

Ejemplo: Ahorrar al comprar productos de baja calidad o evitar gastar en servicios médicos preventivos podría generar gastos mucho más altos en el futuro debido a la necesidad de reemplazos o tratamientos más costosos.

5. Controlar gastos: un enfoque consciente y flexible

El verdadero control de gastos es **consciente y flexible**. Es un enfoque que te permite ser **proactivo** en la administración de tu dinero, manteniendo un equilibrio entre el ahorro y el disfrute de la vida. Controlar los gastos te da la libertad de gastar en lo que realmente valoras, siempre que esté dentro de tus posibilidades, sin caer en la privación o el gasto excesivo.

Cómo mantener el equilibrio:

- **Gasta en lo que te aporta valor**: Aprende a priorizar los gastos que te hacen sentir bien o

que contribuyen a tu bienestar y metas a largo plazo, mientras evitas el derroche innecesario.
- **Ahorra conscientemente**: El ahorro no es el único objetivo; es una herramienta para lograr tus metas. Permítete disfrutar de tus logros y esfuerzos, asignando una parte de tu dinero para experiencias, bienestar personal o inversiones que enriquezcan tu vida.

Ejemplo: Un control de gastos eficiente podría implicar reducir los gastos en actividades menos importantes, como suscripciones que no usas, y reasignar ese dinero para ahorrar en un fondo de viajes que te permita vivir nuevas experiencias.

La **diferencia entre controlar gastos y ser tacaño** radica en el enfoque que tienes hacia el dinero y el valor que le das a tus decisiones financieras. Controlar los gastos implica gastar de manera consciente, priorizando lo que es importante para ti y gestionando tus recursos de forma equilibrada. Ser tacaño, por otro lado, se basa en una actitud restrictiva y negativa hacia el gasto, que a menudo conduce a una vida de privaciones innecesarias. La clave está en encontrar el **equilibrio**: aprender a gestionar tu dinero inteligentemente para alcanzar tus metas sin dejar de disfrutar de las cosas que realmente valoras en la vida.

Métodos eficaces para rastrear los gastos diarios

Rastrear los **gastos diarios** es una de las prácticas más importantes para mantener el control de tus finanzas personales. Saber exactamente en qué se está yendo tu dinero te permite ajustar tus hábitos, tomar decisiones más conscientes y asegurarte de que estás gestionando tus recursos de manera eficiente. A menudo, son los pequeños gastos diarios los que más afectan tu presupuesto, por lo que es crucial tener un sistema que te permita registrarlos de manera sencilla y consistente.

Hoy en día, existen numerosos métodos eficaces que te pueden ayudar a rastrear tus gastos diarios. Algunos son más tecnológicos, como las aplicaciones móviles, mientras que otros son más tradicionales, como el uso de una libreta o una hoja de cálculo. Lo más importante es elegir el método que mejor se adapte a tu estilo de vida, para que puedas mantener la consistencia en el registro y seguimiento de tus gastos.

A continuación, exploraremos varios **métodos eficaces** para rastrear los gastos diarios y cómo utilizarlos para mejorar tu control financiero.

1. Aplicaciones móviles para rastrear gastos

Las **aplicaciones móviles** son uno de los métodos más eficientes y populares para rastrear los gastos diarios. Muchas de estas apps están diseñadas específicamente para facilitar el registro de transacciones, categorizarlas automáticamente y generar informes detallados sobre tus patrones de gasto. Algunas de las ventajas de usar apps son la **automatización**, la **accesibilidad** desde cualquier lugar y la posibilidad de conectar tus cuentas bancarias para obtener un seguimiento automático.

Ventajas de usar aplicaciones móviles:

- **Registro automático**: Algunas aplicaciones permiten conectar tus cuentas bancarias, lo que facilita la importación automática de tus gastos y la categorización de las transacciones.

- **Alertas y recordatorios**: Las aplicaciones pueden enviarte alertas si te acercas a tus límites de gasto en ciertas categorías o recordarte que es momento de registrar una transacción.
- **Reportes y análisis en tiempo real**: Puedes obtener gráficos y análisis inmediatos que te muestran en qué estás gastando tu dinero y si te mantienes dentro de tu presupuesto.

Aplicaciones recomendadas para rastrear gastos:

- **Mint**: Con esta app, puedes conectar tus cuentas bancarias y tarjetas de crédito para rastrear automáticamente tus gastos diarios. Mint también genera reportes y gráficos que te muestran tus hábitos de gasto en tiempo real.
- **PocketGuard**: Esta aplicación te dice cuánto dinero te queda disponible para gastar después de contabilizar tus gastos fijos y tus metas de ahorro, ayudándote a controlar tus gastos discrecionales.
- **Expensify**: Ideal para quienes necesitan rastrear gastos por razones laborales, Expensify permite escanear recibos y registrar gastos de manera rápida y sencilla.

Ejemplo: Usando Mint, podrías conectar tus cuentas bancarias y tarjetas para que la aplicación registre automáticamente cada transacción, clasificándola en categorías como "alimentos", "entretenimiento" o "transporte". Al final del mes, podrías revisar un gráfico que te muestre exactamente cuánto has gastado en cada categoría.

2. Hojas de cálculo personalizadas (Excel o Google Sheets)

Para quienes prefieren tener un mayor control y **personalización** en el seguimiento de sus finanzas, las **hojas de cálculo** son una excelente opción. Este método te permite crear un sistema totalmente adaptado a tus necesidades, con categorías, fórmulas y gráficos personalizados para rastrear cada gasto de manera detallada.

Ventajas de usar hojas de cálculo:

- **Total, personalización**: Puedes crear una hoja de cálculo que se ajuste a tus necesidades exactas, con categorías y cálculos específicos para tu situación financiera.
- **Análisis detallado**: Las hojas de cálculo permiten un análisis más profundo, ya que puedes agregar fórmulas que te muestren totales, promedios o tendencias a lo largo del tiempo.
- **Accesibilidad**: Si usas herramientas en la nube como **Google Sheets**, puedes acceder a tus datos desde cualquier lugar y dispositivo, lo que facilita el seguimiento diario.

Cómo crear una hoja de cálculo para rastrear gastos diarios:

1. **Crea columnas para las categorías**: Enumera las principales categorías de tus gastos diarios, como alimentación, transporte, entretenimiento y salud.
2. **Registra tus transacciones**: Cada vez que realices una compra, anota la cantidad y la fecha en la categoría correspondiente.
3. **Calcula totales y diferencias**: Usa fórmulas para sumar los gastos totales de cada categoría y compara con tu presupuesto mensual.

Ejemplo: En Google Sheets, podrías crear una columna para cada tipo de gasto (alimentación, transporte, entretenimiento), una columna para la fecha y otra para el monto. Al final del mes, podrías sumar todos los gastos de cada categoría para ver si te mantuviste dentro del presupuesto.

3. Uso de agendas o cuadernos

Para quienes prefieren un enfoque más **tradicional** y manual, usar una **agenda** o **cuaderno** para registrar gastos diarios es una excelente opción. Escribir a mano puede hacer que te sientas más comprometido con el proceso y te permite reflexionar mejor sobre cada gasto.

Ventajas de usar agendas o cuadernos:

- **Mayor toma de conciencia**: Escribir a mano cada transacción te obliga a ser más consciente de cada gasto, lo que puede ayudarte a reducir compras impulsivas.
- **Reflexión personal**: Además de registrar cada gasto, puedes añadir notas o reflexiones sobre por qué realizaste esa compra, lo que te permite entender mejor tus hábitos financieros.
- **Flexibilidad**: No necesitas tecnología ni conexión a internet para llevar un control detallado de tus finanzas, lo que lo hace accesible en cualquier momento.

Cómo usar una agenda o cuaderno para rastrear gastos:

1. **Dedica una página por semana**: Usa una página por semana o por día para anotar cada gasto.

2. **Divide en categorías**: Puedes dividir la página en secciones (alimentación, transporte, entretenimiento, etc.) o simplemente hacer una lista cronológica de cada gasto y categorizar al final del día o la semana.
3. **Haz un resumen semanal**: Al final de cada semana, suma tus gastos y compara con tu presupuesto mensual.

Ejemplo: Si prefieres usar un cuaderno, podrías llevar contigo una libreta pequeña donde anotes cada gasto del día, como el costo del almuerzo o el transporte. Al final de la semana, podrías revisar tus notas para identificar patrones o excesos.

4. Sistema de sobres de efectivo

El **sistema de sobres de efectivo** es una técnica clásica de administración de gastos que consiste en separar tu dinero en diferentes sobres, cada uno destinado a una categoría específica de gasto. Es una forma sencilla y visual de controlar tu dinero, asegurándote de no gastar más de lo presupuestado en cada área.

Ventajas del sistema de sobres de efectivo:

- **Control visual y tangible**: Al usar efectivo, puedes ver físicamente cuánto dinero te queda en cada categoría, lo que te ayuda a limitar el gasto en esa área.
- **Prevención del gasto excesivo**: Una vez que el dinero de un sobre se ha agotado, no puedes gastar más en esa categoría hasta el próximo mes, lo que te obliga a controlar tus hábitos.

Cómo implementar el sistema de sobres:

1. **Divide tu dinero en categorías**: Por ejemplo, crea un sobre para alimentación, uno para entretenimiento y uno para transporte.
2. **Coloca el monto asignado en efectivo**: Coloca la cantidad de dinero que has presupuestado para cada categoría dentro de su sobre correspondiente.
3. **Gasta solo lo que hay en cada sobre**: Si el sobre de entretenimiento se vacía antes de fin de mes, no puedes gastar más en esa categoría.

Ejemplo: Si tienes un presupuesto mensual de $400 para alimentación, coloca esa cantidad en efectivo en un sobre etiquetado "Alimentación". Cada vez que hagas una compra, retira el dinero del sobre. Si el sobre se vacía antes de fin de mes, no podrás gastar más en esa categoría.

5. Escaneo de recibos

El **escaneo de recibos** es otra forma práctica de rastrear tus gastos diarios, especialmente si prefieres no registrar manualmente cada transacción. Puedes escanear los recibos de tus compras diarias y subirlos a una aplicación o programa de registro.

Ventajas de escanear recibos:

- **Ahorro de tiempo**: En lugar de anotar manualmente cada gasto, solo necesitas escanear el recibo y el sistema se encargará de registrar la información.
- **Organización digital**: Al escanear tus recibos, puedes organizar todos tus gastos en categorías y fechas, facilitando el seguimiento.

Cómo utilizar el escaneo de recibos:

1. **Usa una app o software**: Aplicaciones como **Expensify** te permiten escanear recibos con tu teléfono móvil.
2. **Sube los recibos al sistema**: Cada vez que hagas una compra, escanea el recibo y súbelo a la aplicación para registrar el gasto.
3. **Revisa tus gastos regularmente**: Revisa la aplicación o el software semanalmente para asegurarte de que te mantienes dentro del presupuesto.

Ejemplo: Si haces compras con frecuencia y no tienes tiempo para anotar cada transacción, podrías utilizar una app como Expensify para escanear cada recibo. La app categorizará automáticamente el gasto y te permitirá revisar tus transacciones cuando lo necesites.

Rastrear los **gastos diarios** es fundamental para mantener el control de tus finanzas y evitar gastar más de lo planeado. Ya sea que prefieras utilizar aplicaciones móviles automatizadas, hojas de cálculo personalizadas, sistemas de sobres en efectivo, o métodos tradicionales como agendas o cuadernos, lo importante es encontrar el método que mejor se ajuste a ti y que puedas mantener de manera constante. Con un sistema efectivo de rastreo de gastos, tendrás la claridad necesaria para tomar decisiones informadas y lograr tus metas financieras a corto y largo plazo.

Ejercicio práctico: utiliza una hoja de control de gastos para registrar tus movimientos financieros durante un mes

Llevar un registro detallado de tus gastos durante un mes es uno de los pasos más efectivos para comprender tus hábitos financieros y tener un control claro de tus finanzas personales. Este ejercicio práctico te ayudará a **visualizar** tus ingresos y egresos, identificar patrones de consumo y mejorar la toma de decisiones sobre cómo gastas tu dinero. Al final del mes, tendrás una visión clara de en qué estás gastando, lo que te permitirá hacer ajustes y crear un presupuesto más realista.

El objetivo de este ejercicio es que utilices una **hoja de control de gastos** (puede ser en formato digital, como Excel o Google Sheets, o en papel) para registrar cada movimiento financiero durante 30 días. Este seguimiento detallado te permitirá obtener un panorama más claro de tus gastos reales y cómo se distribuyen en distintas categorías.

Paso 1: Prepara tu hoja de control de gastos

El primer paso es **preparar la hoja de control de gastos** que utilizarás para registrar tus transacciones durante el mes. Puedes optar por un formato digital o físico, dependiendo de tus preferencias. La clave es que la hoja sea fácil de usar y te permita llevar un registro organizado.

Instrucciones:

- **Elige tu herramienta**: Decide si vas a utilizar una hoja de cálculo digital (como Excel o Google Sheets) o un cuaderno/agenda. Si prefieres un método digital, puedes crear una plantilla personalizada.
- **Divide la hoja en categorías**: Crea secciones para diferentes categorías de gastos, como:
    - Alimentación
    - Transporte
    - Entretenimiento

- Salud
- Servicios básicos (agua, electricidad, etc.)
- Deudas
- Ahorros

- **Crea columnas para cada transacción**: Asegúrate de incluir las siguientes columnas en tu hoja de control:
  - **Fecha**: El día en que realizaste el gasto.
  - **Descripción**: Qué compraste o pagaste (por ejemplo, "compra de supermercado" o "gasolina").
  - **Monto**: El valor exacto del gasto.
  - **Categoría**: A qué categoría pertenece ese gasto (alimentación, transporte, etc.).

Ejemplo: Si decides usar una hoja de cálculo, puedes crear columnas con la fecha, el tipo de gasto (por ejemplo, alimentación), una descripción más detallada (como "almuerzo en restaurante") y el monto total de ese gasto. Luego, organizas todo según las categorías que más se adapten a tu vida.

Paso 2: Registra cada gasto diario

Durante todo el mes, cada vez que realices una compra o pago, asegúrate de **registrarlo en tu hoja de control de gastos**. Este paso es clave para que puedas llevar un seguimiento exacto de tus movimientos financieros. No importa si el gasto es grande o pequeño, lo importante es anotar **todo**.

Instrucciones:

- **Anota el gasto inmediatamente**: Tan pronto realices un gasto, regístralo en tu hoja de control, indicando la fecha, el monto, la descripción del gasto y la categoría a la que pertenece.

- **Hazlo un hábito diario**: Si no puedes registrar el gasto de inmediato, asegúrate de hacerlo al final del día para evitar olvidos. Puedes programar un recordatorio en tu teléfono para dedicar 5 minutos cada noche a registrar tus movimientos.

Ejemplo: Si durante el día compraste un café por $3 y almorzaste por $10, anótalos en la categoría de "alimentación". Si tomaste un taxi de $8, anótalo en "transporte". Este registro continuo te ayudará a mantenerte consciente de cómo y en qué gastas tu dinero.

Paso 3: Clasifica los gastos al final de cada semana

Al finalizar cada semana, tómate un momento para **clasificar y revisar** tus gastos. Esto te permitirá ver si estás gastando más de lo presupuestado en alguna categoría o si puedes ajustar tus hábitos de gasto para las próximas semanas.

Instrucciones:

- **Suma los gastos de cada categoría**: Al final de la semana, revisa los montos totales gastados en cada categoría (alimentación, transporte, entretenimiento, etc.). Usa una fórmula en Excel o Google Sheets para sumar automáticamente los gastos de cada columna.
- **Evalúa si hay excesos**: Compara los montos con el presupuesto que habías asignado para cada categoría (si tienes uno). Si has gastado más de lo previsto en alguna área, considera cómo puedes ajustar tus gastos para la siguiente semana.

Ejemplo: Si habías presupuestado $150 para alimentación en una semana, pero te das cuenta de que has gastado $180, analiza qué compras hicieron que sobrepasaras el límite y piensa en ajustes para la próxima semana, como cocinar más en casa en lugar de comer fuera.

Paso 4: Analiza tus patrones de gasto al finalizar el mes

Al final del mes, revisa tu hoja de control de gastos para **analizar tus patrones de consumo**. Este paso te dará una visión clara de tus hábitos financieros y te ayudará a identificar áreas donde podrías mejorar o ajustar.

Instrucciones:

- **Revisa los totales**: Calcula el total de cada categoría (alimentación, entretenimiento, transporte, etc.) para ver cuánto gastaste en cada una a lo largo del mes.
- **Compara con tu presupuesto**: Si tienes un presupuesto mensual, compáralo con los totales reales. Esto te permitirá ver si te mantuviste dentro de los límites o si necesitas ajustar tu planificación financiera.
- **Identifica áreas de mejora**: Analiza en qué categorías gastaste más de lo esperado y determina qué ajustes puedes hacer el próximo mes. También puedes identificar gastos innecesarios o compras impulsivas que podrían evitarse en el futuro.

Ejemplo: Después de revisar tu hoja de control, podrías notar que gastaste más de lo previsto en entretenimiento o comidas fuera de casa. Este análisis te permitirá ajustar tu presupuesto para las próximas semanas, enfocándote en gastar más en lo que realmente valoras y reduciendo los gastos innecesarios.

Paso 5: Ajusta tu presupuesto y establece metas para el próximo mes

Con base en el análisis de tus gastos, el último paso del ejercicio es **ajustar tu presupuesto** para el próximo mes y establecer nuevas metas financieras. Este proceso te ayudará a mejorar continuamente el control de tus gastos y a ser más consciente de tus decisiones financieras.

Instrucciones:

- **Crea un presupuesto ajustado**: Después de analizar tus gastos, ajusta las categorías en las que necesites reducir el gasto. Si notaste que gastaste más de lo esperado en entretenimiento, podrías reducir ese monto y reasignarlo a ahorros o deudas.
- **Establece metas claras**: Define metas específicas para el próximo mes, como reducir el gasto en transporte o aumentar el porcentaje destinado a ahorro. Estas metas te ayudarán a mantener el enfoque en el control de tus finanzas.

Ejemplo: Si el mes anterior gastaste $100 más de lo previsto en ropa, podrías ajustar tu presupuesto para el próximo mes reduciendo ese gasto a $50 y destinando esos $50 adicionales a tu fondo de emergencia o a pagar deudas.

Este ejercicio práctico te permite llevar un **control exhaustivo de tus gastos diarios** durante un mes completo, brindándote una visión clara de tus hábitos financieros y ayudándote a identificar áreas donde puedes ajustar tus gastos para mejorar tu situación económica. El seguimiento detallado de tus movimientos financieros es clave para tomar decisiones más inteligentes, optimizar tu presupuesto y avanzar hacia tus metas financieras a corto y largo plazo.

Al concluir este ejercicio, habrás aprendido a rastrear tus gastos de manera efectiva, identificar patrones de consumo y ajustar tu presupuesto para maximizar el uso de tu dinero de forma consciente.

Conclusión

A lo largo de este libro, hemos explorado los **principios fundamentales** que te ayudarán a tomar control de tus finanzas y transformar tus hábitos económicos. Desde identificar malos hábitos financieros hasta desarrollar una **mentalidad ganadora**, pasando por la importancia de establecer metas claras, crear un presupuesto efectivo y aprender a controlar ingresos y egresos, cada paso ha sido diseñado para guiarte hacia la **libertad financiera**.

Al aplicar las herramientas y estrategias que hemos discutido, estarás en una posición mucho más sólida para alcanzar tus metas y mejorar tu calidad de vida. La clave para el éxito financiero no reside únicamente en ganar más dinero, sino en **gestionar de manera consciente** lo que tienes, **invertir en tu futuro** y tomar decisiones que estén alineadas con tus objetivos.

Recuerda que el camino hacia la estabilidad financiera es un proceso continuo. No se trata de alcanzar la perfección en un solo día, sino de mantener una **disciplina constante**, hacer ajustes según sea necesario y celebrar cada progreso. Con el tiempo, los pequeños pasos que tomes hoy se convertirán en grandes logros que te acercarán cada vez más a la libertad financiera que mereces.

Resumen de los puntos más importantes del libro

A lo largo de este libro, hemos cubierto una serie de temas esenciales para ayudarte a **transformar tu situación financiera** y desarrollar hábitos que te llevarán hacia una vida más estable y plena. A continuación, resumimos los puntos clave que hemos tratado y cómo pueden impactar positivamente en tu vida:

1. Identificar malos hábitos financieros

El primer paso para mejorar tu situación financiera es **reconocer los hábitos negativos** que están afectando tu estabilidad económica. Hemos identificado comportamientos comunes, como gastar más de lo que se gana, el uso excesivo de tarjetas de crédito y la falta de planificación. Reconocer estos patrones es esencial para cambiar el rumbo de tu vida financiera.

2. Mejorar los hábitos financieros

A lo largo del libro, hemos explorado cómo **cambiar los hábitos negativos por positivos**. Esto implica la creación de un presupuesto, aprender a vivir dentro de tus posibilidades y establecer una disciplina financiera que te permita mantener el control sobre tus ingresos y egresos. Mejorar tus hábitos financieros no solo se trata de gastar menos, sino de **gastar mejor** y destinar recursos a lo que realmente importa.

3. Cambiar la mentalidad por una mentalidad de ganador

El éxito financiero comienza con un cambio en la **mentalidad**. Hemos discutido la importancia de eliminar creencias limitantes sobre el dinero y adoptar una **mentalidad de abundancia**. Cambiar tu perspectiva hacia el dinero es crucial para atraer oportunidades, tomar decisiones más sabias y mantener la motivación en tu camino hacia la estabilidad financiera.

4. Metas y objetivos claros

Establecer **metas financieras claras** es fundamental para cualquier plan financiero exitoso. A lo largo del libro, hemos enfatizado la importancia de definir metas a corto, mediano y largo plazo, y cómo descomponerlas en pasos manejables. Estas metas te darán un **propósito claro** y te ayudarán a medir tu progreso con el tiempo.

5. Desarrollar una disciplina financiera

La **disciplina financiera** es la base que te permitirá mantener tus finanzas bajo control. Hemos abordado estrategias para crear y mantener la disciplina, como hacer pagos automáticos, evitar compras impulsivas y revisar tus finanzas regularmente. Tener un sistema organizado y ser constante en su aplicación es clave para alcanzar la **libertad financiera**.

6. Principios financieros básicos para personas comunes

Hemos cubierto los **principios básicos de las finanzas personales**, que son el cimiento de cualquier plan financiero sólido. Estos principios incluyen gastar menos de lo que se gana, ahorrar regularmente e invertir en activos que generen ingresos. Aplicar estos conceptos te permitirá construir una base financiera sólida que te protegerá de imprevistos y te ayudará a crear un futuro más seguro.

7. Tipos de gastos y cómo diferenciarlos

Comprender los **tipos de gastos** es esencial para controlar tus finanzas. A lo largo del libro, hemos aprendido a diferenciar entre **gastos de primera necesidad** y **gastos superfluos**, y cómo priorizar el gasto en necesidades esenciales. Esta habilidad te ayudará a reducir gastos innecesarios y mejorar tu control financiero.

8. Cómo dejar de malgastar el dinero

Uno de los mayores desafíos financieros es aprender a **evitar el malgasto**. Hemos discutido estrategias para identificar las **trampas del consumo** y evitar gastos impulsivos, como utilizar listas de compras, esperar 24 horas antes de realizar una compra importante y eliminar los "gastos vampiro" que drenan tu presupuesto lentamente. Aprender a manejar mejor el dinero que gastas diariamente es un gran paso hacia el ahorro y la estabilidad.

9. Desarrollar un plan de ahorro con poco dinero

El **ahorro** es posible incluso con ingresos limitados. A lo largo del libro, hemos ofrecido estrategias para ahorrar pequeñas cantidades de dinero que, con el tiempo, pueden sumar una cantidad considerable. También discutimos métodos como el ahorro automático y el uso de aplicaciones de microahorro, que facilitan la creación de un fondo de emergencia y el ahorro para metas más grandes.

10. Diversificar los ingresos y obtener ingresos secundarios

Diversificar los ingresos es una forma de reducir la dependencia de una sola fuente de dinero y mejorar tu **salud financiera**. Hemos explorado diversas formas de generar **ingresos secundarios**, como el freelancing, inversiones, negocios en línea o actividades adicionales. Tener múltiples fuentes de ingresos te proporciona mayor estabilidad y flexibilidad financiera.

11. Problemas de salud relacionados con la inestabilidad financiera

La **inestabilidad financiera** afecta no solo tus finanzas, sino también tu **salud física y mental**. A lo largo del libro, hemos explorado cómo el estrés financiero puede desencadenar problemas de salud, como ansiedad, insomnio y otras afecciones relacionadas. Reconocer esta relación te permitirá tomar decisiones más conscientes para reducir el estrés relacionado con el dinero.

12. Beneficios de la estabilidad financiera

La **estabilidad financiera** tiene múltiples beneficios, entre ellos una mejor calidad de vida, mayor tranquilidad y más oportunidades para invertir en experiencias y proyectos importantes. Al mantener tus finanzas bajo control, mejoras no solo tu bienestar económico, sino también tu bienestar emocional.

13. Crear un control de ingresos, egresos y gastos

Llevar un **control detallado de ingresos y egresos** es fundamental para gestionar tus finanzas de manera efectiva. Hemos abordado cómo implementar un sistema para monitorear tus transacciones, identificar áreas de mejora y hacer ajustes a tu presupuesto. Tener un control claro de tus finanzas es la clave para tomar decisiones más informadas.

Estos puntos representan los pilares fundamentales para transformar tu vida financiera. Al aplicar estas estrategias y herramientas en tu día a día, podrás ganar control sobre tu dinero, alcanzar tus metas y vivir con mayor **tranquilidad y libertad financiera**. Recuerda que el éxito no viene de un solo cambio, sino de la **constancia** en mejorar tus hábitos, mantener una

mentalidad positiva y tomar decisiones informadas en cada paso del camino.

Motivación para continuar aplicando los principios en el día a día

Aplicar los principios de **gestión financiera** que has aprendido en este libro no es una tarea de un solo día, ni se trata de una meta que se alcanza de inmediato. El verdadero éxito financiero se construye con **constancia, disciplina** y una **actitud positiva** frente a las decisiones diarias que tomas con tu dinero. Mantenerte motivado para aplicar estos principios en el día a día es esencial para transformar tus hábitos y lograr la **libertad financiera** que deseas.

Es normal que a lo largo del camino puedas enfrentar desafíos, obstáculos o momentos en los que te sientas tentado a desviarte de tus metas. Sin embargo, cada pequeño paso que tomes en la dirección correcta te acercará más a tus objetivos. A continuación, te ofrecemos algunos **consejos y reflexiones** para mantener viva esa motivación y asegurarte de que sigas aplicando los principios financieros en tu vida diaria.

1. Enfócate en los beneficios a largo plazo

Uno de los mayores motivadores para seguir aplicando estos principios es recordar constantemente los **beneficios a largo plazo** que obtendrás. Cada decisión financiera consciente que tomes hoy, por pequeña que sea, está construyendo una base sólida para tu **futuro**. Ahorrar, pagar deudas, invertir y gastar con consciencia te permitirá disfrutar de una vida con menos estrés y más oportunidades.

Consejo: Haz una lista de los beneficios que esperas obtener aplicando estos principios a largo plazo, como estar libre de deudas, tener un fondo de emergencia, disfrutar de unas vacaciones soñadas o incluso jubilarte con tranquilidad. Revisa esta lista cuando te sientas desmotivado.

Ejemplo: Si un mes decides evitar un gasto impulsivo y, en lugar de eso, ahorras esa cantidad, piensa en cómo esa decisión te acerca un paso más a la estabilidad financiera que deseas en los próximos años.

3. **Celebra los pequeños logros**
4.

Mantenerte motivado no significa que tengas que esperar a alcanzar metas enormes para sentir satisfacción. **Celebrar los pequeños logros** a lo largo del camino es esencial para mantener una actitud positiva y reconocer tu progreso. Cada vez que logres reducir un gasto innecesario, aumentar tu ahorro mensual o pagar una parte de tus deudas, estás avanzando.

Consejo: Divide tus metas financieras en pequeños pasos alcanzables y celebra cada vez que logres un hito. Esto puede ser tan simple como darte un pequeño gusto o reconocer tu esfuerzo con una recompensa que no desvíe tu presupuesto.

Ejemplo: Si logras ahorrar el 10% de tu salario durante tres meses seguidos, date un reconocimiento. Esto refuerza la motivación interna y te ayuda a mantener el enfoque en tus objetivos más grandes.

3. Visualiza tu éxito financiero

La **visualización** es una técnica poderosa que puedes usar para mantenerte motivado. Al visualizarte a ti mismo logrando tus metas financieras, refuerzas tu compromiso con el proceso. Imagina cómo te sentirás cuando hayas alcanzado la libertad financiera, libre de deudas, con dinero ahorrado y listo para disfrutar de las experiencias y oportunidades que tanto deseas.

Consejo: Dedica unos minutos cada día a visualizar cómo será tu vida cuando alcances la estabilidad financiera que estás construyendo. Imagina los detalles: cómo será tu día a día, las decisiones que tomarás y la tranquilidad que sentirás.

Ejemplo: Visualízate con un fondo de emergencia bien establecido, sabiendo que puedes manejar cualquier imprevisto sin preocuparte. Este tipo de ejercicio mental te ayuda a mantener el enfoque y la motivación en momentos de debilidad.

4. Aprende de los desafíos

Habrá momentos en los que surjan **desafíos** que te hagan replantearte tus decisiones financieras o sientas que no estás avanzando lo suficiente. En lugar de verlo como un obstáculo, aprovecha esos momentos como una oportunidad para **aprender**. Cada desafío financiero es una lección que te permite ajustar tus hábitos, perfeccionar tus estrategias y seguir creciendo.

Consejo: Cuando enfrentes una dificultad financiera, en lugar de desmotivarte, pregúntate qué puedes aprender de esa situación. Reflexiona sobre cómo puedes evitar ese error en el futuro y cómo te ayudará a mejorar en el largo plazo.

Ejemplo: Si un mes no lograste ahorrar tanto como habías planeado debido a un gasto inesperado, analiza cómo puedes ajustar tu presupuesto para hacer frente a estos eventos imprevistos. La lección que saques de este momento te ayudará a estar mejor preparado en el futuro.

5. Rodéate de inspiración y apoyo

El entorno en el que te encuentras puede influir enormemente en tu nivel de motivación. **Rodéate de personas** que compartan tus valores financieros o que te inspiren a mejorar. Busca libros, podcasts o blogs que te mantengan enfocado en tus metas y te proporcionen nuevas ideas para seguir creciendo financieramente.

Consejo: Forma una red de apoyo, ya sea con amigos, familiares o grupos en línea que también estén comprometidos con mejorar sus finanzas. Compartir experiencias, éxitos y dificultades te ayudará a mantener la motivación.

Ejemplo: Puedes unirte a una comunidad en redes sociales de personas que están mejorando su situación financiera. Ver cómo otros comparten sus éxitos y aprendizajes te puede dar el impulso necesario para continuar.

6. Recuérdate el "por qué" de tus metas financieras

A medida que avances en tu camino financiero, es importante recordar constantemente el **"por qué"** detrás de tus metas. ¿Por qué quieres estar libre de deudas? ¿Por qué estás trabajando tan duro para ahorrar? Tener claridad sobre el **propósito** de tus metas te mantendrá firme en tu compromiso, incluso en los días en los que sientas que el proceso es lento o difícil.

Consejo: Anota en un lugar visible tus razones más importantes para alcanzar la libertad financiera. Tal vez sea para asegurar el futuro de tu familia, para viajar más, o para tener tranquilidad en la jubilación. Estos recordatorios te mantendrán conectado con tus metas más profundas.

Ejemplo: Si uno de tus motivos para alcanzar la estabilidad financiera es proporcionar a tus hijos una educación de calidad, recuerda este objetivo cuando te enfrentes a una tentación de gasto impulsivo. Este "por qué" será más fuerte que el impulso momentáneo.

Conclusión de la sección

La **motivación** para seguir aplicando los principios financieros no solo depende de resultados inmediatos, sino de tu **capacidad para mantener el enfoque** en el largo plazo y celebrar cada pequeño avance. No importa cuán grandes sean los desafíos o cuán lento parezca ser el progreso, cada decisión consciente que tomes hoy es un paso más hacia la estabilidad y la libertad financiera que deseas. Recuerda siempre tus metas, aprende de los retos y rodéate de apoyo e inspiración para continuar en este camino hacia un futuro financiero más seguro y satisfactorio.

Mensaje del autor

Querido lector,

Gracias por acompañarme en este viaje hacia la **libertad financiera**. Es un honor para mí haber compartido contigo las herramientas y principios que, aplicados con constancia y disciplina, pueden transformar tu vida económica y personal. Es posible que en este momento te encuentres frente a desafíos financieros que parezcan abrumadores, pero quiero recordarte que **el cambio comienza con el primer paso**. No importa dónde estés ahora; lo importante es hacia dónde decides caminar desde este punto en adelante.

He escrito este libro con la intención de que sirva como una guía práctica, pero también como un recordatorio de que **tienes el poder** de cambiar tu situación, sin importar cuán complicada pueda parecer. El camino hacia la libertad financiera no es un destino que se alcance de la noche a la mañana, sino un proceso continuo de aprendizaje, adaptación y, sobre todo, de tomar decisiones conscientes cada día.

Sé que algunas de las ideas presentadas aquí pueden parecer desafiantes al principio, pero te animo a **persistir**. Recuerda que no estás solo en este viaje. Muchos hemos recorrido este camino, y sé que, con el enfoque correcto, tú también puedes lograrlo. Los pequeños cambios que hagas hoy crearán grandes transformaciones en tu vida mañana.

Mi deseo para ti es que encuentres no solo **estabilidad financiera**, sino también **tranquilidad**, sabiendo que tienes las herramientas para manejar tu dinero de manera inteligente y alineada con tus valores y metas. Espero que este libro te inspire a tomar acción, te brinde claridad en tu camino y te acompañe en cada paso que des hacia la vida que deseas.

Recuerda siempre que la libertad financiera no se trata solo de acumular riqueza, sino de tener la **paz mental** que viene al saber que estás tomando el control de tu futuro. Cada paso, por pequeño que sea, te acerca más a esa libertad. **Confía en ti mismo** y en tu capacidad para transformar tus hábitos y tu mente. Estoy seguro de que puedes lograr todo lo que te propongas.

Gracias por permitirme ser parte de tu viaje.

Con aprecio y gratitud,
Victor Hugo Valdez

www.ingramcontent.com/pod-product-compliance
Lightning Source LLC
Chambersburg PA
CBHW052138220526
45471CB00004B/1426